中国近代口述史学会丛书

imaginist

为了人与书的相遇

唐德刚作品集

史学与红学

广西师范大学出版社
·桂林·

图书在版编目(CIP)数据

史学与红学 / 唐德刚著 . —2 版 .
—桂林：广西师范大学出版社，2015.2（2020.1 重印）

ISBN 978-7-5495-6272-5

Ⅰ . ①史… Ⅱ . ①唐… Ⅲ . ①史学 – 中国 – 文集②《红楼梦》研究 – 文集
Ⅳ . ① K207-53 ② I207.411-53

中国版本图书馆 CIP 数据核字 (2014) 第 310019 号

广西师范大学出版社出版发行

广西桂林市五里店路9号　邮政编码：541004
网址：www.bbtpress.com

出 版 人：黄轩庄

责任编辑：曹凌志　罗丹妮

装帧设计：马志方　涂星村

内文制作：陈基胜　马志方

全国新华书店经销

发行热线：010-64284815

山东临沂新华印刷物流集团有限责任公司

开本：965mm × 635mm　1/16

印张：17.5　字数：210千字　图片：8幅

2015年2月第2版　2020年1月第2次印刷

定价：58.00元

唐德刚（1920—2009）

安徽合肥人。国立中央大学（重庆）历史系学士，美国哥伦比亚大学（纽约）硕士、博士。曾先后任职于安徽省立安徽学院、哥伦比亚大学、纽约市立大学，长期从事历史研究与教学工作，并对口述历史的发展贡献良多。著有《袁氏当国》、《段祺瑞政权》、《李宗仁回忆录》、《胡适口述自传》、《胡适杂忆》、《史学与红学》、《书缘与人缘》、《五十年代的尘埃》、《战争与爱情》等，包括历史、政论、文艺小说多种，及诗歌、杂文数百篇。

1958年，胡适与唐德刚合影于哥伦比亚大学东亚研究所前。

1991年10月25日,香港中文大学“胡适与现代中国文化转型”学术研讨会上,欧阳哲生、唐德刚、刘绍唐等留影(左起)。

唐德刚在“海外胡适研究现状”报告会。

陈立夫（左）是哥伦比亚大学中国名人口述历史计划最早拟定的五位受访者之一，唐德刚（右）因缘际会，成为口述历史的先行者。1989 年 11 月，两人在纽约合影。

1958 年，在李宗仁寓所，唐德刚（后排右）与李宗仁、何廉、李夫人、何夫人及何的女儿等合影（右起）。

適之前輩先生：

昨奉一箋，諒邀

青及。現在我發現十六日以前我每日下午都有課，無法趨謁，但又急欲一見四松堂集和戚本大字紅樓二書，

先生如果十六日南去，望將該書等交可靠門房人，容我本星期六日有空走取。又怕門房人無由辨識我，不敢把書交我，或他把書交錯了別人，現附去半個名片，我自持半個，屆時尊价如有人來說对了姓名來歷，對上名片，就把書交給他。這個法子，不知

先生以為如何？ 如有他書於曹氏或紅樓有用者，亦望一并惠示，切盼之至！

草草再瀆，順頌

節安

周汝昌再拜啓

卅七、九、十四

红学名家周汝昌给胡适的信。

目　录

序

胡菊人

唐德刚先生把他的文章交远流出版，承出版社的游奇惠小姐叫我写序，我答应了。此次出版一共两部，就是《史学与红学》与《书缘与人缘》。犹记得在二十多年前，我曾为唐先生的散文集《五十年代的尘埃》写序，那时我还在《明报月刊》工作，正是精力最旺盛的壮年时期，此后历经《中报》和《中报月刊》，再经《百姓半月刊》，至今退休在温哥华，真是岁月沧桑。如今读唐德刚先生这些文章，感到像是读历史一样，然而又不像是在读历史，却是像观剧一样，慨唐德刚先生写历史犹如重现人物和事件，使读者读来有如目击。

这是很不容易的，这种成就，来源于唐先生也喜欢文学，并且也曾从事文学创作，像他早期所写的散文，也就是《海外论坛》上的文章，便是他的文学创作，收在《五十年代的尘埃》一书里。现在这本《史学与红学》则是学术著作，谈的是重大的历史事件，由于唐先生的文笔有文学笔底，写得灵活，因而让读者不忍停下来，这就是文学笔法的功劳。

在本书里，特别有《文学与口述历史》的文章和《小说和历史》的讲稿，据唐先生的见解，历史和小说是很难分别的，以鲁迅所创造的阿Q为例，社会上本来并无阿Q其人，可是又似乎是实有其人，每个中国人都有阿Q的特性，所以唐先生说："历史是根据实人实事所写的社会现象，小说则是根据实有的社会现象而创造出的虚人虚事，二者是一个铜元的两面。"

唐先生创作了一部六十万字的长篇小说《战争与爱情》，记述的是他的友人所说的大陆见闻，都是实人实事，只是格于这位友人的要求，不能用真名和实地，从1985年6月1日开始，在纽约《北美日报》连载。这是唐先生所言历史与小说有时候不可分的证明，因为除了人名和地名之外，所说的都是事实，完全符合唐先生所说"小说则是根据实有的社会现象而创造出的虚人虚事"的通则。

《战争与爱情》这部小说，是说中国大陆上的人和事的，充满辛酸与离奇，而本书实质上却不是小说，而是论述，但论述当中却可读性甚高。其中《论中国大陆落后问题的秦汉根源——1987年在西安"周秦汉唐史学研讨会"宣读之论文》，尽管是在西安，但唐先生仍照直讲话，极为难得。例如说："'阶级斗争'，便是中世纪'上帝'这一绝对真理的延续。概念既然绝对化，只容'信仰'，不许'探索'，则科学就变成了神学。"这样大胆地说话，是要有学术求真的勇气的。

唐先生是历史学家，在美国哥伦比亚大学及纽约市立大学教书，而在哥大之时负责口述历史的工作，曾获胡适、李宗仁、顾维钧等亲自口述其生平，这是非常有价值的。本书收辑有《撰写〈李宗仁回忆录〉的沧桑——〈李宗仁回忆录〉中文版代序》，撰述《李宗仁回忆录》事成及出版的经过。李宗仁能有机会畅谈他的历史故事，成为他晚年最重视并乐于做的事情。如果不是唐德刚先生主其事，李宗仁能够畅所欲言、深自欣慰的机会就没有了。李宗仁与中国有非常密切的关系，唐先生做了很有意义的工作。

《李宗仁回忆录》是唯一有中文稿的，其他人，包括胡适、孔祥熙、陈立夫、顾维钧、张发奎、蒋廷黻、陈光甫、蒋彝、吴国桢、李汉魂、何廉等人的口述自传，均无中文稿，这是唐德刚先生个人循李宗仁之请，在正常英文撰述工作之外的“额外工作”。然而，无论英文稿还是中文稿之出版，都经过相当的周折，作者在文中已经详细地说明了经过，在此就不复述了。

不过，有一点不能不叙述，那就是李宗仁的口述跟胡适的绝不相同。胡适是一位“无征不信”、“九分证据不讲十分话”的大学者、考据家，所以他向唐先生所讲的话，绝大部分是可信的，可以照录的。但李宗仁的口述却不然，他“信口开河，不能入书”，但他有坚强的信心，认为自己所讲的无一不可以写下。这就要唐先生先做说服的工作。唐先生用了极大的耐性，心平气和，转弯抹角，慢慢解释，把与史实不符的地方，全给他“箍”掉了，再就可靠的史料，改写而补充之。最初因为箍得太多，李宗仁有点怏怏然，但是经过唐先生的耐心解释，他后来也接受了。我们可以想象，这一定费了唐先生的许多工夫，只有像唐先生这样精通近代史而又有资料可以稽查的人才能胜任，否则，口述历史的人又怎能心服口服呢？

除了对《李宗仁回忆录》的成书过程作了清楚的交代以外，有篇文章也值得一提，这便是《杀一个文明容易建一个文明很难——对汉字拉丁化的意见》一文，这是唐先生的讲演，是由汤晏先生整理的。在这篇讲演中，唐先生是反对汉字拉丁化的，认为“这是大胆假设，但没有小心求证，太夸大了，太渲染了。这种说法，我以前相信，但自从哥伦比亚大学转来纽约市立大学教书后，就不再相信了”。

唐先生举出了很有说服力的例证，是令人钦佩的。其中以羊字为例，英语里羊总称为 sheep，公羊叫 ram，母羊叫 ewe，山羊叫 goat，羔羊叫 lamb，羊毛叫 wool，羊肉叫 mutton，中文我们一看词便知词义，但在拼音文字里便各个词不同，令人难以记认。而且主张汉字拉丁化的理由是方块字不能搞计算机，唐先生认为这个理由似是而非。唐先生这篇演讲作于1981年的年末，计算机之汉字化已经实现。唐先生以幽默的口吻说："如果一定要废汉字，则办法很多，但汉字拉丁化或拼音化方案是最不足取的一种办法，是最坏的一种途径。因为创造一个拼音文字很难，不如来学一种现成的拼音语言来得更方便。"这最后一点意见是主张消灭中文、否弃中文了，当然为唐先生所不取。

本书还有多篇文章未及一一介绍，如论述《红楼梦》的著作，如论读《资治通鉴》，以及论《中国时报》"人间"副刊，及桃园县的"下中农"的生活，等等，都是极可一读的文章。前面说过，唐先生文笔好，极枯燥的题目也写得十分动人，容易阅读，这种优点是极难得的，而每篇每个问题都是为人所关心的，足以为我们解惑，这是唐先生的高明之处。

2003年8月25日温哥华

（远流版原序）

自序

记得胡适之先生以前告诉我他读书和作文的要诀。他说读书有心得，一定要写下来；写下来之后，才能变成你自己的知识。

胡老师这句话真是深得我心，因为我自己很早便有相同的体验。回忆自己的青少年期，我识字不久，便由双亲和塾师的引导，养成了写日记的习惯，写日常见闻和读书札记很自然地就会变成日记的一部分。真的，写日记、札记最能帮助记忆；纵是忘记了，也能一索即得。

写读书心得的小品，其内容有的是选自人家的著作，有的则是自己的意见。世态所见既多，书又读得五花八门，札记也就写得七零八落。长的札记往往变成一篇小论文，乃至自我欣赏的小创作，最短的则可能只是一两句隽语名言。阅读的范围渐次扩大到古今中外、文法理工，那么下笔的兴趣也就随遇而安了。

抗战期间读大学，害了“发表欲”，每把这些小札记分类编纂，然后按其性质，分别向有不同好恶的报刊上去投稿。这些小稿件，往往也被一些有好心肠而又有相同好恶的编辑采纳了，并寄来少许稿费。在那一碗猪肝面便立刻可以减轻夜盲的岁月里，小小的稿酬实在是大大的鼓励——漂母一饭，终生难忘。

大学毕业后，在海内外也做过一阵子期刊编辑什么的，助编、合编、轮编、主编都干过。值得一提的是，50 年代之末，在胡适之的策动之下，我们十来个硕士博士者流，为着宣扬民主、提倡新学，曾在美国纽约办了三年的中文月刊叫作《海外论坛》，由大家“轮编”。那时海外作家既少，又发不起稿费，本社社员停笔不写，外界就拉不到稿子。为赶印刷限期，轮编者就只好自己动笔了。最糟的稿荒时期，有时甚至从头到尾、从社论到副刊，往往出于一人手笔。在这一窘迫情况之下，有写杂文习惯的人就可大派用场了。

我们筹办《海外论坛》的原始目的，本是针对时艰，提倡民主。这家小刊物，虽然胡适之、雷儆寰诸前辈对它都呵护备至——雷先生竟把它列为《自由中国》的海外姊妹刊，但是《论坛》的本身确是一桩很痛苦、很深刻的失败经验——它失败的基本原因是起于中国知识分子不能民主合作的传统劣根性。古人说:“既不能令，又不受命，是绝物也。”事实上正相反。中国知识分子之“绝”，是我们对下既能发“令”，对上也善于“受命”，可是我们彼此之间却不能平等合作。我们平等合作的结果必然落得个“拳脚交加”(像台湾今日的“立法院”)或“按铃控告”。所谓“中国知识分子”，事实上个个都是单干户。单干户找不到“伙伴”(company)，组织不了“公司”(company)，《海外论坛》也就关门了。

“提倡民主政治？”我们生为中国知识分子，“我们配吗？”——这问题太大了，学问太深了。哪是“全盘西化”这四个字可以解决得了的？个人自惭不学、自惭浅薄，也就不再造次以汉语来写“时文”了。是“失败主义”在作祟吧，一停笔便几乎停了二十年！

二十年不是个短时间。任何一种文字，你如丢下二十年，重提笔杆你会觉得这支笔其重无比；用这支重笔你也会写得别字连篇。

既然抛荒二十年，为什么又重董旧业、再作冯妇呢？这就不能不感激刘绍唐、胡菊人这两位与我有“相同好恶”的大编辑了。

绍唐最初派给我的是一项中文翻译工作：他要我把早期用英文写的《胡适自传》翻译成汉语。这项翻译工作，我原先是不想干的。但是这位长于辞令、善于派工作的刘传记却说，胡适是位历史人物啊！也是你的老师，别人如把他的英文自传译糟了，你不好说，同时对你也不太好。我仔细想想，绍唐之言实在大有道理，心里一直很矛盾（我不想把时间浪费在翻译自己的著作上），最后还是承担下来了。一翻两年，竟然变成刘传记“野史馆”内的“野史作家”了。“野史”原是写不尽的。在绍唐兄不断地鼓励和领导之下，胡适传记之外，想到适之老师“写下来”之遗训，历年治史心得，一时亦竟如脱缰野马，一发难收，十余年来又写了数十万言。

这些不成系统的随笔札记之作，值不值得选辑成书、保留下来？我自己一直也是很矛盾的。个人数十年之所学，不及先师适之先生之什一。胡适二十来岁便暴得大名，思想已成定型，从心所欲不逾矩，一辈子没有变动，死而后已。然而我这个不争气的学生，虽已年逾古稀，而思想却时时“逾矩”。个人学殖浅薄固然是主要原因，然数十年来历经忧患，国破家亡，阅历之多也一言难尽，而古今中外，名儒硕彦又插架琳琅，做到老、学到老，我掌握了几家学说呢？值此诸子蜂起、百家争鸣的开放年代，余小子如不知轻重，自觉对国事民生已找到答案、自己思想已有定型，岂非妄自尊大？

我个人虽不敢说像梁任公“今日之我与昨日之我挑战”，然在此十年千变的大时代中，不断观察、不断思考、不断摸索、不断读书的求答案心情，则数十年未稍辍也。既然尚在摸索，难成一家之言，则“藏之名山”亦且大可不必，自出选集就更是犯不着了。此吾心理之所以矛盾也。

但是人毕竟是社会动物，你自己个人之外，还有家庭、亲友和社会大众对你的影响。刘绍唐先生是我的挚友、编者和发行人。多少年来，他一直要为我出版“唐氏四书”（因为他已替我出了三本书）；而我个人则因为事忙人懒，始终把好友诤言当成耳边风，没有抽出时间和他认真合作。

最近我的另一位老友陈宏正先生也要替我出书。他这出书的行动，比我这位疏懒的作者本人更要认真十倍。宏正是一位有至高成就的企业家，而近年来在海峡两岸的文化界却是无人不知的怪杰和“文化大护法”。他把他辛勤得来的企业利润，不用之于吃喝玩乐（他个人生活实在简朴不堪），而用之于文化事业——尤其是推动“胡适学”的研究。近年来海峡两岸所召开的有关胡适的大型国际学术研讨会、讲演会、论文竞赛和胡适百岁纪念邮票之发行等，几乎都是陈君一手推动的。在这“七十子亡而大义乖”的沉闷时代，胡老师地下有知，对这位与他毫无关系的小崇拜者的义举，该会由衷地感激吧。宏正知道我是一个颇招物议的“胡适小门生”，因而他也就极力劝我把零星旧作拼起来出书。他甚至主动地把拙作搜出若干篇，编好目录，弄到“万事俱备”的程度，真令我惶愧不尽。我的这些不成系统的旧作，泰半都是在《传记文学》上发表的，《传记文学》享有版权；刘绍唐兄乃请该社执事先生再事搜罗，由绍唐亲自主持，分编为两卷：有关史学与红学者，编入《史学与红学》；有关传记、书评诸类，则编入《书缘与人缘》。这两卷书名也是绍唐代取的。

传记文学社诸执事都是当今最有效率的出版工作者，他们不但把拙著杂文编排妥当，并打出清样，三校竣事，登出预告，如揿动电钮，则旦夕之间便已书在坊间矣。然社长先生客气，纯为礼貌问题，他要我这位作者于出版前看一下大样。孰知他却高看了我这个马虎文人。我把这万事俱备的出版样品带回了美国，一旦走入课堂，教起书来，便把我自己的书稿搁下了，一误经年。

绍唐知我拖拉的个性，倒未迫催，而宏正则是个注重效率的现代企业家，他向我催书则函电交驰。有些对我过誉的读者，看见预告之后，也写了些热情洋溢的催书信函，读之令我脸红。本年 10 月，我又携眷返台，自知实在不能再拖，乃把沉重的样稿背到北京、背到沈阳和避暑山庄，最后背回台北，原封未动地还了刘绍唐。

绍唐没有责我。然而我自己却每好事后自悔自责。承两位老友及读者如此高看，而我个人则“不识抬举”一至于此。因此写这篇小序算是向老友磕头赔罪。并向爱护我的读者们报告这两本拙著迟迟出版的来龙去脉，敬祈海涵，并请严厉指教。

至于胡菊人先生替我在香港出版的那本小书《中国之惑》，那就更说来话长了。

我认识菊人三十多年了。在 50 年代末期，他还是个青年，那时他和他那位美丽而甜蜜多才的女友，原是我们海外论坛社在香港编辑发行的总代理。我和他二人真是鱼雁常通、情同手足。菊人“妻宫”极好，后来他和另一位甜蜜美丽而多才的刘美美嫂结婚，他以前的女友也嫁了我的一位极好的朋友，我们三家仍保持着通家之好，直至今天。

《海外论坛》之后，当菊人接编《明报月刊》时，不久我们又有了职业上的联系。原来我在 50 年代末期曾写了一部《李宗仁回忆录》的中文底稿（是专给李宗仁看的）。这一底稿后来由于李宗仁自美“潜逃”而被哥伦比亚大学所“查封”，一封十余年。至 70 年代中期，哥大当局恩高德厚，竟将原稿发还予我，并允许我“觅商出版”。这一下我同菊人才又搭线了。

菊人这时正主编《明报月刊》而誉满海外。他得到有关李稿的消息，乃争取该稿的首印权和连载权。我们双方都安排好了，可是哥大当局则因此稿部头太大、复印困难而迟迟未能交出。在我二人都有点儿失望的情况下，我们也时时提起了《海外论坛》的往事。菊人说，暂时拿不到李稿，你也可单独替《明报月刊》写写稿子嘛。

这是1976年的春末。也是无巧不成书，我这时刚有位搞图书馆的朋友送我一本大陆上（“文革”时期）官方出版、“内部发行”、每本书都编有特别号码的“秘籍”，叫《毛泽东思想万岁》，分上下两卷，都百余万言。

这本大书太精彩了。它所记载的才是货真价实的“毛泽东思想”。爱不忍释之余，这年暑假我携妻女去加拿大度假，乃携此书为唯一“度假书”。

搞历史的人，抓到一本奇书或秘籍、禁书，是放不下去的。我把这百万言巨著细细地咀嚼了。从纽约咀嚼到渥太华，再从渥太华咀嚼到纽约。习惯支配我写点札记，一动笔，不得了，一下便写了六万五千字。

写了这大堆垃圾干吗呢？灵机一动，小胡不是要我写稿子吗？这不是稿子吗？——这是一包大垃圾，但其中或许有点儿可用的材料——有“新闻价值”嘛。足下可选用则选用之，不可用则拿去抹抹桌子，丢掉它。

函去不久，我就收到菊人的回信。菊人说，他把这包稿子和他的老板一道看了，他二人决定全部采用。菊人的来信使我感到惊奇，也感到尴尬。惊奇的是，编者和作者臭味相投到如此程度；尴尬的则是，哪有这样长的“书评”呢？纵使是评“毛主席的书”。再者，我评了些啥子，我自己也糊涂得记不清了。

我这篇书评，在《明报月刊》竟然连载了半年才由《李宗仁回忆录》出来接班。还有，当我撰此稿时，毛泽东还健在，“四人帮”风头正健；到《明报月刊》刊载时，毛泽东已过世，“四人帮”也已锒铛入狱。因此在行文口气上，就要烦编者酌量修正了。

在编排次序上，菊人也做了新安排，以配合每期的文气而避免“连载”的枯燥。至于作者姓名，我们也同意保密。因为我的八十老母还健在故乡，在海外乱评书不是闹着玩的。

一转眼十来年过去了，国事沧桑几变，而菊人亦自《明报》转《中报》，后来自办《百姓半月刊》。在1988年，菊人兄忽然提议要把我当年那篇“书评”配上若干近作来出个单行本。说做就做，他编排、打字、校样，一切也都弄到“万事俱备”的程度。也是为着循例送作者一观把校样寄给了我，而我事忙人懒，竟至一拖两年，最后还是原封未动还给了菊人。其后由陆铿兄写了篇序，并代取书名“中国之惑”，两个礼拜就出版了。但是这部校样在我的办公室却躺了两年，为此我自己也无法原谅自己，真也要向菊人伉俪磕头才对。书此以志吾过，并感激老朋友们的好意。

以上便是这三本小书《史学与红学》《书缘与人缘》及《中国之惑》从撰稿、发表到编印成书的大略。它们都是笔者平时意到笔随的札记性的零星作品之汇积，没有显明的系统，也谈不到深度。不过笔者渐入老境之时，数十年国仇家难的煎熬和千百卷中西典籍的浸润，以及半辈子教读异邦、心怀故国的感慨，发而为文，也不能说没有发愤之作。只是我祖国文明深厚，当前世界学问无边。老骥伏枥，志在千里。终日恓恓惶惶，追随群贤，日夜进修之不暇，何敢以愚者点滴之得，故步自封?贤达读者批览我书，如不遗在远，随时惠函辱教，则企拜不尽矣。是为序。

1991年10月13日于台北南港

当代中国史学的三大主流

在中国留学生历史学会成立会上的讲辞原稿

在60年代里，我个人在美国哥伦比亚大学的研究院教了将近十年的“中国目录学”（Chinese Bibliography）。在史学这一部门之内，我把当今国内外学术界对中国历史的研究，大致分为三大派：一、中国传统史学派；二、中国马克思史学派；三、现代西方中国史学派。

史学里本有“史实”（factual history）和“释史”（interpretation of history）两个重要部门。史学家治学的目的第一便是在追求真实的历史；第二步便是把可靠的历史事实“概念化”（conceptualize），以期逐渐摸索出历史事实演变中可能存在的“客观规律”（objective reality），或可能不存在的客观规律。“不存在”的本身也是一种“存在”、一种“规律”。事实上，杨振宁、李政道两教授就是研究宇宙中的一种客观不存在而获得诺贝尔奖金的，这对我们学历史的也应该有所启发。

学术本是天下之公器。治学之人不应对任何一种学说未加深入研究，便囫囵吞枣地对它存有成见。各派学者之间应异中求同，同中存异；相互观摩，相互学习。绝对无法协调的理论也可和平共存，彼此尊重，是则是之，非则非之。学术不是政治，无相互排斥之必要；学术也不是军事，两军对阵，一定要以胜利第一的心情，不择语言，不择手段，非打个你死我活不可。

作为一个目录学教师，我个人当年便认为我的任务只是对受教诸生把各学派做个客观、平实而详尽的介绍，不以私见去妄事臧否。同样的，作为一所名大学的研究生，学生本身也已经是个学者，学者便应有为学的独立见解。授课者只是把知识传播给他们，是非之间让他们自己去选择。大学教授不应自贬身份，降志辱身去替任何学派做言不由衷的喇叭筒。

当代中国史学的三大主流但是在我那十年教学期间，细翻手头教材，我对上述三派之间的"壁垒森严"和"老死不相往来"，甚至偶尔的隔洋对骂、口不择言的情况不能不感到震惊，甚至恐惧。我那时在哥大兼任中文图书部主任，上课堂往往是推着一两部书车一道去的。现炒现卖，任何佐证一索即得，资料是异常丰富的。

且看中国传统史学

就谈谈中国传统史学吧。

我国传统史学家自左丘明、孔丘、司马迁而下，实是举世无匹的。我们试翻《四库全书总目》里的史部目录，看看那五百六十五种史学名著的"提要"（那一千五百八十七种"存目"就不必谈了）；再去翻翻欧洲史学同一时期类似的书目，一比便知高下。"四库"（全书修于两百年前美国独立战争期间）而后，由乾嘉而清末而民初，由戴震、章学诚而罗振玉、章太炎、王国维、柳诒徵到缪凤林……这近两百年来的成就也是惊人的。所以许多对中国传统文明有自卑感的朋友，也实在大可不必。

但是史学——纵使是只研究中国历史的史学——毕竟有中西之分、

有古今之别。上述的数百种名著虽是举世无双，在类别上说则只占四分之一。他们都属于中国传统史学这一范畴之内，属于线装书之列。线装书也是这一学派的最适当的代名词。可是线装书在世界传统史学上虽具有最崇高的学术地位，但线装书也有线装书的局限性。这里我不是说这些写线装书的传统史学的收山大师的传世巨著之内，没有西方史学和现代史学的“法则”和“观点”，只是他们著作内的“现代法则”和“现代观点”却为他们的“传统光芒”所掩盖，使有心读者感到两者之间的分量不成比例。

笔者不揣浅陋，曾试把当代传统史学这一派作了几项概括的叙述：第一是为“五经”作注，作者们完全接受传统儒教的“意蒂牢结”；第二是“人治”史学，把历史发展看成是君子和小人之争，英雄造时势远大于时势造英雄；第三，它是社会科学发展之前或早期发展的产品；第四，是以通史为主的泛论史学，除小考据之外，不注重专题研究。

笔者作此概括之论，绝无小视传统史学之意。相反的，以上所举的几位史学家，都可说是我的前辈老师。他们白首穷经的功力，是我辈后学高山仰止的，也是后学辈所望尘莫及的。笔者曾另有拙作评大千张爰之画，认为大千之作是“宋元之下、明清之上”的。但是大千之作终系略带“现代新意”的“传统国画”，基本上是和梅兰芳的京戏一样还是传统艺术，他们都是传统艺术的收山大师。笔者作此持平之论，急于文艺现代化的朋友们还认为我对上述大师们有过誉之辞呢。

总之，我国文明的传统是太光辉了；百年动乱，现代化的步调走得也太慢了。因此深植于传统之内的老辈学人（包括胡适之先生），是摆脱不掉传统的，事实上也不应摆脱——我们的传统也没有什么真正害人的“毒素”嘛。有些真能大幅度摆脱传统的学人，却往往由于传统训练不足，而流于浅薄皮相。这真是我们学术现代化过程中的待解之结。在文艺上如此，在史学上更是如此。

再看中国马克思史学

中国传统史学既有其崇高的成就，亦有其局限性，已如上述。中国马克思主义历史学亦有其两面性：一面是它原也是一种学术性的“突破”（breakthrough）；另一面则是它的填表式的自我束缚，认为人类历史的发展有其“客观实在”的公式可循，其他一切皆是“上层建筑”，英雄是时势造的，圣贤豪杰也都是上层建筑，孔子只是个奴隶主的发言人。

我把上述两派史学都加上“中国”二字，显示其特有的“中国性”（Chineseness）。马克思主义原是洋货，但是笔者在这里所特别提出的则只限于20年代以后，尤其是大陆政权易手以后，大陆上一术独崇的中国马克思主义历史学派。

马克思是位有极深厚功力的欧洲史学家。但是他出生的日耳曼文化背景使他习染于“绝对主义”（absolutism）。绝对主义很接近日耳曼民族尤其是普鲁士人的民族性，因而它也是日耳曼学派的整个风气。绝对主义是一种极有说服力而也相当霸道的哲学法则，但它很难让社会主义国家以外的史学家所接受。性喜“实用”而讨厌“抽象”的美国哲学家约翰·杜威（John Dewey）则把他们概括为“普鲁士绝对主义者”（Prussian Absolutists），所以马克思历史学在国际史学界一直未造成气候。可是在今日中国大陆上却一枝独秀，已为大陆一般史学家所服膺。习惯成自然，今日已造成独崇的局面。这一学术风气之形成，不能不说是五四前后新文化运动所促成的。新文化运动者，在打倒“孔家店”以后，无以善其后。因此那已有两千年习于“独崇”一术的中国学术界，乃另觅皈依，实在也是时势使然。再者，那些倒孔人士，在孔倒以后所提倡的科学、民主的口号，原是一摊混沌水。在社会科学的法则上说，这个口号本身就不科学，因为它语意不清，在治学上令人无所适从。

举个例子来说吧，胡适的“大胆的假设，小心的求证”这一标语的本身，最多只能说是一条科学法则，白马非马，科学法则并不是科学。或以这法则来向胡氏发问，中国古代的社会形态，封建社会乎？奴隶社会乎？胡适派的新文化主义者，则对这一问题既无“假设”，也未“求证”。他们的态度是置之不理。

胡适的学生、笔者的老师顾颉刚先生，曾用胡适的法则，大胆假设出大禹是一条虫。设问顾老师，禹是一条虫或是个大王爷，对中国古代社会的发展究竟有什么重要分别。顾老师亦未加说明。顾老师之说，为考据而考据也。禹是一条虫，略带新意则有之，谈起“社会科学处理”（social science approach）来，那就没有太大关系了。

可是对这一问题的解答，马克思主义史学派就不同了。他们既假设，又求证，并说出一个“绝对真理”来——他们认为人类的社会发展是分为五个阶段——原始公社、奴隶社会、封建社会、资本主义、社会主义（包括共产主义）——向前迈进的，这是个“放诸四海而皆准”的普遍真理和客观实在。因此在这派史学家看来，历史工作者的任务，便是对这项“五段”发展的继续肯定，剩下的细枝末节的争辩和考证，都只是围绕这项真理打转的上层建筑。

因此，从整体上看，中国马克思主义史学派和中国传统史学派颇有其相似之处。后者的主旨是为“五经”作注，前者则为“五段”作注。“五经”和“五段”都是各该派完全肯定、不容丝毫怀疑的绝对真理。

所以中国马克思主义派的历史学，实是一种“填表”的历史学，研究的是怎样把中国五千年的史实，填进这个五段论式的表里去。但是显而易见的，中国历史上未尝发生过“资本主义”，而“原始公社”又因混沌初开、文献无征，因此中华四千年史就变成“奴隶”和“封建”的两段论了。这两段如何分期，曾引起大陆上史学界一度热烈的争辩。最后总算是主将郭沫若亲自出马，才算得出个粗可服众的结论——郭氏把“奴隶”和“封建”两段的分期，安排在春秋战国之交。至于“封建时代”的下限呢，那就因毛泽东曾说过“解放前的中国社会基本上是封建社会”，郭氏乃把封建下限拉长到1949年。

……但是不论怎样，这一派的结论是出于社会科学研究的成果。中国之外，站在它背后的所谓“普遍真理”，还有千百万言颇足哗众的诠释，比起那缺少科学论证的中国传统史学和空喊“科学”而不见科学研究成果的新文化主义者们，它就要实际得多了。所以在“孔家店”既倒之后，它能乘虚而入，取而代之，实在不是没有原因的。在意识形态上站稳了阵地，再有武力做后盾，那么枪杆就要出政权了。

中国马克思主义史学派大致说来功力不足以罢黜百家，但是除非中国史学界也出了一批杨振宁、李政道、吴健雄，能以科学实验室的方法，把它这个“客观实在”，反证出既不“客观”，也不“实在”，否则他们这套学理就要继续客观、继续实在了。但是今日专研中国历史的史学界，还未出过杨、李、吴；有之，则是一些吹胡子、瞪眼睛之士，或是些充耳不闻之士，大家老死不相往来，那就只有各是其是了。

现代西方中国史学派

至于笔者所说的第三派——现代西方中国史学派，到目前为止，其主要根据地似乎还扎在北美、西欧和日本。他族研究员之外，也包括大批外籍华裔学者。这批华裔学人在祖国由于学术宗派和职业容量关系，近三十年来被迫寄迹异邦，锲而不舍，今日与他裔学者相结合，竟亦蔚成（海外）大国，成为治中国史的一股洪流——少数学者返回台湾与本省史学家相互交流融合，亦颇足称颂。所以今日在台史学界的主流也属于这一派，但难免有少许政治干扰，尤其是在近代史方面。

笔者把这派史学加一个“现代西方”这顶帽子的另一原因，便是这派史学原从“比较史学”开始，而发源于海外；更确切一点儿说，发源于明末清初的“耶稣会士”（Jesuits）。这些传教士原都是饱学之士，但是他们的饱学却是以基督教文明为主体，一旦碰到能与他们并驾齐驱、甚或犹有过之的非基督教文明，他们就难免发生“文化震撼”（cultural shock）。这种文化震撼形之于传教士书简，在欧洲也发生了余震，这样便引发了早期的“汉学”（Sinology）。

学术文化之演进原如长江大河，是绵延不绝的。这些早期的天主教徒所奠的基础，便由19世纪的基督教传教士嬗递了下去，结出了19世纪末至20世纪初丰盛的汉学果实。在此同一时期，西方社会科学的进步是一日千里的。荀子说：“蓬生麻中，不扶而直。”20世纪在西方发生的“汉学”，也是当时社会科学里的“麻”中之“蓬”。社会科学的发展带动了汉学的发展，至二次大战后乃发展出今日几乎喧宾夺主的“中国学”（或译“华学”Chinese Studies）来。“汉学”本是白种学者的专业，“中国学”中，华裔学者也逐渐变成其中的主力部队了。

这宗由“汉学”的社会科学的发展而逐渐导引出来的中国史学现代化，在五四时代本已开始滋长，并发生了左右分流的现象。北伐以后的“社会史论战”，便是场美不胜收的中国马克思主义史学派里早期的“百花齐放”，而所谓“30年代”，也是现代西方中国史学派收获最丰盛的季节。

“30年代”在中国文艺史上和学术史上都是个里程碑，那是五四时代新文化运动所播下的种子，至此刚有幼苗滋长，继续下去必然会有个“百家争鸣”的成熟时期。可是这个光辉的30年代刚过一半，便被日本侵华的战火所摧毁了。

抗战时期的艰苦是笔者这一辈中国同胞所亲身体验的。抗战之后，大陆政权易手，在历史研究上说就只剩上述的中国马克思史学派一家了。

但是学术是人类智慧的结晶，是政治力量禁止不了的。礼失求诸野，这一宗受西方社会科学影响的现代史学派在海外茁壮之后，在今日中国政府开放政策、留学政策之下又发生了倒流现象，这一远景，当另文续之以就教于方家。

上述三派既各有短长，独立发展难免都有其局限性。所以我们希望今后中国治史者，能兼采三家之长，能铸造一个综合性的第四家才好——这也是我个人对贵会的一点期望。

1987 年 9 月 5 日清晨匆草

原载《传记文学》第五十一卷第四期

中国前途在中国人

自从1944年我在战时安徽省会立煌的安徽学院教授西洋通史开始，时至今日，我在中外各大学做历史教师，断断续续的已经有四十多年了。由于啖饭之需和环境所迫，我几乎把古今中外的历史，都一一地在黑板上擦过。个人所知有限，误人子弟，中外皆有，思之惭汗。但是个人教书却也因此养成一种比较教学的习惯——喜欢把各种不同的民族史排列起来做比较讲解。这种教学方式在历史科学里本来就叫作“比较史学”。只是我原本无心，而阴错阳差地误入此行，终于逐渐陷入而不能自拔罢了。

通性、特性，必然、偶然

从比较史学的观点来说，我个人总认为中国人和中国历史的发展，在世界历史的范畴之内是有其“通性”的。这也就是说，世界上虽种族各异、立国有别，但在历史的发展上是具有若干共同规律的。可是我们这个占有世界人口四分之一的庞大民族，由于种种因素的影响，其发展过程，当然也自有其与众不同的“特性”。因此我们这部中华民族史的形成，便是在这“通性”与“特性”交互影响之下发展起来的。

再者，在这些发展程序中，其制度更迭之轨迹，以及潮流变易之渠道，更受有“必然因素”与“偶然因素”之干扰。“必然”的发展且往往为“偶然”事件所截堵；而“偶然”的发生，也往往引出“必然”的后果。这种“通性”“特性”、“必然”“偶然”交互影响所造出的史例，在三千年历史上是数不胜数的，其错综复杂的关系，也不是任何形式逻辑上的公式可以概括得了的。

对立统一和挑战反应

因此，笼统地说起来，当今西方最具影响力的两位历史哲学家马克思和汤因比，都过分注重人类历史发展上的“通性”和“必然性”，而过分忽略有同样重要性的“特性”与“偶然性”。以致中国历史所提供的无数史例，却成为今日历史哲学上这两大宗派的“盲点”。

马、汤二公都是人类文化史上拔尖的思想家，影响之深远是不可估量的。我辈何人，敢不自量力乱加批判？其实事有不然。他们这些泰山北斗，在治学上亦有其不可补救的弱点，那就是他二人都是西方白种人，他们的学术思想基本上是从“西方经验”发展出来的。在近三百年全球学术界都在“欧洲中心主义”（Eurocentrism）的支配之下，他们也就视为当然地把西方历史发展的“特性”,误为人类历史发展的“通性”了。他们对那至少占有“世界经验”三分之一甚至一半以上的“中国经验”所知太少。而近百年来国人在社会科学上比较落伍，没有能提出充分的学术反证；相反的，留学生们反跟着他们敲锣打鼓，就益发增强了他们的权威性，甚至变成扳摇不动的真理了。

近三百年来的西方汉学家，的确对研究中国历史提出了许多新观点，足使中国历史学幡然改观。这一点，我们是绝对要汗颜接受的。但如触及中国历史的本质，我们读破“通鉴”、“四史”、“九通”的中国教书匠也大可不必自卑。古人说:“不读三通,何以为通人？”漫说马克思、汤因比，扁担长的一字，也不认得几个，就是当今最有成就的汉学大师，又有几个能算得上是“通人”呢？不做“通人”,搞点小考据无伤,要搞“究天人之际，通古今之变”的汉学，那就力有不逮了。

所以马、汤二公，要以他们的公式，什么“对立统一”，什么“挑战反应”，加诸西方历史，则小子何敢言？若要加诸中国历史，他们就得先读读“三通”再说了。因为深入可以浅出，浅入而求深出就要出毛病了。这是客观条件使然，无关二公之为大思想家、大学者也。

诸葛孔明多么伟大，但是他在“夜观天象”上的本领，却抵不上台北参加“联考”的中学生。何也？客观条件使然也。这也就是一位普通历史教员所以敢在深度学理上抢白一代宗师的道理吧。

中国社会发展没有五段

但是中华民族史上究竟有哪些“通性”、哪些“特性”呢？

关于这一专题，前不久，我个人不自量力，曾在纽约州立大学奥本尼校本部，做了一次学术讲演，讲了两个多小时。那篇讲稿太长，此地未便重复，等到有空整理出来，再请诸位详细指教。这儿权且说个大略。

关于中华民族发展史的通性，大体说来，如马克思学派所强调的“五段论”（原始公社、奴隶社会、封建制、资本主义、社会主义），在中国历史上都只能找到一点蛛丝马迹（只有封建制是例外）。我们教中国通史的教员们，却无法把这五个阶段连成一线。换言之，中国历史的发展，乃至中国社会的问题，都不是马克思学说所能概括得了的。

老实说，今日大陆上的问题，就是这项学术误解的后遗症。学术问题不解决，这个后遗症是要永远贻害下去的。俗语说："教拳容易，改拳难。"一错再错之后，想改回来，谈何容易？

这些都说明，一项学术性的误解，对国脉民命的影响是多么严重啊！

诸圈交错和众圆同心

再说说汤因比的另一公式挑战和反应吧。我们教历史的，在传统中华民族史上，也找不出太多来自自然界，或来自外族的、有生死攸关（所谓"亡社稷"）的"挑战"。黄河百害、夷狄凶残，但是它们都不能把汉民族搞成古埃及、古巴比伦或古印度的德拉威（Dravidians）来加以毁灭。

古汉民族，今日已扩展成中华民族了，自始至终就不是个纯种的民族（homogeneous race）。和今日英文里的 Americans 一样，所谓汉人、唐人、大汉子、小汉子、汉儿、胡儿……都是具有相对性的政治和文化的词汇。"古汉人"较诸"今日美国人"，只是前者比后者要早出两千多年的民族"大熔炉"（Melting Pot）罢了。汉人的祖先遍布东亚，甚至中亚、西亚、南亚，也包括石器时代的台湾居民。他的文化幅员之大、活动范围之广，在比较史学上，只有西方的印欧语系民族（Indo-European Peoples）差可与之相比。

但是这个以高加索种为主体的印欧语系民族群，和以蒙古种为主体的汉语民族群的历史发展，却有彼此绝对相反的程序：前者是四处流

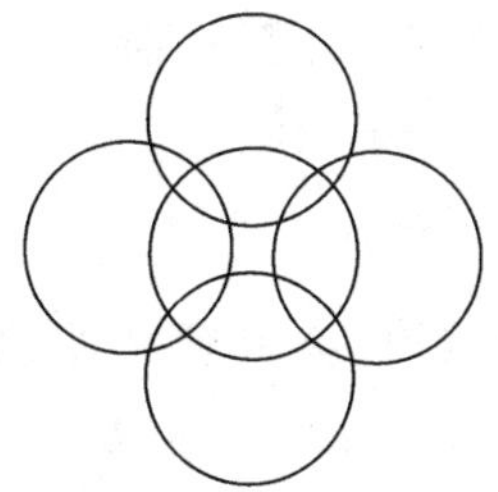

图甲：诸圈交错

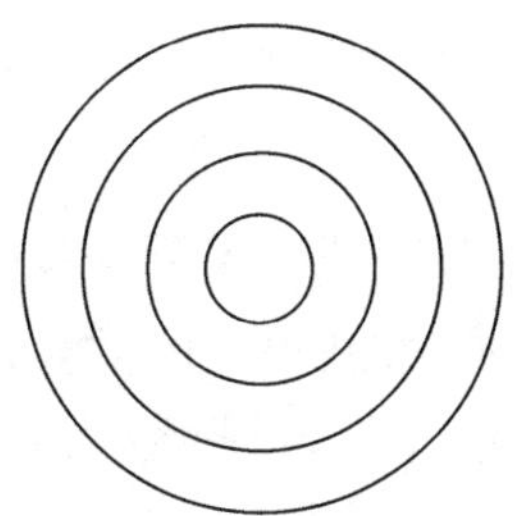

图乙：众圆同心

窜，愈分愈细，语言文化本是同源，却远而愈杂，终于形成当今欧洲斯拉夫、条顿、希腊等无数支派，在西南亚亦有印度、伊朗之别。他们各据专区，各宗其祖，各信其教，各立其国，彼此之间排他性极强，挑战反应的现象也极其明显，这也就是汤老教授学说的主旨所在吧。

反观后者呢？我汉民族的发展却正好相反。我们守住黄河中游的祖宅，四向翻滚，愈滚愈大。滚到后来，干脆来他个书同文、车同轨、行同伦，"罢黜百家，独崇儒术"。大家既同之后，再干脆拜个把子，你我都做起了"炎黄子孙"。中华民族终于占据了世界总人口的四分之一，真是歆欤盛哉！

我们如果要把东西这两大民族群的分合发展来个图解，则印欧语系的民族群的关系，实是一个诸圈交错的图案（见图甲），而汉语民族群的关系则是众圆同心（见图乙）。

诸圈交错，在文化上就发生了"挑战、反应"的竞争，政治上也就一分不合，而致小邦林立。意大利在统一之前，一只小皮靴上就有十余小邦，倾轧无已时，斯拉夫、日耳曼亦无不如此。

众圆同心，在政治上虽亦有"合久必分"的现象，在文化上则始终只有伸缩的问题或发射和吸收的问题。国力兴盛，则文化远播；国力衰微，对外来文明就门户开放，广纳蛮夷。管你什么佛教、基督教、伊斯兰教、祆教，管你什么科学、民主、共产主义、法西斯主义，我们都可诚恳接受，食而化之。这种传统中国文明的“容忍精神”，我们搞比较史学的，翻遍世界史籍，可以说只此一家、别无分店了。

喜欢偏激的朋友们或许要说，此阿Q精神耳，与容忍何有？朋友！正是如此嘛。子曰：“其智可及也，其愚不可及也。”“大智若愚。”有智慧的愚，才是人类智慧的最高表现。宽容（不拘任何形式）与精敏，浑厚与厉害，在民族文化的长期发展中，孰利孰弊，还不易遽下定论呢。

一个百川汇海的古文明

丘吉尔有一次也谈到中国文化问题，并引了一句中国格言为例，他说：“The sea salts all the water that flows into it.”我还未能找出这句格言的汉语原文，姑译之曰“天下之水，入海皆咸”，或是“海纳百川，必咸其水”。这也就是说，任何外来文物制度，一经传入中国，便如百川汇海，为海水所溶解，就不会再孤立地存在了。就以佛教东传为例吧，胡适之先生当年就恨得牙痒痒的。他认为中国思想之印度化，是中国文化史上的“大不幸”。可是我这个胡适弟子却不以为然。我向老师说：“佛学东传，与其说是中国思想的印度化，倒不如说是印度思想的中国化，印度佛教里哪有什么天台宗、华严宗呢？甚至禅宗也是不折不扣的中华国货嘛。”适之先生对这点不但不以为忤，而且甚为嘉许呢。

所以我个人对中国传统文明还是有信心的，因为它的特点之一，便是能纳也能吐：对胃口的，它能“食而化之”，如大乘佛教；不对胃口的，它也很可能“出而哇之”，如近代法西斯主义。

目前西方汉学泰斗费正清先生，每以华人“排外”（antiforeignism）为批评对象。其实费氏所见者，“扶清灭洋”、“打倒列强”表面现象而已，其实若从文化的挑战和反应的通盘程序来说，则中国文明，宽厚多矣。真正的“排外”,真正的“文化斥拒”(cultural intolerance)和真正的“种族歧视”(apartheid)，恐怕“雅利安文明”(Aryan Civilization)要十倍于我孔孟之教也。

转移时代的十六字真言

以上所述，着重点还是东西两大主体文明的通性和特性的两方面，讲的只是些抽象的原理原则，未触及对我们有切身痛痒的现世界的实际问题。谈实际问题就要引经据典了，不是三言两语可以说得清楚的。今再略从具体问题方面，补充数语以就教于群贤。

且从基本制度说起，让我斗胆把中国“传统文明”和“现代文明”概括为十六个字：

> 传统文明者，“宗法社会，农业经济”交配之产儿也。
> 现代文明者，其基础则为“全民政治，工业经济”也。

所谓“现代化运动”者，便是从“宗法社会，农业经济”转入“全民政治，工业经济”之发展程序也。这一转变的本身是现代中国的万变之源，其他的文物制度、革命、变法，都是附从主流与之俱来的。

“宗法社会,农业经济”不是什么“好”制度,但它也未必是什么“坏”制度，它只是一种“可行的制度”(functional system)而已，并且一行两千年。所以我们检讨它，应该从具体的“比较史学”入手，不应只注重抽象的“价值论”。

从比较史学上看，在人类历史上的“前摩登时代”(Pre-Modern

Period)，还没有哪一种流行的制度比我们的宗法社会、农业经济行之更“好”呢。被文艺复兴时贤诅咒为“大黑暗时代”(The Dark Age)的中古欧洲，比得上我们唐宋元明的成就吗？相反的，当他们印欧兄弟正为“大黑暗”所苦时，我们的文物制度，却正在大放光明呢！

再者，纵使从价值观念来看，目前这个人欲横流、道德沦亡的“现代西方”，就远不如“中古欧洲”的生活朴素纯真呢。我的恩师、中古史权威的奥斯汀·晏文斯(Austin P. Evans)教授，就以“现代”不如“中古”而说教终生。其实，欧洲的中古又哪能和中国的中古相提并论呢？笔者本人亦曾向纽约市立大学“中古学部”诸士女说过无数次，说得他们心服口服。

所以五四时代的过激派和目前的忧殇派学人，都只因愤激于时务，乃把中国传统全部否定。其实年纪大了，心平气和地把中西传统比较分析一番，对全盘西化的看法会有所改变的。晚年的胡适之先生便是个突出的例子。

希望在有统一认知的下一代

可是不论在“价值”上变好变坏，历史是不能“立正”的，且一定要向前走，从现在走向将来；从前八字“宗法社会，农业经济”，走向后八字“全民政治，工业经济”——这是个有世界性的历史规律，它也决定了中国将来的方向。事实上我们中国人向这方向迈进，迂回曲折，也已走了一百四十余年了。只是以我们“亚细亚社会”(Asiatic Society)的老底子，走起来逆水行舟，没有他们西欧北美的毛子运用他们“欧罗巴社会”(European Society)的老底子顺流而下那样通顺就是了。关于这一点，笔者曾有专文论述之，不再赘叙。

总之，在这方面我们最后必能找出一个长治久安的制度，以“全民政治，工业经济”，为中国将来千百年的历史，铺出一条大路来，而这个机运已近在目前。西哲有言曰：“制度者，智慧与机运之产儿也。”（System is the child of wisdom and chance.）在我国历史上，帝制崩溃、共和伊始的民国初年，孙中山先生原有此“智慧”而无此“机运”，结果以君子始，以小人终，多么可惜。

本来嘛，中国将来之国运原不能专靠少数圣哲的智慧，它要依靠我们绝大多数中国人的认知、好恶与取舍。朋友，近一百多年来，王纲解纽，人心涣散，我们十数万万同胞，公说公有理，婆说婆有理，我们何尝有过全国性的共同认知、好恶与取舍——洋人所谓 national consensus 是也。没有个全国性的共同认知，我们的价值系统（value system）就无法统一；价值系统不统一，则你是之，我非之。一个小小的黄埔军校的学生也就各是其是、各非所非而无法“亲爱精诚”了。由是非各异而动口动手，内战也就打不完了。且看今日国共两党之内的青年才俊在意识形态的是非、善恶、好恶、取舍之间不是几乎完全一致了吗？

朋友！这个意识形态大一统的局面，是鸦片战争后，近一百四十年来的中国所未尝有过的啊。现在我们既有机运更有智慧，还怕长治久安的制度出现不了吗？中国的前途靠有智慧、有度量的中国人，尤其是青年中国人。让我们为他们的迅速接班而欢呼！

1989 年 12 月 18 日清晨匆草

原载《传记文学》第五十六卷第二期

文学与口述历史

导言

我是学历史的，自小对文学也很有兴趣，记得有一次在哥伦比亚大学章回小说讨论会上，有一个美国学者列了一堆章回小说书目，大约有四十几部一百多本，他说："中国作品实在太多了，谁可能把那么多的作品看完呢？"我举手说："我统统读过了。"他不相信，反问我说："你怎么可能读那么多书？"我说我在中学读书，没有女同学同我谈恋爱，也没有球可打，更不会滑冰、跳迪斯科，没办法之下，只好看小说了。我对文学大概就止于对这些书的欣赏罢了，所以我只能算是欣赏文学的读者而已，实在不够资格以行家来谈文学，尤其没有资格谈台湾和香港等名作家的作品。我觉得台湾近二十年的文学成就远超过 50 年代或 30 年代的作家，可惜我因为太忙，对台湾和香港的大批作家的作品看得太少。

其次说到口述历史，口述历史是我的本行，也是我在哥伦比亚大学用来吃饭的工作。

既然我与文学和口述历史都有些关系，现在我就把个人的一点体验与看法报告一下。

首先来谈一谈什么叫口述历史。

什么叫口述历史？

我写过几本口述历史，加起来可能销了一百多万本，而且现在仍继续出版。而什么叫口述历史呢？有人问我："你的口述历史是不是胡适先生讲，你记，就成了？""你怎么能记那么多呢？"另外，我写李宗仁的口述历史，他们也说："你怎么写那么多呢？"我的回答是："口述历史并不是一个人讲一个人记的历史，而是口述史料。"我替胡适之先生写口述历史，胡先生的口述只占百分之五十，另外百分之五十要我自己找材料加以印证补充。写李宗仁口述历史更麻烦，因为李先生是军人，他连写封信都要找秘书，口述时也随便讲讲，我必须细心地找资料去编、去写、去考证，不明白的还要回头和他再商讨。而他是大司令官出身，他讲的话习惯上就是命令，有疑问反问他时，他都说："没错！没错！"我说："大概有点错吧。"他立刻又说："没错！没错！"我想我以前在他部下当兵也只是个少尉，而他是上将，以一个少尉来指挥上将是很难的，所以我只好慢慢地想法子说服他，把一些不清楚的问题反复问他，结果他说："有书为证，没问题！没问题！"于是拿了一大堆书给我看，结果都是稗官野史一类的书，我说："你们做司令官的，如果情报不正确的话，像台儿庄等战役就没法打胜仗了；我们搞历史、写文章的也一样，如果情报不正确也会闹出笑话来，您刚刚说的这些'情报'虽然有书为证，却也可能是假情报。"他说："有点道理，有点道理。"费了不少工夫，才慢慢地进入状态。不过李宗仁的口述历史，统计起来，大概只有百分之十五是他口述，百分之八十五是我从图书馆、报纸等各方面资料补充与考证而成的。所以，所谓口述历史并不是一个人讲一个人写就能完成的,而是口述部分只是其中史料的一部分而已。一般而言，大学者的口述史料大概有百分之五十、百分之六十，非学术人士的口述史料只有百分之十五、百分之二十左右。所以若问口述历史与一般史料有何不同，大概可以这样说：口述历史是活的史料，其他史料是死无对证的，口述历史可以慢慢谈、慢慢问，可以加以补充改正，而其他历史就不能如此。

在哥伦比亚大学有世界性的口述历史学部，也有中国的口述历史学部，但在那里正式工作的只有夏连荫小姐和我两个人。夏小姐英文很好，中文不太能写，只有我中英文都写，所以那时我所做的中国口述历史就成了世界最早的中国口述历史。后来台北的“中央研究院”也有口述历史，那是当年我们在美国向胡适之先生建议的。后来胡先生到了台湾，我们给他写了一封信，胡先生回了一封信（见胡颂平的《胡适之先生年谱长编初稿》1959 年 12 月 5 日条），说“台北‘中研院’也成立了口述历史部”。这就是“中研院”口述历史部的由来。所以,“中研院”口述历史是胡先生写了那封信才开始的。

接下来谈谈口述历史的起源，这要从第二次世界大战后，哥伦比亚大学教授艾伦 · 芮文斯（Allan Nevins）自夸口述历史的名词是他发明的说起。当时他创出的名词是 Oral History，翻成中文就是“口述历史”，而现在这个名词已经世界通行了，所以这个名词事实是哥伦比亚大学的艾伦 · 芮文斯一个人搞起来的。

口述历史的历史

艾伦 · 芮文斯提出了 Oral History 的名词，但我对他说：“你不是口述历史的老祖宗，而只是名词的发明人。”在我看来，Oral History 至少有两千年的历史，不过那时不叫口述历史，口述历史是在中国和外国都有的老传统。我们学历史的人一般分历史为两大部门：一种是未记录的历史，英文叫作 Unrecorded History；另一种是有记录的历史，英文叫作 Recorded History，我们中国有记录的历史应该从孔子的《春秋》算起，而孔子的《春秋》却断自唐尧虞舜，那么唐尧虞舜的历史都只是传闻，也就是口述历史了。后来的三皇五帝也都是以口述为凭推出来的史前历史。孔子向来自称“述而不作”，所以他的作品如《论语》等也都是由孔子口述，经学生或学生的学生记下来的，自然也是一部有名的口述历史了。孔子另外一部可靠的书《礼记 · 檀弓》，记载了许多孔子的事，都是孔子口述、弟子所记。诸如此类夫子“述”之、弟子“作”之的作品，就是“君子动口不动手”的传统，也就是“述而不作”的最典型口述历史。

后来秦始皇焚书，弄得汉初无书可读，于是找一些学界耆宿如伏胜等加以口述，代代相传，成了汉代的今文家，所以在汉朝四百年间，古文家都不被承认，只有口述而成的今文家才受重视（事实上《左传》并非伪书，而是被作伪者刘歆动过手脚。孔子因鲁史而作《春秋》，《春秋》是孔子读《鲁史》的笔记——有哲学气味的笔记，也可说是根据儒家思想而整理的笔记。但是《鲁史》是什么样的书？作者又是谁？我大胆假设：《鲁史》的作者就是左丘明，《左传》的原来面目即是《鲁史》，孔子因之作《春秋》，此书失传后，被刘歆在“中秘书”发现，乃改头换面，倒果为因，搞出《左氏传》来。康有为《新学伪经考》知其一而不知其二）。

口述历史在中国史学上的实例

另外，刘汉以后也有很突出的口述历史，那就是司马迁《史记》中的列传七十篇（再大胆假设一下）可能有一半是他道听途说的，要不然就是 interview 他人听来的，也就是根据口述史料加以整理编写而成的。最好的例子是《刺客列传》写荆轲刺秦王那一段，他说得很明显，现在抄录下来看看：

> 太史公曰：世言荆轲，其称太子丹之命，“天雨粟，马生角”也，太过。又言荆轲伤秦王，皆非也，始公孙季功、董生与夏无且游，具知其事，为余道之如是。

从以上所录看来，司马迁认为他的故事比传闻更为正确，因为他是听公孙季功和董生说的。而公孙和董又是直接听夏无且大夫说的，而夏是秦始皇的“私人医生”，当暗杀进行之时，“夏医生”帮着“老板”用“药囊”打过荆轲，其话当然可信。这是一篇极好的文学著作和历史，而司马迁就讲明他所用的是口述史料，其他未讲的正不知有多少。

由此看来，口述历史（也可以说是口述文学）在中国至少有两千年的历史了。

再看我们安徽出的明太祖朱元璋。朱元璋年幼时做过叫花子，也当过和尚，他年老时最忌讳这一段，那时有位士子上表歌功颂德，说朱元璋功业蔽天、“光被四表”，谁知马屁拍在马脚上，朱元璋认为“光被四表”是嘲笑他幼年当和尚，和尚头“光被四表”，所以把这马屁精给宰了。可是等到老朱老了，要盖祖庙、修族谱时，对自己的身世总得有个交代啊，但是那些摇笔杆子的什么“大学士”，谁敢执笔呢？他们想来想去，想出个聪明办法来——来搞个“口述历史”，说群臣愚鲁，对圣上祖宗盛德，才难尽述，伏乞圣主略叙列祖列宗之天纵英明事迹，愚臣庶可据以跪录，等等。谁知朱元璋倒也大方，他就真把他过去当和尚、做叫花子的往事，毫无隐讳地全盘托出。这篇文章也是中国口述历史和口述文学上的杰作，没有口述历史这个传统，这篇文章是无法执笔的（原文见《七修类稿》）。

另外如太平天国覆灭时，忠王李秀成的供词（口供）也是我国传统“口述历史”的上品。据说，当忠王李秀成被曾国藩抓了，忠王用广西话招供，曾国藩听不懂，只好叫李秀成自己写，于是李秀成一面讲一面写，完成了这篇至情至性的好文章——《忠王李秀成供状》。

大陆上最好、最出色的一本口述历史的书，应是末代皇帝溥仪的《我的前半生》。他把他一妻一妾装模作样的种种情形写得非常真切动人。

从以上这么多例证我们可以明白，口述历史这个名词还没有到中国之前，我们早就有口述历史的事实了。

西洋传统史学中的口述历史

在西方，从古希腊、古罗马的荷马（Homer，公元前 9 世纪）和希罗多德（Herodotus，公元前 5 世纪）的作品都是第一流的“口述历史”，甚而苏格拉底、释迦、耶稣、摩西等的言论也是口述后记录下来的。荷马是位瞎子，他的史料如“木马兵”等，几乎全是“听”来的。希氏的故事，很多也得自“传闻”——人家告诉他的“口述历史”。然而，西方传统“口述历史”中和我们有直接关系和影响的，那就是《马可·波罗游记》了，这是一部“口述历史”的千载奇书，我想借此机会介绍一下。

马可·波罗（Marco Polo, 1254—1324），意大利威尼斯人，在他十七岁那年（1271），随父亲和一位叔父启程来中国，那是他的处女行，但他父亲和叔父却是第二次来中国。他们循古丝绸之路东行，路经波斯、葱岭，入中国新疆、甘肃，经敦煌过西安（那条唐三藏取经的路），吃尽千辛万苦，历时三年，才到达中国元代的大都（北京），向元世祖忽必烈报到。其后，他们父子叔侄三人，在中国一住十七年，备受宠遇。并以色目要员的身份，由忽必烈差遣，周游中国，并参加火箭攻克襄阳的激战。小马可且自炫曾为扬州太守（位同今日的上海市长）。那时的中国是世界的主宰，生活水平超过欧洲甚多。马可·波罗三人进入中国，直如板儿进入大观园、中国贫农到了巴黎，目不暇接。一住十七年之后，忽必烈年老，马可·波罗等亦倦鸟思归，衣锦还乡。此时正值蒙古帝国钦察汗的可汗（驻波斯）丧偶，北京忽必烈拟送一贵族女子去波斯为钦察汗的可汗续弦，三位波罗乃膺命护送。他们于1292年自北京动身，取水道经泉州、新加坡，穿印度洋，赶往今日炮火连天的伊朗。护卫六百人，巨舶十余艘，在三位波罗率领之下，历时三年，始完成任务。于是顺路还乡，回到威尼斯故里。他们一行离开故乡，前后已二十五年，乡音无改而人事全非，然波罗三人毕竟衣锦荣归，光耀故里。

马可·波罗这趟亚洲之旅，在中古时期是不可思议的；他的故事之能震动人心，自不在话下。意大利那时小城邦林立，人民目光如豆，马可·波罗等自大元帝国归来，自然一开口便以“百万”（million）为单位。百万也就成了马可的诨名。孰知“马百万”还乡不久，就碰上威尼斯和热那亚（Genoa）两个城邦之间的战争。“马百万”那时不过四十开外，一战被俘，便做了热那亚的战俘，囚于战俘营。恰好事有巧合，他同囚难友却有一位知名的作家名叫鲁斯特企罗（Rustichello），一个善吹，一个善写，二人一拍即合，在战俘大牢之内，他俩就拟定一个“口述历史”计划，写起书来。二人所说的都是当时当地通行的意大利法语（France-Italian），书成之后，他们就以“百万”作书名。后来译成其他的语言就改称《马可·波罗游记》了。

《百万》书成于印刷术传入欧洲之前，但初稿方出，立刻便势如野火，传抄、翻译，很快便传遍欧洲，其后各种不同的抄本竟多至一百四十余种。由此可见《马可 · 波罗游记》实在是我辈搞口述历史这一行中影响最大的一部世界名著。事实上，后来名震世界的热那亚晚辈冒险家哥伦布（Christopher Columbus, 1451—1506）到美洲去探险，就是根据马氏游记想到东方寻找中国，结果找错了，反而发现了美洲。“口述历史”意外地发生了这么大的功效，这是马可 · 波罗做梦也想不到的事。

口述历史与文学

我们谈口述历史与文学，应先扩大来谈文学与历史，才能厘清它们两者的关系。我本来学历史，但对文学有兴趣，所以我编了十六字真言来涵盖文学与历史。那就是“六经皆史”、“诸史皆文”、“文史不分”、“史以文传”十六个字。

先说“六经皆史”，这是清代章学诚说的（其实西方也有“二经皆史”之说，指《新约全书》《旧约全书》），他认为不只六经，其实诸子百家皆史，我倒认为不只诸子百家皆史，甚至小说如《封神榜》《西游记》《镜花缘》《金瓶梅》皆有其历史价值。其次“诸史皆文”，譬如司马迁的《史记》就是一部文学作品，所谓“文章西汉两司马”，司马迁的历史散文早被公认是上等的文学作品。我们读西洋史也一样，可以见到许多很好的历史文学，譬如《丘吉尔回忆录》曾得诺贝尔文学奖，一定有它特别好的地方。我读这本书时，看到有一段是这样写的：有一次丘吉尔与希特勒约期见面，由于丘吉尔讲话不小心，批评了希特勒，希大为生气，取消了约会，从此以后，丘与希再也没有见过面。这件事如果由我们来写，可能秉笔直书写成：“某年某月某日，丘吉尔应与希特勒在某处碰头，后来希特勒取消约会，所以两人一直未曾相见。”但《丘吉尔回忆录》却是这样写的：“希特勒自此以后就失去见到我的机会了！”（He lost his chance to see me!）这个事实和“自此以后我们两个都没有见过面”没有两样，但在《丘吉尔回忆录》中的笔调却一直强调 He lost his chance to see me! 比一般人的写法精彩多了。这也就是把历史作品的文学性加强以后，可读性增加了。

古代历史中,《后汉书》有十几家,为什么后人独推范晔的《后汉书》,其他都不传？这并不表示其他《后汉书》历史写得不好，而是文章没有范晔的好，所以也可以说百家皆史、良史皆文。

最后说“文史不分”、“史以文传”，从中西古代历史来看，都是因为它是好文学所以才传下来。因为古代没有很好的印刷术，光靠手抄，所以只有好文章才会被抄下来。但是这种“文史不分”、“史以文传”的传统现在已渐渐衰微，就以写中国历史的作品来看，美国人大都老老实实平铺直叙，但英国人写历史就注重文学修养，他们写史的第一条件是要英文写得好，与美国并不要求英文写得好、只要求正确与否不一样。我的同事中英文好的都是英国人。这是欧洲老传统与美国商业社会对历史态度的不同之处。现在美国新历史学家很少有文学气味，所以把他们的东西当历史看可以，当资料看也可以，但是要当文学看就差多了。

现代史学

这种美国式的历史趋势，愈来愈可怕，也就是说历史渐渐被科学所污染。在美国，历史现在叫作 social science approach，完全看成是一种社会科学。如此一来，历史就变成枯燥无味的东西了。例如我执教过的纽约市立大学和哥伦比亚大学就是把历史划入社会科学院和政治学院。我在哥大曾向院长建议，历史应在文学院而不应在社会科学院。像我们中国的各大学，历史系都在文学院的，但我的建议当然不会被采纳。

西方的历史学除了归入社会科学、愈来愈枯燥而外，最糟的是计算机普遍应用以后，历史已被计算机征服……

计算机的应用改变了整个学术界的状况。我在美国三十年来老跟着计算机跑，常有跟不上的感觉。我想，再过一百年，历史研究会变得不可思议。那时，我们回头看胡适、余英时等历史学者，也再看看自己，一个个都会变成不堪一看的冬烘先生。将来什么事都根据计算机，学者的努力将会是白费心机。譬如胡适用了十多年时间研究《水经注》，将来一按电钮，哗啦啦什么都出来了，结果胡适搞了十几年，计算机几秒钟就出来了。这种历史研究趋势，受科技发展的汹汹来势影响，将会一发不可收拾。上次参加在美国举行的“辛亥革命会议”，大陆一个学者写信给我说大陆上看不到台湾地区及日本、美国的资料，问我能否帮他搜集一些辛亥革命的资料。我想我这么忙怎么帮他呢？于是我到图书馆请教管理员，向他要一些辛亥革命的资料，要他告诉我 computer 怎么做法。他说：“好，你给我一个题目。”于是我给他“中国辛亥革命”。他说“我告诉你怎么做”，首先找到“革命”，一按钮，“革命”的资料哗啦啦立刻就显示出来了；其次“中国”，于是“中国革命”的资料立刻又显示出来；再接 1911 年，又哒哒哒哒大约三十秒钟就印出了一大堆“中国辛亥革命”的资料。这些资料如果自己来抄，至少要两三个月才能抄完。我日常工作很忙，怎么可能有两三个月的工夫去帮助朋友查抄这些资料呢？但用计算机，我查抄这些资料给他，只花了三十秒钟。所以我说计算机是很可怕的。

在计算机科技的发展下，人的生命将逐渐失去意义。试想三十秒钟可以得到的东西，还要胡适这些大家做什么？我们学历史的还有什么用？学历史的要靠什么吃饭？不过，事实上不必如此悲观，因为历史中还有一部分是可以和科技抗战到底的，有一部分是真金不怕火炼的，那就是历史之中还有文学。

口述历史与文学的展望

历史虽然被科学瓜分了，幸好历史中还有文学的一部分，使我们有饭吃、有兴趣继续搞下去。然而，我并不是说科学不重要。所以历史虽然向科学靠拢，但没有科学也没有历史。而历史如果完全走向科学，那么历史就要自杀了，学历史的人，他的人生也没有意义了。所以现阶段历史中还有口述部分是很有生命的，我写了不少口述历史的东西，尽量把这些书的可读性提高。当年我为顾维钧先生编写回忆录，他与我谈了许多外交上的逸事，我请他尽量详细地讲，尤其他当袁世凯秘书时所见闻的一些逸事。顾先生起先不肯讲，经我再三追问才勉强讲出来，结果后来发现那些都是很有味道的历史文学。这一类的口述历史是保存文学成分较多的历史，不是数字也不是科学，将来可读性之高一定超过一般历史，因为看历史的人并非都是史学专家，多数只为了得一点历史知识而去阅读，如果没有可读性就没有人看了。我想凡是够资格做口述历史的人，都应该有几分文学的素养。而且凡是够资格写的人都会讲，孔子说："有德者必有言。"有德就是有技术（写史的技术）。我与胡适先生谈，他口若悬河滔滔不绝，可惜我没那么多时间去搞。胡适、顾维钧、黄沈亦云（黄郛夫人）都很会讲，所以他们的回忆录都很有可读性。因此，十几年前我回台湾，想到曾兼任过中央大学校长的"老总统"，如果可以请到他老人家做个口述历史，一定很有意思，可惜没有如愿，"总统"就过世了。我一直很难过，这么好的口述历史竟没有传下来！

如今学历史的人百分之八十会向科技投降，我也投降了百分之七八十，还好有百分之二三十我们可以抗战到底。所以写历史必须用文学来写，并与新闻合作（新闻是当前的历史），才能把未被科学征服的百分之二三十保存下来。现在搞口述历史要像桃园三结义一样，把历史、文学、新闻三位结成一体，变成刘、关、张三兄弟，就可以写成很好的历史了。

原载《传记文学》第四十五卷第四期

小说和历史

1988 年 6 月 7 日在台北耕莘文教院讲稿

在这次来台湾之前，我曾在大陆做过短期旅行。在火车上、轮船上常常碰到一群群的“台湾同胞”。他们在大陆上缩短的名词中叫“台胞”。台胞是今日大陆上的贵宾和娇客。我们所谓“美籍华人”，以前在大陆上也曾风光一时，但是近来在大陆上和台胞比起来，那就灰溜溜的了。

我们在大陆上碰到台胞，感到特别亲切；同样的，台胞碰到我们也分外热情。我想主要的原因是我们也常去台湾，和台胞有许多“大陆同胞”所不熟悉的“共同语言”好说。

在大陆上和台胞谈话时，我发现他们也很快地就说出许多大陆上所特有的词汇。我自己当然也学了不少。所以今天来台北做点“学术报告”（这也是大陆名词）之前，请诸位原谅我也套点大陆词汇来谢谢主人。

首先我要感谢的是我的“邀请单位”和“接待单位”远流出版公司，《时报》“人间”副刊和老友、文化界“大护法”陈宏正先生和其他朋友们……承诸位盛意，把我这位并不会念经的“远地和尚”邀来向诸位念阿弥陀佛。感激之外，我也感觉十分惭愧——但是丑媳妇也得见公婆，既来之，则讲之。浅薄空洞之处，都还希望诸位原谅我这个“丑媳妇”。

我在惭愧之外，也有很大的惶恐。邀请单位诸公要我来讨论“小说和历史”，而今天来领导我们讨论的却是文学界、史学界一身兼两长的泰斗刘绍唐和柏杨两先生。

我第一次知道绍唐兄是三十多年前读到他那本成名的大著。书内那两首妙诗，描写一位女知识青年嫁了一个不识字的人，并在一个月明之夜写了一首诗:“嫁得郎君不解情，竟将明月比烧饼;从今不盼礼拜六，春宵枉自值千金。”……我至今仍能背诵。后来他开办“野史馆”，我又跟“馆长”做了十多年的“野史作家”——大约十年前我就说过，绍唐治史，是“以一人而敌一国”。没有刘绍唐，哪个还能搞什么民国史呢?

我对柏杨先生的钦佩，也是和绍唐一样深刻的。柏老是小说家、散文家、诗人和历史学家。我这个自命为史学工作者的人，在治史上比柏老差得太远了，文学就更不用谈了。这绝不是谦辞。做一个治史者，他在史学和史识之外，还肯下苦功。试问，中国史学界，自胡三省而后，有哪个史学家曾把一部《资治通鉴》一个字一个字地读过一遍（不要谈翻译和批注了）？这是苦行僧“拜经”的办法，没道行是做不到的。

我自命也读过《通鉴》，其实我哪里是读呢？我当年是个青年在体育场“跳高栏”，看不懂，就一跳而过之——和柏老比起来，惭愧多矣。

所以,有这样两位有真功夫的教师爷在前,我还能打个什么“卖拳”呢?

不过话又说回头，既然做了丑媳妇，也就不要怕出丑，我还得斗胆讲下去吧。

历史学家指的是些什么?

我们今天要讨论的是“小说和历史”。

我个人数十年来，口口声声说我自己是“搞历史的”。今天我之所以应召来谈这个题目，主要是我的同行所批评我的“不务正业”的原因——我最近忽然出版了一部长篇小说叫《战争与爱情》。

当这部拙著还在报纸上连载期间，便有文学界的朋友笑我“捞过了界”，也有史学家笑我“年老入花丛”。鼓掌的朋友倒也不少；抗战期间打过游击的老兵读一章哭一章的竟也不乏其人，说那些故事也正是他们的过去呢……各方的反应形形色色。段昌国教授的批评也极中肯，他说：“像小说而非小说，像历史而非历史……”

记得以前胡适之先生对我说，律诗是“文字游戏”，但他又说律诗是很高深的“文学”，当我问他“游戏”和“文学”的界限又如何划分时，他老人家也被我这个不肖弟子难着了。

至于“小说”和“历史”的界限（*尤其是古人治史*）如何划分呢？我想先从“历史”说起。

什么是历史呢？

我们的答案应该是，人类的社会行为（social behavior）在“过去”所发生的现象，都是历史。从抽象的推理来说，时间只有“过去”和“未来”两种。所谓“现在”只是个“0”，它是永远存在也是永远不存在的。古希腊哲人有言：“你不能在同一条河内洗两次脚。”（You can not wash your feet twice in the same river.）正是这个意思。可是“过去”所发生的现象实在太多了。经过历史学家的笔把它“记录”（recorded）下来的“史实”（factual history），那实在只是亿万分之一了。

但是“史实”并不是历史的全部。要解释明白人类的过去何以发生了这种史实的所谓“释史”（interpretation of history），也应该是历史的一部分。至于用何种“方法”来记录史实和解释史实，这种“方法”

（methodology），自然也构成“史学”（historiography）之一部分。

笔者去岁应邀在留美学生史学会演讲，曾把研究中国史的当代史学分成四派（传统、马列、社会科学派、综合派），也就是从方法学着眼的——他们搞的是相同的“史实”，但是对“记录”历史和“解释”历史的“方法”，却各异其趣（见前文《当代中国史学的三大主流》）。

小说又是什么东西

以上所说的只是什么是历史。那么，什么又是小说呢？

小说是“文学”之一种，这个回答是绝对正确的，但是要为文学来下定义，对本文来说就是离题万里了，只好不谈。此地我们只可说文学有各种偏向。那些偏向于音乐艺术的便是诗歌戏曲，偏向于哲学和宗教的则是一些散文和现代的朦胧诗。朦胧诗严格地说起来，应该不能叫“诗”——它是运用一种看不懂、念不出的“长短句”来表达一种模糊的哲学心态。至于偏向于历史的文学,甚至搞得和历史难解难分的文学,那就是“小说”了。

章学诚说“六经皆史”。如是则上述有各种偏向的文学形式的作品，无一而非“史”——只是“小说”的“史”的偏向特别明显罢了。其实，我们要想给“小说”下个定义，实在也很难。在中国，“小说”一词首见于《庄子》,而《庄子》所说的小说也非我们今日所说的小说。《庄子》而下,班固在《汉书·艺文志》列有“小说家”。小说家虽居“十家”之末，它毕竟也是诸子之一。“诸子（如果）出于王官”，那么“小说家”也就有个做官的祖先，叫作“稗官”了。稗官也是政府的“高干”，其工作是访求民隐，专门记录不见经传、为士大夫“臭老九”所不屑一顾的街头巷尾之谈。

中国古代上层阶级的庙堂之议，牛皮夸夸，都成为“政府档案”，也是史学家著史的第一手资料；那闾巷的小民窃窃私议，就只是“小说”或“小道消息”，而算不得“历史”了吗？此吾为平民、愚民不平也。他们在历史上、社会上所占的分量，千万倍于简任以上高官和十三级以上的“高干”，他们的“舆论”（抬轿轿夫所讲的话），就只能算是“小说”了吗？

不过以上所说的只是古代中国的传统解释，到中古时期已有很大的改变。到近代，中国受西方影响，把西方文学中的 novel 和 fiction 翻译成“小说”，则此小说已非彼小说，小说的面向便宽广起来了，地位也陡然提高了。

胡适之先生把中国传统小说分为两大类：第一类叫“历史小说”，这一类小说如《三国演义》《水浒传》等都是经过数百年的演变，最后才由罗贯中、施耐庵等加以综合整理作为定型的；另一种叫“创作小说”，这种小说并没有什么历史演变的背景，只是一个作家的灵感“创造”出来的，如《红楼梦》《儒林外史》皆是也。

鲁迅把小说分类分得更细。但是胡、周二公都是治文化学的学者，发起议论来，总是以文衡文。胡适并说，一部中国文学史，便是一部文学方法变迁史。但是文学的方法，尤其是写小说的方法，何以变迁不定呢？他们搞文化史、文学史的人，都只从文化和文学本身去捉摸，他们忘记了或根本没有理解出，文化和文学之后还有个社会——一个不断变动的社会。文化和文学的变动，只是它们背后那个社会变动的浮标而已。

前几年，我也曾“捞过了界”。因为我自己是搞社会史学的，我不自量力也把社会史上的法则运用到中国文学史和中国小说史上去。我斗胆地提出，中国小说形式和方法的变迁，是从“听的小说”逐渐走向现代化“看的小说”上去。何以故呢？那是受市场经济供需律（law of supply and demand）的影响。英国的维多利亚时代，由于经济起飞、市场繁荣、中产阶级崛起，对“看的小说”的需求量陡增，所谓“维多利亚作家”的黄金时代才随之而起。

中国在十八九世纪，经济也相当繁荣，城市中产阶级渐起，对读品需求量大，于是大书贾和为书贾服务的金圣叹之流编书和批书的人物才随之而起。不幸的是，我国那时的“经济起飞”还未飞起来就垮下去了。国家强于社会的帝王专制和宗法制度，始终把中产阶级压住。中产阶级抬不起头来，对格调高的作品需要量就不会太大。在曹霑、吴敬梓等高格调作家饿死之后，便后继无人了。何也？供需律使然也！君不见今日台北读者的口味，吊高得吓死人；而“大陆同胞”还在大看其《小五义》！何也？中产阶级与无产阶级之别也。经济起不来，文学口味也就高不起来也。据老辈沪人告诉我，今日台湾省籍厨师所烧的上海菜，便远高于今日上海籍的上海厨师在上海所烧的上海菜。笔者浪游两岸，知此评不虚也。经济飞不起来，连小菜的口味也提不高，况小说乎？

走笔至此，我对敝老师胡适之先生又要批评一下了。胡老师搞红学，把曹寅所掌管的江宁织造和苏州织造等看成为供应宫廷的机关，这就只知其一、不知其二了。据《江宁府志》，江宁织造盛时有纺机两千七百余架，每日可出缎千匹。江南的“贡缎”销行远及西欧，宫廷哪用掉那么多？

这些“织造”的产品，哪是只为供应宫廷之用的呢？它仍是当时中国——甚至是全世界——最进步、也是利润最大的工业。他们赚的钱太多，使政府红了眼，乃“收归国营”，由国家垄断包办罢了。康熙爷这一干法与汉武帝包办盐铁、酒榷，宋王爷包办官窑、汝窑的制瓷工业如出一辙。后来国民政府搞烟酒专卖，还不是如此？中共执掌大陆后，把所有民间企业改为“国营”，而某些负责国营“江宁织造”的经理，又是些像曹寅父子那样的草包官僚。生了些贾琏、贾宝玉一类的败子，把这国营企业一“国营”就是几十年，中国独霸世界的丝绸工业，也就江河日下了。

真实的社会，虚构的人物

以上所讲的是小说的变迁和社会经济变迁的关系。

小说的种类很多，什么社会小说、爱情小说、志异小说、神怪小说、历史演义小说、讽刺小说、笔记小说……鲁迅在六十年前即列举了无数种。现在还有什么科幻小说、心理小说等，那就讲不尽了。

但是不管小说有多少种，它的基本原则则只有一个：它讲的是“人性”——不管这人性是善还是恶。《聊斋》上所讲的狐仙，《西游记》上所讲的猪精、猴精……它们哪里是什么鬼怪呢？他们都是“人”，它们的行为也都是人类的社会行为。猪八戒是一只猪吗？非也！猪八戒是一个可爱的阿Q。阿Q去摸摸小尼姑的头，猪八戒在盘丝洞里也把五位裸体美人的衣服藏起来了；阿Q想发财，猪八戒也在它的耳朵里藏了些银子做“私房钱”。

个人的私见，我觉得吴承恩的猪八戒，实在比鲁迅的阿Q写得更好。猪八戒比阿Q更可爱、更有趣。

这里问题就出来了。阿Q和猪八戒在历史上是否实有其人呢？答案当然是“没有”。根据胡适之先生做考证、写传记的原则，有一分证据只能讲一分话，有九分证据不能讲十分话。所以胡适之先生所写而考据十分严谨的《丁文江的传记》里，主人公丁文江就实有其人。他所写传记中一切的故事，都有百分之百的真实性，所以“丁传”便是一本杰出的历史著作。

比他较先执笔的，鲁迅也写了一本《阿Q正传》。阿Q并无其人，阿Q的故事也是百分之百的虚构。如果在某小学的国文班上，有某位小学生答考卷说阿Q姓桂，是实有其人，那他的老师一定把他的考卷打零分——历史上哪有个真阿Q呢？

可是问题又出来了：历史真没有阿Q其人？历史上多的是呢！——

至少在讲台上就站着个阿Q，那就是我自己。我就时时在做阿Q，或做具体而微的阿Q。

举一个我个人社会行为的切实例子。

侨居美国四十年，我前二十多年是在哥伦比亚大学度过的。在那第二十三四年时，我在哥大做教中国文史的兼任副教授，并做全任中文图书部主任。据校中当时的洋上司们和学生们的讲评，我的教书成绩和图书管理成绩都还不错，但我那时职位和薪金都很低，仅够养活老婆孩子。我平时也奉公守法，绝没有账目不清或乱搞男女关系，更没有吃喝嫖赌，尤其不够资格纵横捭阖，搞污浊的“校园政治”。

想不到这样一个可怜巴巴、尽忠职守了十多年的中文图书馆小职员，校方的汉学大师们忽然一下便要把我“免职”了。我有个四口之家，孩子幼小，又毫无积蓄，一旦失业，六亲不认，只有坐以待毙——因为那时美国正闹经济恐慌，找事不易，好多博士都在开出租车。

老实说，哥伦比亚大学的汉学当局那时要把我“免职”，我本来没有什么抱怨的，因为我的“汉学造诣”原是不如他们嘛。但是有四口之家的人，业可失不得！我对哥大没功劳，也有点苦劳吧！何况那些汉学大师和我都有二十多年的交情，有的还误认为我是“高足”呢，到现在我们还是好朋友嘛，何以寡情若此！

在那绝境之下，我想不通这个洋人社会何以没人性至此——那时我想到要跳摩天大楼，又嫌大楼太高；想到跳赫贞江，又嫌其有垃圾污染；想买手枪，又怕有私藏军火之嫌……气愤、绝望、自卑交织于怀，不知如何是好。谁知天无绝人之路，在一个失眠的午夜，我忽然“病关索长街遇石秀”般一下碰到了老朋友阿Q——阿Q的关怀，才又使我打起勇气活了下来。

那时哥大的洋汉学泰斗有好多位，一个个都是学富五车、名满中外的大汉学家，著作等身，偶尔应约光临台湾和大陆开汉学会议，昂视阔步，真是上下交钦。我这位小卒跟他们比起来，真是丘陵之与泰山也，被开除了，何怨何尤呢？

但是我要活命吃饭、养家糊口，又如何是好呢？这一晚我听老友阿Q之言，听了一夜，终于想通了。我想："哼，汉学！上自文武周公仲尼，下至康梁胡适冯友兰……诗词歌赋、平上去入、经史子集、正草隶篆……上至殷商甲骨，下至中共的简体字……谈现代史论蒋宋孔陈、评马列……写朦胧诗、看现代画……如此这般……这批毛子哪个比得上俺阿Q呢？……他们开除我……哼，他们加在一起再搞十年，也比不了我阿Q一人……奶奶的，老子被儿子开除了……"

做了一夜阿Q，思想搞通；手之舞之，足之蹈之，不禁大乐——问题全部解决，与"赵老太爷"又和好如初。

朋友，你能说阿Q并无此人，只是小说家的虚构，这里分明就有个大阿Q嘛！

那晚我也在苦索丁文江博士，却遍找不着，我那晚如找着了丁文江博士而错过了阿Q先生，我就活不到天亮了。

我们这个荒唐而可爱的世界里，老朋友阿Q实在很多，精明的丁文江博士毕竟太少了，他的社会代表性也太小了。你能说只有"有一分证据，说一分话"的《丁文江的传记》才是历史、才是传记？那"没一分证据，却说十分话"的《阿Q正传》，是虚构、是小说，历史上、社会上，并无阿Q其人？其实它的社会代表性，却远过于丁文江博士呢。

历史和小说的分别

所以，历史和小说的分别则是：历史是根据实人实事所写的社会现象；小说则是根据实有的社会现象而创造出的虚人虚事，二者是一个铜元的两面。

再者，历史对“过去”的社会现象所作的“解释”，和对“未来”的现象所作的“推断”，在传统史学上往往是根据常识、根据传统伦理学或玄学——辩证法其实也是一种接近玄学的推理；现代史学上所作的解释，则应该是根据各项社会科学所研究的成果，近人所谓“社会科学的处理”是也。

写小说与写历史，其实是殊途同归的。只是写历史时对叙事、对说教、对解释、对推断，都是单刀直入的，必要时且来个“太史公曰”、“习凿齿曰”、“臣光曰”、“柏杨曰”等所谓“赞论”。写小说则只让故事自己说话，把说教、解释和推断作一些隐喻式的“艺术处理”——并不违反社会科学的“艺术处理”——罢了，而小说则有其大众化的影响，读历史就多少是专家之事了。

司马迁在写历史、还是在写小说？

其实笔者上述的一些话，都是“小说”被译成 novel 以后的话，多少有点“现时观念”（以现代观念解释古典）之嫌。

国人著书立说，写寓言说教辩论，早在孔子之前；而真正写有现代意味的小说实始于西汉之末（鲁迅还否定此说呢），班固所谓“街谈巷说”是也。其实太史公写《史记》也多半是根据“街谈巷说”的。按照胡适之先生的标准，《史记》哪能算历史呢？充其量算是一部历史小说而已。不信，且试举吕不韦的故事为例。

吕不韦的故事，大体是这样的：

吕不韦是赵国的一个大资本家，有了钱就想搞政治。他在赵国都城邯郸结识了秦国的失意王子子楚，子楚在赵国做人质，穷困不堪，又没有老婆。不韦认为子楚“奇货可居”，乃运用子楚的政治背景和他吕家的钱财，搞一手资本官僚主义。

吕不韦要政治的手腕相当下流——他把自己一个怀了孕的姨太太送给这个可怜的秦国王子做老婆。这位可怜的王子当然求之不得，乃娶了吕不韦的姨太太，并且生了个儿子。这个儿子就是后来的秦始皇，所以秦始皇实际上是吕不韦的儿子。这样，吕不韦的政治资本就大了。

既然有了这样的政治资本，吕不韦乃潜入秦国，花大钱，拉裙带关系，大走宫廷后门，居然把失意不堪的秦王子子楚搞回秦国当起太子来——真是有钱能使鬼推磨！

子楚当了太子不久，父亲就死了，他就即位为王，是为秦庄襄王。庄襄王为感激吕不韦的恩德,就特派吕不韦做秦国的“丞相”。这一下，吕不韦可真的抖起来了。更巧的是，这位庄襄王也是个短命鬼，做了三年秦王就死了。庄襄王一死吕不韦就更是一步登天了——因为继位做小皇帝的正是他的亲生儿子，小皇帝的妈妈老太后又是他以前的姨太太。一手遮天，吕不韦不但当起当时七雄对峙中最强的秦国的“相国”，并在宫廷中被尊称为仲父——仲父就是皇叔，这皇叔事实上是皇帝的爸爸。

这时皇太后新寡，独居寡欢，乃和老情人、也是前夫的吕皇叔重拾旧好，时时私通。所幸儿皇帝年纪尚小，也管不着叔叔和妈妈私通的闲事。

可是这个年轻的小皇帝、将来的秦始皇可不是个省油灯。他年纪渐长、开始抓权时，认为他底下的宰相居然和他妈妈也就是太后私通，也太不像话，他一注意到这件事，吕不韦就有点恐慌了。

吕相国于半夜接到太后的“旨意”，既不敢不去，又怕去多了伤了皇上的面子，而被杀头——那如何是好呢？最后，这位下流惯了的下流宰相，乃想找个替身，半夜里来替代他。

吕不韦这一着十分下流，下流到什么程度呢？且听我们东方三千年来最伟大的史学家太史公司马迁对他的叙述。司马迁写的是文言文，我本想把它翻译成白话文,可是我现在不能翻。不能翻译的理由有两点：第一，在这样一个群贤毕至、仕女如云的庄严场合，我实在不好意思用白话文来说这故事；第二则是不敢班门弄斧，有柏杨先生这样高明的文言翻白话的专家——全中国第一位专家——在场，我来翻译，绝对不会有柏老翻的那样生动逼真。我现在只把《史记》的原文念一遍，以后还是劳动柏老御驾亲征来翻译一下吧。

《史记》上的原文是这样的：

> 始皇帝益壮，太后淫不止。吕不韦恐觉祸及己，乃私求大阴人嫪毐以为舍人，时纵倡乐，使毐以其阴关桐轮而行，令太后闻之，以啖太后。太后闻，果欲私得之。吕不韦乃进嫪毐，诈令人以腐罪告之。不韦又阴谓太后曰："可事诈腐，则得给事中。"太后乃阴厚赐主腐者吏，诈论之，拔其须眉为宦者，遂得侍太后。太后私与通，绝爱之。有身，太后恐人知之，诈卜当避时，徙宫居雍。嫪毐常从，赏赐甚厚，事皆决于嫪毐。嫪毐家僮数千人，诸客求宦为嫪毐舍人千余人。(《史记》卷八十五《吕不韦列传》)

这一段文言文我虽不长于翻译，倒不妨讲点大意，以阐述吕不韦这位 Prime Minister 是如何的下流。

司马迁说，当秦始皇这位小皇帝逐渐长大的时候，他妈妈的私生活却愈来愈糟。吕不韦怕他和太后私通会闹出纰漏来，乃找了个替身，这替身叫大阴人嫪，并叫嫪做些纽约时报广场式的色情表演，并把这表演的精彩内容透露给太后。太后果然想要嫪做男朋友。吕不韦自己便逃避了太后，不必再去"赴约"了，同时把嫪伪装成太监去侍候太后。太后私下与嫪发生了关系之后，喜欢得不得了，还和嫪生了个儿子。后来嫪恃宠而骄，把大秦帝国闹了个天翻地覆。

司马迁写了这一大段活灵活现的故事，甚至说“使以其阴关桐轮而行(！)”等一些《金瓶梅》上都写不出的话，这位太史公是在写历史呢，还是在写小说呢？司马公这种写法，我们在《史记》上至少可找到数十条，条条可能都是道听途说之言，而太史公却以最生动的小说笔调，把它们写入最庄严的历史——位居“二十五史”之首的历史。无论怎样，任何人也不能说《史记》不是一部好历史啊！

所以在中国古代，文史固然不分，历史和小说也不太分得出来。小说和历史分家是司马迁以后的事。今日我们写历史，如仿“太史公笔法”，把我们道听途说的事写入历史，那还成什么体统呢？

大人物、大事件和小人物、小事件

所以历史和小说在20世纪的今日是应该分开来写的。

大事件、大人物就应该用“历史”来写；小人物、小事件，甚或大人物、小事件，就应该用“小说笔调”来写。

我个人就用英文写了一本一千多页的《民国史》，写的全是大人物(这部稿子因部头太大，迄未付梓)。我写过抗战期，一小时死伤千人以上的惨烈的“上海之战”；我也曾写过“以白骨铺成”的印缅大撤退。但是我笔下的英雄却都是一批在后方指挥、毫发未损的大将军、大司令，至于浴血于前方、四肢不全、呻吟惨号、血流如注的士兵小卒则只字未提。再拜读拜读其他高手的著作，也只字未提——一将功成万骨枯，我们史学执笔者，对这千万个卫国英灵，良心上有没有交代呢？我们都是抗战过来人，耳闻目睹，想为后世子孙交代一下，又如何交代起呢？

这一点我想只能利用“像小说而非小说、像历史而非历史”的这一种写作模式了。

再举个例子：

我是胡适之先生的学生。目睹当年胡适那一群（尤其是最幸运的第一、二届的庚款留学生）所谓有新思想的新学人，哪一个不在家乡丢掉个“小脚太太”，而在都市另结新欢呢？其中只有一个例外便是圣人胡适。胡适娶了个“小脚太太”，大家为他锦上添花，歌颂了数十年，可是那千百个“斜倚熏栊坐到明”的庚款留学生的“小脚弃妇”，又有谁替她们申过一句冤呢？她们吞金、她们投缳、她们跳井，那一批满口新名词的自私男人，对这批可怜无告的弱女子来说，正是最后一批西装革履的屠夫和刽子手。

就以鲁迅来说吧！鲁迅骂人的尖刻是世无伦比的。他为什么就不能以他骂人的尖刻笔调来骂骂自己呢？他说他在乡下的弃妇是“旧式婚姻”，与他没爱情，所以要丢掉。但是他口口声声却是要济弱扶贫、拯救被压迫阶级的苦难男女！他为什么就不能在他自己家中，先拯救拯救这一个无辜的女人呢？

鲁迅骂尽了敝老师胡适，就凭这一点，我这个胡适的学生就要说：“啐！周树人，你不配！”

这些只是笔者这一辈在诸种不同的社会中（包括袁世凯、蒋中正治下的不同社会和星条旗下的洋社会）所亲见亲闻、而应该记录下来的社会现象。

历史哪里写得了那许多？就只好写写小说了。

虽不能至，心向往之。请听众贤达、读者贤达，多加指教吧！

原载《传记文学》第五十三卷第一期

也是口述历史

长篇小说《战争与爱情》代序

那已是十多年前的事了。当美国尼克松总统于 1972 年访问了中国大陆之后，大陆上关了将近四分之一世纪的大门，对海外华侨讶然开了一条缝，我有几位去国三十余年的科学家朋友，乃幸运地从这条缝里挤了进去。那时我们一群还在墙外徘徊的“逋逃”汉，对他们是多么羡慕啊！那伟大的祖国河山，那童年所迷恋的温暖家园，尤其是那慈爱的爹娘、欢乐嬉笑的兄弟姊妹、亲人、朋友、伙伴……是多么令人想念啊！我们焦急地等着听他们回国探亲的故事。

果然，不久他们就出来了。自祖国归来的欷歔客中，有一位是我的总角之交，我知道他青少年时代的一切往事。他出来之后，我们日夜欷歔地谈着他个人的见闻故事——这些故事太奇特，也太感人了。历史上哪里真有此事呢？小说家凭空编造，也很难幻想得出来！

我们细谈之后，我这个搞口述历史的老兵，乃想把他这份口述故事用英文记录下来——那时的美国学者，访问中国和越南出来的人，曾是一时的风气。口述者同意我的想法，但他的要求则是只要我不用真名、实地，他所说的一切，我都可用中英双语发表。可是这项工程相当大，我事忙，无法执笔，便拖了下来。

不久，我自己也拿到签证，回国探亲了。那还是“四人帮”时代。我个人的感受和亲见亲闻的事实，想来我国历史上的张骞、苏武、班超、法显、玄奘，乃至“薛平贵”的奇特经验，也很难和我们相比。我住在北京的华侨大厦，和大厦中的旅客谈来，我自己的经历和去国时间算起来是最平凡而短促的了——我离开祖国才二十五年。虽然一旦还乡连兄弟姊妹都不相识，但比起我的哭干眼泪的朋友们来，我是小巫见大巫了——中华五千年历史上，这个时代，对我们这个时代的中国人，实在是太残酷了。

我一入国门，初踏乡土，立刻就想到美国作家华盛顿·欧文（Washington Irving, 1783—1859）笔下的李普·万·温柯（Rip Van Winkle）来，他在我的经验中，竟成为事实。万·温柯其人在美东克思琪山（Catskill Mountains）中狩猎饮酒，忽然蒙蒙睡去，居然一睡二十年。醒来摸索还乡，景物全非——好一场熟睡。我自己不意也狩猎醉卧于克思琪山下，一睡二十五年始摸索还乡，也是人事全非！——欧文幻想的“随笔”（Sketch Book），竟成为我辈经验中的事实，能不慨然！同时在我们的一睡二十五年期间，关掉大门的祖国之内所发生的种种故事，也真是匪夷所思——太奇特了，也太扣人心弦了。

在国内与老母弟妹一住两个月，回想起在另一个世界里二十五年的经验——他们全不知道的经验——也真如南柯一梦！

由于上述吾友的经验与我个人近半个世纪以来耳闻目睹之事太奇特了，我想历史书上是找不到的——虽然那些故事和历史上的故事也发生在同一段时间、同一个世界之上。它的“真实性”和“非真实性”，也和《资治通鉴》、“二十五史”没有太大的轩轾。“二十五史”之中的“非真实性”还不是很大嘛。所不同者，史书必用真名实地，我要笔之于书，则格于老友要求，人名、地名都得换过。

再有不同者便是“史书”但写舞台上的英雄人物，舞台下的小人物则“不见经传”；但是真正的历史，毕竟是不见经传之人有意无意之中集体制造出来的，他们的故事，历史学家亦有记录下来的责任。

这个构想，时萦心怀。两年多前，在一次文艺小聚时，我和那位呼我为“大兄”的编辑兼女作家李蓝女士偶尔谈起。她乃大加鼓励，并允为我在纽约《北美日报》她所主编的副刊“文艺广场”上加以连载。在她的坚决鼓励之下，并蒙她上级诸友一再邀饮，我乃每天抽出了写日记的时间，日写三两千乃至七八千字不等，由李蓝逐日刊出。一发不可收拾，自 1985 年 6 月 1 日起，逐日连载达两整年之久。为免脱期，有很多章节竟是在越洋飞机上写的，由世界各地邮筒寄给李蓝——这也算是个很奇特的撰稿经验吧。

现在，把这长至六十万言的故事结束之后也不无感慨。它只为多难的近代中国，那些历尽沧桑、受尽苦难的小人物的噩梦做点见证；为失去的社会、永不再来的事事物物和惨烈的“抗战”留点痕迹罢了，他何敢言？

读者们知我罪我，就不敢自辩了。

1987 年 5 月 16 日

于美国新泽西州北林寓所

【编者按】旅美历史学者唐德刚教授从事民国史与口述历史研究与写作之余，应纽约《北美日报》“文艺广场”主编李蓝女士之邀，竟写起长篇小说来。这部长达六十万字的小说，系根据作者自己以及周围同时代朋友的经历与体验所写成，不过“人名、地名都得换过”，所以作者说这书“也是口述历史”。

本书发表时以“昨夜梦魂中”为题连载两年，现更名“战争与爱情”。

原载《传记文学》第五十二卷第四期

海外中国作家的本土性

前言

从世界文化任何一个角度来看，我们中华民族实在是个“爱好文学的民族”(a nation of literature lovers)。在 19 世纪以前，我们用汉文、汉语保留下的文学作品与文学史料，实非其他任何语言所可望其项背。

古人说“六经皆史”，但是在一个学现代比较史学的人看来，我们传统中国，官私作品，实在是“百史皆文”。写历史、写函札、写公私文告，首先注重的便是修辞和文藻。上法堂打官司、到朝廷告御状，往往只要你文字铿锵，官司也就打赢了一半。

这种风气滥觞的结果，往往就以辞害义，在叙事的精确性上和在论理的逻辑性上，都受了影响。汽车两三辆，朋友七八人，讲起来多么顺口、好听、有文学情调，管他是两辆还是三辆、七个人还是八个人呢！

因此做“马虎先生”也是我们生活方式中的“本土性”之一种吧。

子曰：“必也正名乎！”我们要谈华裔海外作家的“本土性”，先得给“本土性”下个明确的定义。

“本土性”的定义

在这世界上，每一个特殊民族，都有其与众不同的特殊文化传统和与众不同的生活方式，以及由这个特殊传统、特殊生活方式所孕育出来的特有的民族心态——这一特殊民族心态，就是所谓“本土性”。这在英文词汇里通俗地说来，中国人的本土性则是 the Chineseness of the Chinese，没有中国“本土性”的中国人，在 70 年代美国少数民族运动中，往往被激烈分子诅咒成“外黄内白的‘香蕉’(banana)”。其实，近百年来的北美洲，乃至今后一百年的北美洲，也不会有百分之百的“香蕉”——既然“外黄”，内心亦不可能“全白”。话说到底，纵是“全白”，也并不是什么“坏事”，因为“全黄”也不代表什么“好事”。Chineseness 不是个道德名词，它只代表一种“民族心理状态”(ethnic-mentality),而这个状态,也是或多或少永远地流动着,它不是一成不变的。

历史上没有“没有本土性的文学”

至于海外华裔作家是否保存有其“本土性”呢？回答这一问题，我们首先得把所谓“世界文学”搜搜根。三四千年来，我们在历史上还未发现过一篇“没有本土性的文学”。摩西、耶稣、穆罕默德承受“上帝”意旨，为全人类造福的《新约》《旧约》和《可兰经》，应该是“太空性”、“宇宙性”而没有其“本土性”了；朋友，你去读读这三部“经书”，试问世界上还有哪一部书比这三部圣书更有“本土性”？

四大皆空的释迦牟尼应该是“工人无祖国”了。朋友，再读读《金刚经》看看，你就知道那位印度欧罗巴教主的本土性之重。等而下之，从古希腊的荷马、古印度的吠陀和我国古代的《诗经》——《诗经》不但具有“中国”的本土性，“本土性”之内又可分出不同的“区域性”，所谓“国风”——他们的本土性之重还要说吗？

历史上更没有“没有本土性的作家”

这个世界上有很多国际性人物，每好以“国际性”自诩，排除“本土”，大搞其“国际”。近百年来，左翼的贤达们曾搞了四个“国际”。三个都垮了，还剩个不死不活的“第四国际”，现在还在敝大学的街头地摊上拉客、卖书。

最诚心诚意丢掉国籍到海外荒岛上去做“无国籍的公社”居民的，要算若干美国“嬉皮”了。

在70年代的初期，笔者自己所教的班上，这种杂色“嬉皮”便层出不穷。他（她）们都自吹无本土性，要做“世界人”（people of the world），到荒岛上去住commune。我就提醒一个青年，使他大彻大悟，终于退出公社——我的警语很简单：“你是什么鸟‘世界人’，你只是个American hippie！”“嬉皮”是60年代极端个人自由化的美国“本土性”的具体表现。他们跳不出这个“唯心”的牢笼，而自吹是得到“解放”，冲出了“地狱”，可悯亦可笑也。

文学这个东西，本来就是用来反映一种社会生活方式，和在这一“宏观”的体察下之社会中，反映某一个体的心理状态的一种工具。“我知故我在”，但是问题是“知”从何来——人非生而“知”之者。洪秀全认为他的“知”是来自“上帝爸爸”和“哥哥耶稣”，其实洪秀全本身该背了多少“本土性”？洋泾浜的上帝皮毛而已。

“本土性”连这个“天王”都摆脱不了，哼！你这个坐飞机逃出中国的小作家想摆脱吗？

世界上也没有“没有本土性的语言”

不特此也，“语言”（language）本身就是个运载“本土性”的工具，它也是在“本土性”的熔炉里锻炼出来的产品。因此，任何语言都带有该语言的本土性，任何使用此一语言的人也就被它传染——污染或感染——而带有该语言的本土性。

语言是表达使用这一语言的人群——尤其是作家们——内心思想的工具。这种人群内心的思想，也就铸造出这一语言的特征，例如组词、造句、成语、文法……因而它所含蓄的“本土性”也特别的重。

举例以明之。我们中国人一向认为“朋友”是“五伦之一”，有“通财之‘义’”。因此，中国人合伙做生意往往不订契约，大家结合只靠宁波佬所说的“一句闲话”——“然诺重千金”，“疏财仗‘义’”。有这种“心态”，因此汉语中也有这个“词”叫“义”，俗语叫做“义气”。而这个“义”字，便是所谓“中国本土性”的具体表现之一种；“义”在其他文字中便找不到“同义词”——英文中就没有这个“词”。例如，说“某人很义气”，这句话在英文里简直就无法翻译。

所以“文字”实是含有“本土性”最强烈的一个“社会交流工具”。一个作家如果能纯熟使用某种文字，他就必然会被某种文字的“本土性”所感染，是深是浅、是好是坏，那是另一问题。所谓“海外中国作家”都知道，用某种文字来“讲”或“写”，你也必须用同一种文字来“想”，这样的“讲”和“写”，才能臻于娴熟，达于化境。“讲”和“想”用同一种“外国语”，是学习“外国语”的第一关。没有这个“突破”（breakthrough），所谓“外语”，是不可能纯熟运用的。用某种文字去“想”，你就不可避免地带有某种文字的“心态”或“本土性”了。

因此，凡是用“汉语”（台湾叫“国语”，新加坡叫“华语”，大陆叫“普通话”）去“想”的“中国作家”，他们就必然有其大同小异的“中国心态”，也就是“中国的本土性”了——中国方言（如粤语、沪语、闽南语、客家话）也是汉语的一部分。说这种语言的人也都具有“中国心态”，不过今日海内外的“中国作家”（包括台湾或新加坡的“华语”作家）所使用的文字，仍然是所谓“国语”（普通话或华语）。用中国方言所写的出名的文学作品，大概只有一部用苏州语的《九尾龟》——其他则只限于用一些“方言”译的《圣经》了。

所以，台海两岸的中文作家们，隔离了三十多年之后，不管双方有何种不同的“意蒂牢结”，不管被多大程度地西化、洋化、异化或赤化，他们都根本上具有相同的“中国本土性”——大同小异的“本土性”（汉语如一旦被全盘“拉丁化”了，那就又当别论了）。

能使用相同语言的人，就自然会具有大同小异的“本土性”；使用两种完全不同语言的人，他们往往则是两种“心态各异”的不同的动物，虽然他们体质上长得是一模一样的——这一现象在新加坡和美国华侨小区都极其明显。

在新加坡，那些专说“华语”和专说“英语”（着重个“专”字）的“新加坡人”，便是两种不同的“新加坡人”，一望而知。在美国，则 ABC（土生华侨）和 CBA（移民华侨）也是截然不同的，虽然他们的区别不像在新加坡那样明显和尖锐——因为在新加坡，往往两种人都是当地土生的。

至于寄居海外的“中文作家”们究竟保留了多少或怎样的“中国本土性”，那就要牵涉文化外流和移植的基本问题了——文化外流的方式和过程、移植区内土壤的性质、移植区内其他文化的阻力和诱惑力，也就是“文化冲突”（cultural conflict）的问题，这些对外流文化“本土性”之存亡、深浅，都有其决定性的关系。

“本土性”的保存与保守

大体说来，一个文化之外流，亦如江河之泛滥。水是向低处流的。先进文化如流向一个原始、落后、贫瘠的低洼地区，那这个文化整体(cultural entity)，包括语言文字、风俗习惯，就要像黄河决口，淹没一切。白人(Aryan People)文化之入侵古印度与现代非洲、美洲，就是个最大的例子。

今日所谓“非洲文学”(黑文学 Black Literature)和南美洲的“拉丁文学”(或西班牙文学 Hispanic Literature)，都是用欧洲文字写的。连那个得诺贝尔文学奖的印度大诗人泰戈尔的作品也是用英文写的。

三千年来，我汉族在东亚大陆滚雪球式地发展，也是遵循这个程序进行的。东去朝鲜的箕子，南下广东的赵佗，都是这项文化扩张中的英雄，至于无名英雄，那就更是千千万万了。

但是一个文化向外发展——也可说是“文化侵略”吧——如果碰到土著文化的抗拒，那就要看抗拒者阻力之大小，来决定入侵者“本土性”之流失与变质的程度了。换言之，也就是在这“文化冲突”的战场里，能保留多少其挟带出国的“本土性”了。

如果抗拒者的文化远低于入侵者的文化，则这个入侵者或移植者就必然抗拒与土著文化合流，它要用尽一切方法来排斥土著文化，来保留其移植者的“本土性”。古雅利安人之入侵印度，和古犹太民族之被迫向四方逃亡，都是这样的。古雅利安人要保持他们原高加索的“本土性”，为患印度之烈(例如印度的阶级制 Caste System)，至今未泯。

犹太人之逃亡，则是一种“高级难民”，所到之处，不愿与土著合流，以保存其本土已失的本土性，乃形成世界各地、自我封闭的“犹太社区”(ghetto)。他们歧视土著，土著也歧视他们，年久成习，演变成恶性循环，就促成世界性的“反犹运动”(anti-Semitism)了。

我们移民南洋的华侨，和犹太外移也有异曲同工之处，引起我们和土著之间的歧视与反歧视的循环。犹太人在各地都保留了他们的语言文字、风俗习惯，我们在南洋亦复如是。

再者，一个向海外移植的民族，在历史上（此地强调“历史上”三字，它和“目前情况”又略有不同）往往是该民族的下层阶级（体力劳动者）和避难的“逋逃客”。他们为着衣食之谋，或狭隘的宗教信仰，局处异邦，很难搞文化改革（是坏是好又当别论，例如中国大陆上的五四运动和“文革”）。他们因此在生活和思想上，较之祖国人民且更为保守，也就更具“本土性”——祖国在社会发展方面急剧变化（好坏不拘），而侨社却保持着它静如止水的旧文化、旧传统，也就是保留了高度的“本土性”。有许多传统的风俗习惯，在祖国可能早已泯灭，而在侨社则继续通行无讹。这种保守性的聚“族”而居的华裔海外侨社如“唐人街”或“中国城”，因而就形成“唐人社区”（Chinese ghetto）。

“本土性”的漂失

这种“本土性”在经济和文化比较落后的地区，往往可永远保存，甚至促成“独立建国”，如新加坡（事实上南非和拉丁美洲的许多小国，在文化上也是欧洲白人的“新加坡”）——但是这现象多半是“水向低处流”、久积成湖的结果。一旦流水遇高丘——一个移植的文化，碰上一个更多彩多姿、更丰富文明的阻力，那就要发生“倒流”甚或“灭顶”的现象了。我华族向北美洲移民，现在就发生了这种现象。在北美洲，我们钻入了一个物质上超高度发展、文化上更多彩多姿的现代文明圈中，在这个“文化战场”上，我们的“第一代”，尤其是知识分子圈内的第一代，在保持“本土性”之肉搏战中，已是“且战且走”、“屡败屡战”、“可泣可歌”（有的也就干脆放下武器投降了）。我们的“第二代”，尤其是知识分子阶层，其中尤其是“高知识层”的子女，当他们还在襁褓之中时，就被“全盘西化”了。

可悲的是：在中国旅美高级知识分子的第二代的圈圈里，“中国本土性”早已变成孩子们生活中的“噱头”和“笑料”——他们都是百分之九十的“洋基”和“香蕉”，Chineseness 云乎哉！

聚居在 Chinese ghetto 中的高级知识分子子女虽稍胜一筹，但是一旦展翅“单飞”，脱离了 ghetto，“本土性”也就微乎其微了。

所以在北美洲，我们华裔的本土性之保持，全靠“第一代”——在中国侨美的“中文作家”中，也只以“第一代”为限；“第二代”的华裔作家就不能再用中文写作了。这在新加坡则不然——我个人在新加坡遇到好多第二、第三代的“华文作家”，这在美国是不可想象的。

一言以蔽之，这就是个文化“水平”的问题。东南亚的土著文化，一般在当前汉文化的“水平”之下，所以我们可以“水到渠成”；美国当前的文化，则在我们的“水平”之上，我们只能在深泽低沼中搞点封闭的“艺脱”文明，一出沼泽就被人淹没了。

但是本土性之漂失并不是什么严重的坏事。因为事到如今，没有哪一家文明是可不受外界影响而单独存在的。如果一宗文化水平太低，或太古老，它就必然受到外来文化的影响或侵略；反之，它就必然向外扩张和影响别人，以邻为壑，来淹没别人。我国古代文明之扩张属于后者，现代文明之含辱蒙羞则属前者。不是我活，就是你死，哪有了局？和平共存，则中外文明终有拉平之一日。

中国文学不是个孤立的东西，它是中国文明中最敏感的一部分。只要中国文字永远使用下去，中国本土性就不会消灭，但是它在外力冲击下而崇洋，而部分西化，则是难免的。有朝一日，它的水平提高，它也会向西方倒流的。

所谓“海外中国作家”，只是“中国作家”的延伸。海内外“小异”多已哉，“大同”则是逃不了的。

原载《传记文学》第四十八卷第二期

论中国大陆落后问题的秦汉根源

1987 年在西安“周秦汉唐史学研讨会”宣读之论文

我个人是学历史的，自 1939 年考入大学到现在已搞了半个世纪，所以也可说是个不折不扣的史学职业工作者。但是半个世纪中，我个人返回祖国大陆参加史学会议，连这一次才是第三次。我回来的目的，第一当然是学习，第二则是做点学术报告。可是我自己不免要问问自己：这大把年纪了，还要学习些什么？学无专长，又能报告些什么？我自己的回答则是，我不应该来此学习一两个专题，我所要学习的，应该是详细了解祖国大陆史学界整个的学风和情况。第二点，那我又能报告些什么呢？万里归来不容易，向济济群贤献丑，报告一点个人研究的牛角尖、沧海一粟，我想也有点辜负大会主持学长们邀请我的美意。所以我想讲点大问题、大题目。大题目是不会有结论的。胡适说“大胆假设，小心求证”，可是求证是无止境的，今天我只想提出点“大胆假设”，以就教于祖国史学同文。

中国史学的三大主流

上月5日曾在纽约参加了“中国留学生历史学会”的成立大会。主持大会的同学们要我去致欢迎词，我为慎重其事，曾预备了一篇有四十六个脚注的学术讲演，文题叫《当代中国史学的三大主流》。我个人认为，当今具有世界地位的中国史学，大致有三大主流。第一是从往古的左丘明、司马迁到今日在台湾的钱穆教授，这一脉相承的是中国传统史学；第二则是在今日大陆一枝独秀的马克思主义史学派；第三派则是由19世纪的西方“汉学”逐渐现代化和社会科学化而形成的现代西方中国史学。第一派在今日大陆、台湾都还有师承；第二派则为今日大陆所专有；第三派的主力还在海外，台湾也有一部分。

我个人认为上述三派，长短互见，大家本可截长补短，融会贯通。不幸的是，这三派之间显然是隔阂甚大，简直有种各是其是、老死不相往来之势。我因而勉励中国留学生历史学会中出席大会的八十多名青年会员们，要争取做个贯串三派的中国现代史学的“第四主流”——后来居上通吃三家的第四个主流。

海外史家看中国古代史

因为第四个主流尚在成长期间，可略而不论，我们但看上述三家对中国古代和中古史的看法有多大分歧。分歧固无碍于学术研究，但是各是其是、老死不相往来，就显得不正常了，尤其是中国大陆马克思主义学派和海外现代西方史学派在学术上的“三不通”，实在大有检讨的必要。

治中国传统史学，中国马克思主义史学家通常都认为中国古代是存在着马恩列斯所说的、人类社会发展必经阶段的“奴隶社会”和“封建社会”。马克思主义史学家可说无人不承认这两个社会在传统中国的绝对存在，他们所研究的、所讨论的焦点，只是两段时期之中界如何划分，以及奴隶时期的上限和封建社会的下限延长到什么时代的问题。

至于研究历史的方法，马克思主义史学派也侧重“阶级分析”、“阶级斗争”这一点，其他方法，多无关宏旨。

马克思主义史学派的实质和方法究竟有多大深度，我不敢妄加断语，我之所以要请史学界朋友们注意，则是因为他们这一派的论点和方法，在其他两派史学中未引起严肃的反响。传统史学派对之不闻不问，固无论矣；重点在海外的现代西方中国史学派对之也完全置之不理。

举一浅显的例子：现在研究中国古代史比较知名的美籍华裔学者如何炳棣、余英时、许倬云诸教授，他们在各自著作中，对中国史学界曲不离口的“奴隶制度”竟只字不提。其他洋学者自 19 世纪以下，以至 20 世纪 80 年代“剑桥中国史”那一派，也只轻描淡写而过之。严格说起来，也等于是只字未提。

在大陆上谈中国古代史，不知“奴隶制度”那还了得；而在海外，竟对它只字不提。何以各走极端到如此程度呢？这就值得我们“读史者”叹息三思了。

笔者本人不是搞古代史专业的，但是我却是个通史教师，古代史也是应该熟读的。作为一位“读史者”，我对海内外出版品的尖锐对照，不能不感到惊奇。更奇怪的则是我看到双方各是其是，对对方的观点与方法完全漠视，甚或藐视。这是由于文人相轻的传统心态在作祟呢，还是学术宗派主义在作怪？或是政治干扰学术有以致之呢？

总之，海内外学术界目前仍然存在着这种互不沟通的情况。自 1978 年中共中央“三中全会”之后，海内外确已逐渐沟通开放，但是在史学界，尤其治“传统历史”（Traditional History），在我们读史者看来，海内外的观点、方法、理论各方面，仍然是个“三不通”。学术思想如果存在着严重的“不通”，则政治、经济，甚至军事的“相通”，都是表面性的、暂时性的。这个“文化结”不解除，政治结、经济结，乃至军事结，是无法消除的。

“寻找真理”与“证明真理”

这个文化死结，何以结得如此牢固呢？我们读者们冷眼旁观，大致可提出数种假设来。第一是海外史学家对马克思主义史学派牢不可破的成见。一谈到马克思主义，人们立刻便想到“政治挂帅”。他们认为在马克思主义治下，一切学术都是替政治服务的；替政治服务的学术，本末倒置，就谈不到客观研究——失去客观研究的独立性的学术，还有什么学术可言呢？所以他们就漠视了，由漠视到藐视，就置之不理了。

第二点则是马克思主义史学派本身的问题。马克思主义史学家在构思之前，首先便要肯定一个“绝对”的是非。以人类古代史而论，则“奴隶社会”和“封建社会”都是个绝对的“是”，其他的说法则是个绝对的“非”。是非既然绝对化，则20世纪的社会科学就被拉回到古希腊诡辩时代，从“寻找真理”堕入“证明真理”的框框中去了。真理既然只许证明，不许寻找，则亚里士多德的“辩证法”便成为证明真理唯一的法宝了。中世纪的“上帝”既可由辩证法证明其存在，则上帝以下的真理就不必多说了。马克思主义历史学中有许多概念，例如“阶级斗争”，便是中世纪“上帝”这一绝对真理的延续。概念既然绝对化，只容“信仰”，不许“探索”，则科学就变成了神学。以神学法则再回头来探索历史，社会科学家就不能接受了。在历史研究逐步走向社会科学化的20世纪后半期，马克思主义的历史学和社会科学的历史学就格格不入了。由格格不入而相互漠视、相互藐视，彼此各是其是，就老死不相往来了。

这个老死不相往来的怪现象，海内外历史学家都有责任。海外史家的责任是因噎废食——由于对马克思主义历史学武断作风的不满而加以通盘否定。大陆马克思主义史学家的责任则是“反解放”——在一个有四百万解放军保护之下的伟大国家里，事事物物（包括农工和妇女）都在追求解放的大时代中，而三十年来历史学界所追求的却是个逆流而行的“反解放”。反对历史学里的“解放运动”，那就自我封闭；自我封闭，则海内外就不易沟通，乃至老死不相往来了。

“奴隶社会”的实证和反证

在中国古代史的领域里，最不易解放的便是“奴隶社会”和“封建社会”这两个关键性的概念。

“奴隶社会”在古代中国是否存在？马克思主义史学派对它的肯定是绝对的，持否定态度的社会主义史学家则被斥为“托派”，非社会主义史学家则被斥为“资产阶级史学家”。把这个观点肯定得牢牢的，当首推郭沫若。郭氏自他 20 年代执笔始至 70 年代去世止，他对这一古代史的论断是笃信不移的。

但是郭氏在现代史学上对这个概念只能提出若干不完备的“物证”——根据文献记载和考古出土的实物作证，可是这些物证并不完备。例如，郭氏认为最大的物证便是“人殉”，而人殉绝不能证明“奴隶制”的存在。今日有待发掘的秦始皇陵，将来开发时可能真的会发现殉者万人的遗骸，但是秦始皇并不是个“奴隶主”。至于为秦始皇祖宗所活埋生殉的人——如“《黄鸟》之诗”所悼念的——也不一定全是奴隶。

至于郭氏所举的文献上的证据，如训“民”为“奴”、“屦贱踊贵”

以及“奴隶的身价”等，都嫌支离破碎。总之，零星的咬文嚼字断难支持奴隶制的存在这样严重的结论。郭氏去世后，新起的年轻学者，其功力可能在郭氏之上，但是他们的研究很多也都在“证明真理”这个原则上打转，对郭氏旧说没有作“寻找真理”的突破。

再者，郭氏除在文献上找证据之外，他对“比较史学”上的证据和“社会科学”上的证据，都只字未提。

“奴隶制”是一种社会经济制度。这种社会经济制度在何种客观条件之下才能存在、才能发挥生产力？这一点我们就要从“比较史学”入手了。古埃及、古希腊和近代美洲，哪些奴隶制绝对存在和绝对不存在的特征，都值得我们比较研究。例如，近代美洲的奴隶主通常由非洲贩卖黑奴，其实他们也曾试验过就地取材来役使“红奴”（土著印第安人）和贩运“黄奴”（从中国偷贩所谓“猪仔”），但都没成功，其故安在呢？外族制造“黄奴”不成，黄人反可自相大规模奴役而不发生暴动和叛逃现象，就不可理解了。我国古史上无“奴隶暴动”和叛逃的记录，而“农民暴动”则史不绝书，这一两极现象，在比较史学上又如何解释呢？

奴隶是一种不自由的劳动者和生产者。他们是否有家室之累和仰事俯畜之责呢？如果这种牵累、这种职责由奴隶主代负之，则在何种生产条件下，奴隶主才有何种盈余可赚呢？由奴隶生产便可只“盈”不“亏”，是为社会科学规律所不许；只“亏”不“盈”，则谁又甘做亏本交易呢？根据近代美洲的经验，近代美洲只有“棉作物”这一项才能支持奴隶制，逾此则奴隶工均为最不经济的劳力。然我国古代黄土高原上之农作物，均可发生当年美洲“棉花称王”（cotton is king）的棉作物之经济作用耶？这些在比较史学中所存在的问题，郭氏都没有加以解决。

还有便是利用奴工的大规模集体农场是一种“大规模生产”（mass production）的现代企业，大规模生产要有“科学的”或“相当科学的”管理。但是在人类历史上，资本主义兴起之前还未见过科学管理、大规模生产的记录呢。总之，这些社会科学上的问题，郭沫若并没有解决。有一项问题不解决，奴隶社会在中国的存在则始终只是个假设。奴隶生产在古代中国确有之，至现在仍有残余，但是零星的奴工和以奴工为生产主力的“奴隶社会”就是两码子事了。

“封建”的定义是什么？

马克思主义史学中另一关键性的概念便是“封建”了。

什么是“封建”呢？我们在五四以后所兴起的“中国马克思主义史学派”（着重“中国”二字）里未找到明确的定义。但是在马克思本人当年引用这一名词时，他所视为当然的应该是中古欧洲所发生的“封建制”。这种中古欧洲式的封建制，根据西方学者的传统解释，它只是一种管理的方式，本身并非一种社会经济制度。在这种制度之下，政治属从的关系只是皇帝与诸侯、诸侯与附庸的关系，政府与人民之间无直接关系；农民只附属于土地，而土地则是附庸、诸侯或（直属）皇帝的私产。

这种大同小异的管辖制度原发生于中古欧洲。本无确切之制，亦无确切之名。十七八世纪之间的欧洲史家乃把它们取个笼统的名字叫Feudalism。近代中国知识分子读欧洲历史，忽发现中国古代亦有类似的制度,这制度并且有个古老的名字叫作“封建”。封建者,封君建国也。虽然这一封君建国之制早在公元前3世纪已被秦始皇帝“废”掉了，但是“封建”与Feuda-lism音既相近，义亦相同。因而这个已有两千多年历史的古名就被正式借用，作为那只有两百余年的今名Feudalism的正式译名了。所幸二者音义之间，都能巧合。

可是在二三十年代里，当中国马克思史学派迅速发展之时，“封建”

一词便逐渐变质了，最后它竟变成了所有古老而落伍的一切坏的风俗习惯的总代名词。时至今日，在中国马克思史学派的词汇中，所谓“封建”显然既非中古欧洲的 Feudalism，也不是中国古代封君建国的“封建”了，它变成中国马克思主义者微受苏联影响而特创的一个新名词。

为肯定这个非中非西、更无明确定义的新名词，郭沫若曾用了极大的力量深入考据，以证明其存在，并把它和奴隶时代的分界线划于春秋战国之间，“封建时代”的下限则被延长到清末，“半封建社会”则延长到 1949 年。

“中央集权文官制”的形成与特性

中国自战国而后直至“解放前夕”两千数百年，是否都应归并于“封建社会”之内呢？

中国传统史学派不以为然。因为他们根据传统的“封君建国”的定义，认为中国的“封建制”早在公元前 3 世纪已被秦始皇“废封建”、“立郡县”时废掉了，两千年来取封建而代之的是一种“郡县制”，郡县制是一种文官制度。

现代西方中国史学派于此亦有同感。他们以西方中古时期的欧洲封建来比较研究，也认为中国封建制只盛于西周，而衰于春秋，至战国已开始崩溃，最后为秦始皇帝所全“废”。在中国古代，代替封建而起的制度是一种“中央集权”的官僚体制（Centralized Bureaucracy）。

“文官制”（或官僚制）与“封建制”之别，则是文官是中央政府定期任免的公务员，而封君则是“世袭罔替”的一种私有土地财产的所有者。这些封君在不同的方式下受封之后，他们对上级主子要尽各种义务，如进贡、防边、筹饷、力役……但是主子们对他们则不能随意任免或干涉他们内部的管理事务。

秦亡汉兴之后，汉初采一国两制，“郡”、“国”并存，往古封建制曾部分回潮。七国乱后，海内王侯之国就徒拥虚名了。自兹而后，这种秦汉模式的中央集权文官制竟沿用两千年未变。直至今日，国共两党在政府组织上都还承袭着这一古制。

毛泽东有一句诗说千载犹行秦制度，这句诗的含意大体是正确的。只是民国以后的北洋政府和国共两党对古老的“秦制度”自加修正，却远不如大清帝国正统的“秦制度”那样完善罢了。

从单纯的政府制度来看，中国传统的中央集权文官制经过两千多年不断的改进，到清朝，可说是十分完善。民国以后的党人骂尽清朝制度是如何腐朽，其实公正的历史学家如平心静气地细加分析，如制衡分工、科举考试、官吏任免等很多方面，党的政府都不如远甚。主要的原因便是历经两千多年慢慢改进出来的制度，不是三言两语的咒骂就可以全盘否定的。要造福生民，为万世开太平，也不是一纸大纲或主义就可以制造奇迹的。

从比较史学上看，这种中央集权文官制亦非中国所独有。英帝入侵前的印度蒙古（或译莫卧儿）王朝（Mogul Empire）所行的也是这一制度。只是他们历史太浅，始终没有发展到中国制度那样有高度技巧的化境就是了。

这儿笔者要加重说明的是，“中央集权文官制”与“封建制”在历史上是两个阶段，在政治作用上也是风马牛不相及的。“中央集权文官制”是在历史上取代“封建制”，而比“封建制”更高一级的政治形式。

“封建制”是一种从“部落主义”（Tribalism）演化出来的职责不分、组织松散、以封君个人为中心的一种原始性的部落制度。而“中央集权文官制”则是具有严密组织、职责分明、效率卓越、法则灿然的高级文明中的政治制度。它和落伍、原始的封建制是不可同日而语的。郭沫若先生把这两个制度混为一谈是错误的。郭氏因为对比较史学和社会科学没有兴趣，就看不出两者之间的分别了。

“重商主义”和“轻商主义”

至于我们中国的传统中，何以在“封建制”崩溃之后，未能（如马克思所想象的）产生个“资本主义”，而却产生了这样一个“秦制度”来？并且一走两千年，至今不衰呢？

原来人类历史发展的方向是受无数种客观和主观的因素综合支配的结果。马克思所想象的，只是其中的一面。人总是人。他从个体的食色开始，在团体生活中是具有马克思所说的共同面（uniformity）的。中古欧洲的白人社会生活中曾产生过一种“封建制”，往古东亚的黄人也曾建立过一种类似的“封建制”。可是欧洲在封建制崩溃以后，却逐渐滋长出一个“城市中产阶级”（Urban Middle Class），从而滋生出一种“重商主义”（Mercantilism）。由重商主义又导引出个“资本主义”来。

可是古代的中国，在封建制崩溃之后，却没有产生出城市中产阶级，更没有重商主义，当然就更产生不出资本主义了。相反的，在中国却产生了一个“轻商主义”，轻商主义吓阻了滋长中的城市中产阶级。没有城市中产阶级，资本主义也就无从产生了。

这样一种比较史学上的强烈对照，马克思只看到西方的一面而忽视了东方的一面。郭沫若则对东西之别未加理睬，便把西方白人的历史经验，凿枘不投地安装到中国历史里面去了。

“国家强于社会”和“轻商主义”

“轻商主义”这个词汇不是笔者胡乱地造出来标新立异的，它是两千多年前就早已存在的历史事实。公元前4世纪商鞅变法的口号便是“强本抑末”。“本”就是农业,“末”就是工商业。“抑末”便是“轻商主义”，和做生意的人过不去。

商君遭车裂后百余年，秦始皇受了“强本”的实惠而统一了中国。统一之后，他对轻商主义之推行更变本加厉，把天下富户尽迁于咸阳而加以管制。

始皇死后，汉承秦制，轻商主义未稍改。至汉武当国，更把商贾打入“四民之末”,国家政策上也正式讲明了要“重农轻商”。汉武死后，国中工商界在大将军霍光翼护之下要求平反，要改变这个传统歧视工商的政策，并搞出个反抗盐铁专卖的大辩论《盐铁论》。但是政府不容平反，做买卖的还是被镇压，这一压，压了两千年不许翻身。

我们读历史的翻书至此不免掩卷一问：这些“略输文采”却威震天下的秦皇汉武，为什么偏要对那些做小买卖的过不去呢？这个答案在比较史学下也可略寻一二。因为主张重农轻商的政治家，并不止于我们秦皇汉武和桑弘羊大夫呢。两千年后美国的开国元勋之一、后来成为民主政治圣人的杰弗逊总统，也是坚持相同主张的。我们试翻《盐铁论》的英译本，以之与杰弗逊和美国资本主义之父的汉密尔顿对工商政策辩论的原文相比，便发现二者之间所用的字句几乎都是相同的——桑弘羊大夫的立场，也就是杰弗逊总统的立场。虽然桑大夫比较看重国防经济这一面，而杰弗逊总统则稍偏于社会道德的另一面。

所以从往古的中国到近代的美国，“重农轻商”的观念和政策，都是未可厚非的。问题出在为什么古代中国这一政策可一行两千年，而现代的美国杰弗逊试行之，却及身而败——美国史家曾笑杰弗逊在对汉密尔顿辩论中“赢了仗，却输了战争”。

长话短说。古代中国之所以能贯彻其重农轻商政策，而今日美国反而不能者，便是桑弘羊大夫的背后有一部具有雷霆万钧之力的中央集权的专政大机器。它可以强制执行任何“政策”,岂但是“重农轻商”？它甚至可以搞罢黜百家、独尊儒术……亦无往而不能。国家有驾驭人民的绝对权力，驱之东则东，赶之西则西，人民无不俯首听命。国势强盛之时，一纸中央文件，便可把国家政策落实到底。

在这种权力集中的“秦制度”里，不特中央政府有无限权力，一品大员的州牧郡守、七品小官的县令知事，乃至不入品流的干部小吏，无不对人民享有各自职权内的绝对权力。

桑弘羊大夫所倚赖的这部国家机器，事实上是部权力金字塔。大塔之内又有无数体积不等的小塔，上下相连，层层节制，下级服从上级、全国服从中央。在这样一个金钟罩、铁布衫的严密控制之下，几个小盐商小铁贩，只是少数釜底游魂而已，“资产阶级”云乎哉！

不特此也。为着贯彻政策、垂之久远，政府还要在学术思想上下工夫、找理论。庶几权力与思想相结合，双管齐下，把士、农、工、商的阶级观念，嵌入人民灵魂深处，使其变成永恒信仰和生活方式，千年不变——这一点“略输文采”的秦皇汉武也真的做到了。

此一传统中国所特有的历史发展，史学家试图“概念化”之，乃名之曰“国家强于社会”（以别于西欧、北美传统中之“社会强于国家”）。社会发展，一切听命于国家，国家是个颐指气使的老太婆，社会是个百依百顺的小媳妇——借用一句马列主义的术语，我们也可说社会形态是国家的“上层建筑”吧。明乎此，我们就可以了解桑弘羊大夫在盐铁专卖政策中的制胜之道了。

但是我们也应该知道，桑大夫这部无山不移的国家大机器，原是用来防制工商业发展的，它是否也可反其道而行，来振兴工商业，搞经济起飞，就是另一问题了。

“主观意志”抵消“客观实在”

回头再看杰弗逊总统的重农轻商的政策何以行不通呢？那就是杰弗逊总统缺少了桑弘羊大夫那部国产的中央集权国家大机器，他只有一部“三权分立”的民主联邦政府。民主政府专不了政，则人民就可自由行动。人民有了自由就没命地向钱看。如此则中产阶级和重商主义就要抬头，资本主义就要出现，杰大总统的重农轻商思想也就落空了。

美国制是“英美传统”之余绪。在早期英国，乃至整个西欧，这一社会现象之发展实更为严重。马克思就是看中这个西欧经验，认为重商主义和资本主义之出现是个“必然”的趋势，在唯物主义哲学上是个“客观实在”。人类对资本主义这个恶魔既不能防之于前，就只有补救于后，这就是马克思主义的主旨所在吧。

殊不知马氏所看出的社会发展上这个“必然”是有个先决条件的。这个先决条件便是“国家”管不了社会，如果国家权力强大到上节所述秦皇汉武时代的中国，这个“必然”也就不成其为必然了。

马克思生前足迹未逾西欧，研究范围更未及于中国。他绝未想到他们唯物主义者在社会发展中所发现的“客观实在”，可以被古代中国里几个唯心主义者的“主观意志”所抵消。董仲舒、公孙弘、桑弘羊等几位儒生的七扯八拉之言，和刘彻皇帝的一纸蛮横无理的诏书，就可把山雨欲来的中国资本主义消灭于无形。

再者，马克思死后，北美、西欧社会发展的现象，也非他始料所及。他没有想到资本主义也可以修正，劳资可以两利，不一定非斗得你死我活不可。总之，社会科学在20世纪中发展得太快了。它不是19世纪一些直线条的社会思想家的思想所能笼罩的。列宁笃信马克思主义，他把阶级斗争说发展到最高峰，创造了苏联模式的无产阶级专政。

“国家机器”是中产阶级的克星

这部国家机器在某些方面的确是万能的。但是天下哪就真有万能机器呢？在运作方面它也有它的死角——这死角便是迫使中国“落后”的基因。

须知我们这部无敌大机器原是为搞“重农轻商”而设计发明的。它的不断维修、不断改进，也是向相同目标前进的。既然重农轻商，防止资本主义之出现，这部机器镇压和铲除的主要目标便是“城市中产阶级”，因此它的历史任务便是：一、预防“城市中产阶级”于其出生之前；二、诛锄“中产阶级”于其萌芽之期；三、摧毁“中产阶级”于其成长之后。

这样一防、一锄、一摧，搞了两千年。在这部大机器的运作之下，我们这个中华农业大帝国就永远不会产生“城市中产阶级”了。

对比较社会史学缺乏兴趣的朋友们或许要问，中国传统的“大地主”岂非“中产阶级”哉？曰：非也。传统大地主者，职业官僚或候补官僚之养老院也。若辈聪明伶俐之儿孙则职业官僚青干班中之受训青年也，在学青年均为职业官僚（Professional Bureaucrats，着重“职业”二字，若辈除做官之外别无谋生之术）之候补，而职业官僚则又为独裁专制帝王之鹰犬也。

中国传统帝王一向优容甚至鼓励大地主。第一，大地主为职业官僚告老还乡的“安全塞”（safty valve），亦为候补官僚储材之所；第二，中国历史上无地主造反的史例，这群面团团的富家翁向不妨害公安；第三，中国“独子继承制”（Primogeniture）只行之于家天下者，而不行于天下有家者。父死财分，再加个多妻制，则土地集中的祸害只是革命家想当然耳了。靠证据讲话的社会史家，对此未找出充分的证据来。中国传统的小地主通常也只是饥饿边缘的“小贫”；搞土地集中的大地主，几乎是清一色的“官僚地主”，无功名的自耕农和小地主无份也。官僚们“一代做官，三代打砖”，他们子孙形不成阶级、搞不了政治，他们不是中西比较史学上所说的“城市中产阶级”。我们的“城市中产阶级”两千年来可以说被上述那部国家大机器辗毙殆尽。现代刚一萌芽，又被肃反肃掉了。

工业化、现代化少不了“城市中产阶级”

我国历史上缺少个“中产阶级”，岂足惜哉？曰：不足惜也；相反的，那正是我们值得骄傲的地方。两千年来，我们这个农业大帝国光辉灿烂的文明是举世无双的，也是举世钦羡的，但是时至今朝，我们要搞经济起飞、工业化、现代化，就感到捉襟见肘、积重难返了。因为在现代世界经济史上，搞工业化、现代化真能搞到“起飞”程度的，只有一个事例——他们都是由一个城市中产阶级领头搞起来的。西欧、北美带动于先，日本踵随于后，近时崛起的“四条小龙”（新加坡、中国香港、韩国、中国台湾）也不能例外。

我们祖国大陆，地大物博，人才济济，而蒙“落后”之恶名，其主要原因似亦在此。大陆上搞现代化、工业化、富起来、翻几番……万事俱备，就只欠“城市中产阶级”这阵“东风”，除非国内领导人能打破比较史学上尚没有的成例，搞出一个没有中产阶级的工业化、现代化来，则这阵东风似乎还是无可避免的。

至于中国能否搞出一个“没有中产阶级”的工业化、现代化来？中国或许可以自创，但是人类历史上至今还无此事例——苏联自新经济政策以后已搞了六十年，国防工业之外，别无可颂之道。戈尔巴乔夫检讨过去，如今连列宁的遗像也给搬掉了，而回头来搞开放。中国以前效法苏联搞了三十多年，也觉今是而昨非，回头搞起了“个体户”来。什么是个体户呢？个体户就是“城市中产阶级”的细胞。这种细胞在秦汉时代曾一度扩张、兴风作浪，几至不可收拾。吕不韦这个个体户竟然打入秦皇的宫廷里去，自己做了相国，儿子做了始皇帝。

汉王室为自保江山，看出经济企业上这种个体户之可怕，在武、昭、宣三朝，就把他们压下去了。

但是汉大夫压个体户是有限制的。他允许个体户各个“先富起来”，但你绝不许形成个“阶级”。纵使是许你“先富起来”，你富成了“扬州盐商”，乾隆爷还是要查抄你的。

所以搞点“先富起来”的个体户经济，我们已一搞两千年，始终搞不出现代化的企业，搞不出“四条小龙”式的“经济起飞”，对日本已望尘莫及，对美国就更在想象之外了。

这些经济上先进的国家和地区的繁荣，无一而非起自少数“先富起来”的“个体户”；个体户多了，便形成政治势力，成为“城市中产阶级”；城市中产阶级扩大成为社会上的“多数”，吸收了农村余民，也就导致农村的中产阶级化。等到一个国家上中下阶级的区分变成“枣核”形，两头小、中间大，那就变成“中产阶级专政”的局面了。

美国今日年入十万美元的家庭不足全人口的十分之一，年入一万二千美元以下的也不过百分之十三。总而言之，则美国家庭收入在万元以上、十万元以下者多至全人口百分之七十七有奇。全人口“人均”收入多至一万五千美元，美国就成个不折不扣的“万元户”的中产阶级专政的局面了——全民衣食足，礼义兴，社会不平，以法节之，这样便使今日美国变成世界上最大的“福利国家”（welfare state），全国每年用于救济鳏寡孤独、贫穷失业的救助金，实超过其他各国，包括全部社会主义国家的总和而有余！其猪狗食人食（肉类），亦超过中印两国人食肉类的总和！

“福利国家”不是“社会主义国家”，但是二者对贫苦人民的照拂，却前者超乎后者。所以国家富强、人民康乐，以全国生产毛额的多寡为第一要务。“人均”收入提高，“分配”是次一步，也是并不太重要的次一步。孔子说“不患寡而患不均”，这是农业社会中全民都在饥饿线上的讲法。中国大陆过去三十年中的许多问题，都是孔夫子这句在20世纪并不实用的话所引起来的。孔子反对法治，因为法可以使“民免而无耻”，其实他老人家所反对只是朴素的“刑法”。

孔子又提倡礼教，认为一切社会行为要“以礼节之”，个人修身也“不如好礼”。“礼”事实上则是与朴素的“民法”相关之一环。孔子生在农业经济时代，一切以不成文法的“礼”来“调节”就足够了。在一个复杂的工商业社会里，法治就不可避免了。

所以在一个中产阶级主政的国家，与生产发展并驾齐驱的则是衣食足（经济）、礼义兴（教育文化），接着才有法治和民主。

可是“城市中产阶级”并不是天上掉下来的，也不是反动派制造出来和无产阶级对抗的。相反，它是由于经济发展，把无产阶级逐渐提升上去的。今日家庭收入超过一般知识分子的美国产业工人（industrial workers），早已不是无产阶级——他们是不折不扣的中产阶级的劳动者。

近三十年来“城市中产阶级”在亚洲“四条小龙”中的崛起，也是笔者这一批海外学人所亲眼看到的，不算什么稀罕。

结论：没有求证的假设

所以我们祖国大陆“落后”的主要问题无他，缺少一个自发自励的中产阶级故也。然则大陆上能否步台湾、香港地区及韩国、新加坡后尘，扶植起一个“城市中产阶级”呢？

不愿在中国扶植一个“中产阶级”，我们这个“秦制度”有没有他途可循呢？这两点便是笔者拙文中不愿乱作结论的大胆假设了。

关于前一点，国中领导阶层本有意为之，但行起来至为不易。须知大陆这个自商鞅而下一脉相承的中央绝对集权的“秦制度”原为锄灭中产阶级、打击工商发展而设计的。现在怎可摇身一变，于旦夕之间就成为振兴工业、扶植中产阶级的保姆呢？这是“以子之矛，攻子之盾”，安有善果？

中产阶级的初期工业化的必要条件是减少管制、大幅开放——美国当年所谓“最好的政府，就是最不管事的政府”是也。中国这个铁桶一般的“秦制度”，管人及于床笫之私，它何时才能开放到容忍中产阶级崛起的程度？吾人不知也。大幅开放与减退管制（decontrol or decentralize），其以九七后之香港为试点乎？否则那个烫手山芋如何掌握？

但是截至目前，中国当轴似尚无丝毫意图来变更那个“以吏为师”的“秦制度”老传统。在这个老框框里能否搞出个工业化、现代化来——脱胎换骨，吾为中华民族创造历史的智慧，馨香以祝之。

1987 年 9 月 28 日脱稿于纽约

原载《传记文学》第五十二卷第二期

清季中美外交关系简史

美利坚合众国与大清帝国之间的外交关系持续了一百三十年之久，并为后期关系的发展奠定了基础。事实上，这一国际交往取决于贯穿整个 19 世纪在东西大陆上与之平行发展的三个历史潮流。任何外交家及他们所代表的政府都很难改变近代历史洪流之强大的汇合，他们也只能是顺应历史潮流、到达目的而已。

第一个历史潮流是大清皇朝的日趋衰落。像以往两千多年中的许多朝代一样，它也照例是经过很长一段时间的繁荣昌盛、和平稳定后衰败的。它的日趋衰退一方面充分地表现为清朝统治阶级的骄狂自大、顽固不化、愚昧无知及腐败堕落，另一方面是穷苦百姓的不断起义暴动。为了应付西方的挑战，清人只能是旧瓶装新酒，进行一些浮光掠影的“改良”，几乎产生不了什么鼓舞人心的结果[1]。这乃是中国近代史上的一大悲剧。同时，它成为中国历史的固定背景，一切历史的表演都离不开它。

第二个历史潮流是在亚洲不断上涨的欧洲扩张主义洪流。无论中国人或美国人作出什么样的反应，这洪水一如既往向亚洲大陆深处流淌，直到各扩张主义列强精疲力竭，或是创造一种势力均衡的形势[2]。来自中国的抵抗势力，不管是启蒙的改良主义者，还是目不识丁的义和拳，皆非重要因素。在中美关系的发展中，无论是好是坏，美国都很少与中国进行直接交往，而更多的是与其他列强进行有关中国的交涉[3]。

第三个历史潮流是美国的边疆政策跨越太平洋向中国的缓慢移植。它以言过其实的杰弗逊理想主义为起点，以汉密尔顿的商业主义而告终，并决定着美国的殖民主义者、商人、传教士以及在国内或海外的外交家和“老中国通”的含蓄和公开的行为[4]。它也使太平洋两岸的“约翰·中国佬”（译者注：此系西人对华人之蔑称）受害不浅。所有这些都植根于“缔约前期”。

“缔约前期”的中美关系

在美国独立战争之前，两国之间没有直接的联系，不过，美国殖民者倒是消费了大量的中国茶叶。这仿佛是与鸦片贸易相反，这种中国商品经过东印度公司进口到美国殖民地。这种无害商品的过多供应最终导致了在波士顿的一场武装起义[5]。尽管美国的独立战争从未被称为“茶叶战争”，但正像英国的鸦片在中国所引起的后果一样，由东印度公司进口的中国茶叶导致了武装起义，并由此产生了美洲十三个殖民地的独立。

1784年美国独立战争结束不久，也许更多的是出于感情因素而不是商业原因，这个新独立的国家向中国派出了第一艘船“中国皇后号”。美国驻华的第一位商人领事萧三畏（Samuel Shaw）随船来到广东，并载回了第一批未经英国中间人之手的茶叶及其他商品[6]。

中美贸易的发展是缓慢的，但很稳定，特别是在欧洲商人被拿破仑战争重创的18世纪末叶[7]。尽管美国商人在1812年的战争中有过一段不景气，但他们在几十年里赚了相当可观的利润，仅次于英国。他们甚至涉足于臭名昭著的鸦片贩运走私，与英国垄断主义者展开激烈竞争。值得庆幸的是，19世纪30年代后期鸦片贸易的不景气，竟意外地使美国商业公司免于更深地卷入到1839—1842年那场恶名远扬的鸦片战争中[8]。

鸦片战争前的美中商业关系是使双方都心满意足的。那时，广东是唯一向西方商人开放的贸易港口，中国所有的贸易都是由为数不多的几家垄断商行控制[9]。六十年来中美未签过任何商业条约，而据记载也未发生过什么事故。当中英鸦片战争爆发时，美国人对中国人是深感同情的。对许多美国人说来，鸦片战争是“一个国家对另一个国家发动的最不正义的战争之一”[10]。

战后，在华的美国商人甚至反对美国政府与中国签订商业条约的举动，因为中国政府已经自愿将英国靠战争手段所取得的一切贸易优惠权都给予他们。和中国签订这么一个不必要的条约只能损害中美贸易的发展。因此，当泰勒总统派遣第一位美国特使凯莱布·顾圣（Caleb Cushing）来广东洽谈签约之事时，美国商人对这一活动群起而攻之。不过传教士们对签约大加赞赏[11]。

由顾圣和清朝钦差大臣耆英签署的《中美望厦条约》实在是一个毫无必要的条约。它只不过是再一次确认了中国已经给予美国的优惠权，如五口通商、治外法权、协议关税等。但是，美国也同时从该条约中获得了中国给予的最惠国待遇，这是大清帝国首次给外国这种待遇，中国政府还保证该条约可在十二年后修正，这一待遇是英国与华谈判中未提出过的[12]。

中国外交政策的两次循环

继 1844 年签订《望厦条约》之后，中国官员和他们的美国同行在美国南北战争前的十六年中都经历过一段对现代外交的不成熟期。中国的外交政策在道光和咸丰两代皇帝期间发生了两次相似的循环。在鸦片战争期间，由于道光“僵硬”政策的失败，导致了十年的“绥靖”。而年幼无知、骄横自大的咸丰 1850 年继位后又重蹈这一悲剧循环之覆辙[13]。

年轻的咸丰皇帝与头脑简单的儒家学者、两广总督叶名琛一道，立场坚定地反对英国的入侵——正是英国的不断入侵导致了 1856 年爆发的亚罗船战争。但是，1859 年大沽战役之后，咸丰很快就学会了如何屈从现实。尽管这场小规模的冲突以中国取得了史无前例的胜利而告终，但咸丰意识到了他的根本弱点以及战争可能带来的后果，他情愿重新采用最初由耆英和他父亲制定的老一套绥靖主义政策[14]。

不幸的是，皇帝此时改变主张为时已晚，他不但丧失了首都，连自己的性命也没有保住。1860 年英法联军攻陷北京，不久皇帝本人也在焦虑中死于靠近满洲边界的热河行宫里。其结果是中国和外国列强 1860 年在北京签订了一系列条约，进一步丧失主权。这些条约内容包括：鸦片贸易合法化；外国船只在中国内部水域的航行权；在京设立外国使领馆，以及中国割让沿海省份给俄国，包括海参崴港，后被俄国人改名为符拉迪沃斯托克（字意是“镇东”港）[15]。

此后，由驾崩皇帝的弟弟恭亲王带领的大清官员很少敢对西方列强——特别是大不列颠——再说一声“不”字了。中国现已被彻底打开了大门，已无力守卫这些开放的门户。

美国公使中两条路线的斗争

和中国不同，美国的对华政策在内战前的十六年中，用毛泽东的话说，是经历了一场“两条路线的斗争”。在1856年皮尔斯（Pierce）政府结束以前，美国人不知道在中国该如何行事。美国政府就简简单单地让驻华的外交官们自己见机行事。这样，美国的对华政策便在美驻广东公使中产生了两条路线的斗争。

一条路线是由美第一任驻华公使义华业（Alexander Hill Everett）提出的。1846年10月他一抵达中国，就马上意识到中国正处于即将成为“第二个印度”的危险之中。作为一名职业外交家，他向国内政府建议“为防止中华帝国被大英帝国完全吞噬”，美国应与其他西方列强，特别是俄法两国，取得一种“全面理解”，并且“共同”采取行动，以便能够劝说英国“重新考虑她反对天朝（指清政府）独立的计划”[16]。

这一秘密急件其实是最早包含“门户开放”政策的建议，比海约翰（John Hay）的建议早了半个世纪。尽管义华业的提议没引起注意，但五位继任公使继续坚持他的政策的大致路线，几乎没作什么改动。德威士（J. W. Davis）、马沙利（H. Marshall）及麦莲（R. L. Mclane）三位这样做是出自他们自己的推断；而其他两位，列卫廉（William B. Reed）和华若翰（John E. Ward）则是接受了国内政府的明确指示的[17]。

遗憾的是，他们在上任以前没有一个人了解中国，上任后谁也没在中国驻过两年以上。最糟的是，由于工作原因，他们彼此从未见过面[18]。所以，尽管他们的建议是一致的，但他们却制定不出一套可行的对华政策供美国政府采用。结果，他们的建议没有一个对华盛顿产生过明确的影响，一般是建议人一离开中国，其建议就被搁置一边了。因此，他们这条政策路线很容易被第二条路线所取代。这第二条路线是由伯驾（Peter Parker）一个人提出的，他虽然断断续续地但却是有效地指挥着美公使馆，其时间之久超过他四位前任任期的总和 [19]。

伯驾是一位在华的传教士。由于他能讲一些粤语，顾圣、义华业及他们之后的官员常请他帮忙，起初做翻译，后又任美驻华公使馆秘书。在一名美驻华全权委员回国后和另一委员来华之前这段时间里，伯驾总是任美公使馆的代办。在伯驾本人于 1855 年 8 月被正式任命为第六任美驻华全权委员以前，他曾六次被任命为代办。他任美驻华全权委员两年 [20]。

伯驾的对华政策完全是从传教士的利益出发，要求异教徒的天朝帝国“顺我者昌，逆我者亡”。他极端支持英国在远东的炮舰政策。对他说来，清王朝最好能四分五裂，以便在其废墟之上建立一个“上帝王国” [21]。

因此，伯驾从一开始就反对义华业的方针。义华业 1846 年 6 月在澳门一死，伯驾就完全改变了美在华的立场。这位传教士出身的外交官与英国人紧密合作，阻止一切在这异教帝国发展美国一个独立对华政策的可能性。他利用全权委员德威士和麦莲对中国情况缺乏经验的弱点，想方设法让他们服从他个人意志行事；全权委员马沙利在 1853 年上海发生天地会起义期间与英国人意见不合，伯驾还采取行动抵制马沙利 [22]。

这位传教士外交家不仅按照英国人的做法在炮舰上向诚惶诚恐的清人提出无理要求——即使这是一条无用的炮舰，他还认真严肃地向华盛顿建议占领台湾，并与英法结成非正式联盟以向华发动联合战争 [23]。

皮尔斯总统和国务卿马西（William L. Marcy）对伯驾这火药味极浓的对华政策吃惊不小，这反而倒使总统被迫亲自处理这一问题。这是美国历史上白宫第一次否决了自己驻华使节的建议，并开始制定它自己独立的一套政策。布坎南总统（Buchanan）完全同意了他前任的意见，召回了伯驾 [24]。

协作外交

伯驾的这段插曲虽然很短，但却在两国的外交关系上造成了极大的影响。鸦片战争后和伯驾出现以前这段时间里，清朝曾一度认为美国佬是自己的朋友，在危急时刻可以请他们帮忙。不幸的是，伯驾把清朝人的满心希望化作噩梦一场[25]。没有美国人的帮助，耆英的绥靖政策面对英国人的不断入侵是注定要失败的，事实上也是如此。耆英的失败使由徐广缙和叶名琛领导的一群顽固无知的中国汉族学者应运而生。他们那貌似成功的闭关锁国政策使道光皇帝误入歧途，改变了其政策方针，结果以中国在与英法联军的战争中第二次失败而告终[26]。

伯驾在美国公使馆里遗留下的伤痕也给美国的对华外交带来了挫折。当列卫廉和华若翰在英法联军与清廷作战期间相继被任命为美国全权委员（或公使）时，他们被授命彻底改变伯驾的政策，只保持和欧洲列强的“和平协作”[27]。而这样做，他们就只好从头进行一段时期的外交实习。十四年中，美国的在华外交是极端混乱的，后来的使节们继承的是一个大乱摊子[28]。

列卫廉于1858年缔结、一年后华若翰又为之交换批准书的《中美天津条约》只不过是形势的必然产物。中国人不想进行认真的谈判，因为他们知道英国人反正要向中国提出更多的条件，而这些条件也会自然而然地给予美国[29]。缺乏经验的美国外交官甚至上了英国老牌中国通的当，从新条约中删去了旧条约（1844）中那值得称道的鸦片条款——禁止美国卷入鸦片贸易。这样一来，美国就把英国从一个全球性的尴尬局面中解脱了出来，后来，英国终于设法把鸦片贸易合法化了[30]。

英法联军对华战争结束以后，正如历史学家泰勒·丹尼特所指出的，“外国列强已从中国得到了他们想要的一切”[31]，至少是暂时地得到了。基督教列强意识到他们从太平军那里是不太可能得到同样的权益的，而他们又怕在这场持续了十年之久的太平天国革命中清政府垮了台，于是他们把十字架扔在一边，采取有力措施，帮助异教的清政府大肆屠杀中国的基督教“叛乱”者[32]。

因此，对于中国清朝统治者来说，英法联军对华之战是祸福各半的。由于暂时从一场危险的外国侵略中解脱出来，加之有西方镇压太平军起义的强有力的帮助，清政府于1861年开始了一个内部改革的新时代，即所谓“同治中兴”。在少帝同治和他的两个寡母慈安太后和慈禧太后的统治下，由思想解放的恭亲王领导，中国组建了近代的第一个外事机构——总理衙门，开创了一个协作外交的新纪元[33]。正是在这种协作的形式下，1861年末，林肯总统向中国派出了一个有协作精神的外交官蒲安臣（Anson Burlingame）[34]。

由于美国政府正忙于和南方奴隶主打交道，蒲安臣不受其政府严厉制度的限制。他在北京度过了四年，不仅学会了用筷子，也精通了他的本职工作。他那外露的正义感、随和的美国气质、个人的魅力以及在重大问题上诚挚的建议，使这位美国全权委员成为在北京最受欢迎的外交官。作为报答，蒲安臣似乎已摆脱了白人惯有的反异教徒倾向，这在他的传教士兄弟们及他们的后代中，整整一个世纪很少有人能做到。因此，双方的真正了解和真诚的互相尊重，使蒲安臣能在北京开始一个中美蜜月。这要比亨利·基辛格在同一地方所做的同样的事早了近一个世纪[35]。

甚至在罗勃特·李将军（Robert E. Lee）投降后蒲安臣回国探亲时，也看不出他对在旧北京的工作感到任何厌倦的迹象。但是，1867年冬天，华北彻骨的寒冷却驱使他寻找一个中国的佛罗里达。这可惊动了他的大清主人，特别是总理衙门的文祥，他们担心他们的这位美国顾问会一去不复返[36]。

“你为什么不能做中国官方的代表呢？”在一次晚宴上文祥这破

例的问题使他的美国朋友吃了一惊。蒲安臣开玩笑地回答说，如果中国皇帝能任命他为“钦差大臣”，并授予他“红顶子”和“黄马褂”，他便接受[37]。

依照中国的传统，这并不是不可能的。照儒家大同世界的思想，使节可以在不同的宫廷之间转让[38]。于是，文祥和蒲安臣成了一对完美的搭档。手续几天就办完了，蒲安臣向华盛顿提交了辞职报告，并接受中国任命他为钦差大臣、特命全权公使和派往各缔约国的全权公使等职务[39]。

为了完善他计划好的周游世界的旅行，钦差大臣蒲安臣配备了一个颇为壮观的三十名随行人员，包括一名清政府实习外交官志刚，及一名汉族官员孙家穀。他们都是钦差大臣，不过他们的职位是二等官职。一名英国人柏卓安（J. Mcleavy Brown，英国公使馆的中文秘书），和一名法国人第商（M. Deschamps）被补充到使团里当秘书。这支19世纪清政府首次派遣的五花八门的外交使团于1867年底开始了他们的行程[40]。蒲安臣正式的第一站是华盛顿。用他自己的话说，“七年前”，他离开华盛顿时是“美驻华官员，现在又以中国驻美官员身份回到美国”[41]。

随后他与国务卿西华德（William H. Seward）于1868年7月28日签订了带有他名字的《中美条约》（译者注：该条约又称《蒲安臣条约》或《中美续约》），但这比起钦差大臣率领着五光十色的第一个中国代表团穿行在纽约和波士顿大街上所出的风头来确也逊色了[42]。该条约大半是仍旧生效的前一条约的重复，但新条约的确有一些有关中国向美移民方面的重要条款。两国同意共同阻止恶名昭彰的“苦力贸易”，允许在两国之间不受限制地自愿移居；为了监督商务和移民，美国各城市都将建立中国领事馆[43]。

1868年《中美条约》的签订的确使蒲安臣的“协作外交”达到顶峰，但是不久人们就大失所望了。蒲安臣死后才十八个月（他死于访彼得格勒期间），美国就关闭对中国移民开放的大门，并完全废弃了这一条约，两国的关系到了破裂的边缘[44]。

门户关闭政策

《蒲安臣条约》中的移民条款最早是由国务卿西华德起草的，他强烈主张开发太平洋沿岸。西华德赞成不限制中国向西海岸移民，希望该地区能得到大量廉价而有效的劳动力[45]。不幸的是，他的如意算盘与那时的反华情绪格格不入，这种情绪尤其在太平洋地区愈演愈烈。农场、工业，尤其是正处在紧张施工状态的太平洋中心铁路都迫切需要中国劳动力，但是民主党的劳工组织者们被中国人在劳力市场上的竞争力搞得惊恐不安，他们强烈抵制中国劳工[46]。

所以，从19世纪50年代初起，加利福尼亚的政客们便设法对中国工人征收各种形式的捐税，在加州的财政收入中，这些占了很可观的一部分。所有中国移民都不授予公民权。中国人不光受到法律的歧视，还要遭受肉体上的凌辱。从1855年到《蒲安臣条约》的签订，据记载发生了两百六十二起严重的排斥华工事件，包括对华工的个别或集体屠杀[47]。

《蒲安臣条约》签订不久，加州的民主党人提出了一个种族问题，并选出了一位民主党州长，这使排华运动达到了一个新的高潮。随着白人种族主义上涨，“中国佬的机会”迅速下降。1877年沙地反华工集会（译者注：Sandlot anti-Chinese meeting，指旧金山市郊沙地上拥护反华工运动者的集会）之后，种族问题成了所有政客竞选时的一个基本口号。在1880年的竞选年度里，共和党和民主党在他们的党纲里都写有反对华人移民的各种口号。其结果是，《蒲安臣条约》彻底变成了一纸空文[48]。

为了对付美国对该条约的践踏，通常是反应迟钝的大清政府这次却采取了一系列震惊世界的报复行动。1875年，总理衙门向华盛顿派出了第一个驻美特使[49]。这位中国官员陈兰彬是个传统的儒家学者，可是他的助手容闳受的却是美国教育。容闳1856年毕业于耶鲁大学，是中国第一位受过美国教育的人[50]。因此，这位中国官员和他的助手建议国内政府坚决捍卫条约权。遗憾的是，总理衙门所能做到的只是个口头抗议。而美国执意要破坏《蒲安臣条约》[51]。

然而，迫于其对手美国的强大压力，总理衙门于1880年9月同意和华盛顿签订另一条约，专门解决中国移民问题。在这个新条约中，中国政府承认美国政府有权“管理、限制或终止中国移民”,但不能“禁止”华工入美，尤其是对那些已在美国的或正在美国探亲的华工[52]。

但是，美国国会不久又将新条约变成一纸空文。1882年5月6日，国会不顾阿瑟总统的否决，通过了一项决议，规定十年之内不许华工向美移民，禁止各州向华人提供公民权[53]。这就是国会通过的一系列“反华工法案”（总称为“排斥华工法”）的第一个[54]；1884年7月该法案又得到进一步修正，加进了新的限制[55]。

随后，国会和各州逐渐地又通过了许多排华工法规，一套专门限制中国移民的规定就包含有九十三款之多，这实际上是剥夺了在这个国家中的中国人的一切生存机会[56]。最坏的是，这些法规使美洲大陆上所有的中国人动弹不得，使大洋两岸数以千计的家庭难以团圆[57]。美国专横地废除了与中国签订的所有条约。

1894年一场对日战争迫在眉睫，清政府决定接受既成事实，与华盛顿再次缔约，十年内终止中国移民[58]。可是美国的排华工运动并没有因为中国方面的妥协而有所收敛。19世纪末，美国得到了夏威夷群岛和菲律宾，排斥华工的法规于是被带过了太平洋，美国最高法院只愿意把宪法留在家里使用[59]。

在白人涉足菲律宾群岛以前中国人就在此居住了几百年，在夏威夷被美国吞并以前，那里华工的数量也远远超过白人工人。白人工人在这些岛上取代中国人是不容置疑的事实，可他们却让原来就在这里的中国人卷铺盖滚蛋[60]。

尽管衰败的清帝国在19世纪最后的二十年中处在随时有可能被各缔约国瓜分的危险之中，朝廷又极端腐败不堪，但总理衙门都还在顽强反击。19世纪80年代中期在罗克斯普林、塔科马和西雅图等地发生排华工暴乱，数十名华工被杀，为此，总理衙门向美国政府要求赔偿[61]。这是中国近代史上中国第一次、也是唯一的一次向一个世界头号大国索求赔偿损失[62]。美国国会拖了很久才勉强地批准了这笔赔偿[63]。1891年，总理衙门鼓足勇气宣布新罕布什尔州的参议员亨利·布莱尔（Henry W. Blair）为“不受欢迎的人”（他是个长期排华工的政客），并在哈里森总统任命他为美新任驻华公使后拒绝接受他来华[64]。十一年以后，中国驻华盛顿公使伍廷芳甚至警告美国，如中国移民在美受害，他将以牙还牙[65]。

但是，无论中国怎么努力也不能减轻美国种族主义的不断上涨。义和拳起义失败四年以后，美国政府再度强迫中国与之签约，永远不许中国人向美移民[66]。由于这一无理要求，中国激发了一场抵制美货运动[67]。

然而，不管中国采取什么样的行动，美国政府一意孤行，坚持它对华的门户关闭政策。中国驻美公使馆数十年来与美国务院之间毫无联系[68]，不过，美国人却一意孤行地想让太平洋彼岸的中国大门一直为美国公民敞开。

门户开放政策的发展

门户开放政策不像终止中国移民的谈判那样只和中国政府单方面进行，它是在西方列强间进行的。他们认为没有必要让中国人参加。

值得回顾的是，从19世纪50年代中期的皮尔斯政府以来，美国的对华政策就以和西方列强的“和平合作”的基本原则为前提[69]。西华德在19世纪60年代曾这样说：“美利坚合众国不能侵略别的国家，尤其是中国。”[70]美国也不需要成为一个侵略国，只要最惠国待遇能保证它的那些商业特权，一个落后、安定和独立的中国最能满足美国的利益。然而，在中国不得安定的时候，如在1884—1885年的中法战争[71]及十年后的中日之战时，美国就保持中立[72]。如果可能，美国也愿意做调解人。那时美国尚不是一个远东大国，它的商业利益不允许它过多地卷入这些事情。

但是，上世纪末情况就大不一样了。由于西班牙战争的结束，美国控制了菲律宾，它几乎一夜之间变成了远东的一个大国[73]。几年的时间里，它在中国的商业利益几乎翻了一番[74]。

而大清帝国则向相反的方向发展。它在中日战争中败阵不久，在年轻的光绪皇帝支持下进行的“百日维新”就流产了。由于在慈禧太后干预下他失去了自由，这位启蒙的年轻君主丧失了一场政治改革给这暮气沉沉的帝国带来的一切改变[75]。内乱招致了更多的外国侵略。在所有外国侵略中，最凶恶的来自北面，俄国1895年将日本人逐出辽东半岛后，自己便溜进了这一地区[76]，在短短的三年里，辽东半岛连同它的两个海港——大连和旅顺就落入了俄国人手中。随后，整个满洲地区都沦陷为俄国人的势力范围[77]。

德国和英国在与俄国殖民地相对的渤海湾也采取了相应的行动。前者占领了胶州湾，后者占领了威海卫。英法为了防止其他列强侵吞自己的势力范围，他们分别强迫中国答应不将沿长江及南方海岸的各省让与任何其他大国[78]。与此同时，俄国和英国也达成协议，约定前者不得在长江流域建立租借地，后者则不在长城以北建立租借地[79]。

其他欧洲列强也同样效仿。1898年，法国攫取了广东西部的广州湾；意大利、葡萄牙和比利时也分别想从垂死的天朝帝国那里瓜分一份土地。这些各种各样的特许权包括修筑铁路、采矿和组织有影响的国际财团，更不用说中国边界地区的西藏、云南、新疆和蒙古了，它们在不远的将来都有可能被外国占领[80]。

作为国际角逐中的一位迟到者，美国只好垂头丧气、眼巴巴地看着别人瓜分中国。美国在京公使康格（E. H. Conger）拿不定主意，美国是否也该“在中国海岸上拥有和控制一个良好的加煤站”，或是作为“瓜分中国的列强之一，拥有一部分财产”。即使这样，康格意识到，“也有些为时已晚了”[81]。美国作为远东新崛起的大国，其商业利益又仅次于英国，它不能够被挤出中国的任何地方。所以，维持中国的现状能最好地满足美国的利益[82]。

美国的沉默却从英国传出了回声。英国在华的利益大得使之不能脱离中国的任何一个角落。义和拳起义前数十年，中国百分之八十的对外贸易是和英国进行的，英国所交的关税也占中国所收关税的百分之七十之多；同时，中国超过百分之八十五的进出口货物是由英国船只运载的[83]。由于对英国来说，约半个世纪前美公使义华业担心它会把中国变成第二个印度的可能已为时过晚，所以它迫切要保持中国的领土和主权完整，以有利于英国的发展[84]。这样，光是商业利益一项就使英美在华的合作成为必然产物[85]。

“门户开放政策照会”的起草是一项复杂的工作，时至今日，历史学家还在为此争执不休[86]。总的说来，可以肯定的是，门户开放运动是由国务卿海约翰执行的英美联合方案。在取得英国方面的完全理解之后，海约翰从1899年9月6日至11月7日向缔约各国发出了一系列官方照会，即所谓“门户开放政策照会”。美国通过它要求各列强在中国问题上达成一致的理解。海约翰建议各列强为了他们的商业和航海，应在中华帝国内的所谓“势力范围和利益”方面享受完全平等的待遇，允许中国在各势力范围内保持其行政制度。简而言之，领土完整和与中国有约各国的商业上的利益均沾，应该得到所有有关大国的保证[87]。

“照会”首先发给英国，但英国政府只是有条件地采纳了它，保留了香港和九龙。德国的条件是其他列强接受它就接受；法国、日本和意大利也是如此。唯一想回避这问题的缔约国是俄国。但是，光俄国一家是不能坚持其立场的，不久，它就同意与诸列强为伍了[88]。

然而，尽管似乎是取得了一致的同意，门户开放原则的可行性却受到了一系列世界战争的考验——西班牙战争、义和拳起义及日俄战争——在此过程中，包括美国自己在内的各缔约国的自私欲望把那些唱高调的原则彻底推翻了。

门户开放面临三场战争

“门户开放政策照会”于1898—1899年的西班牙战争中期起草，于1899—1900年的义和拳起义中期颁发，在1904—1905年的日俄战争期间以惨败告终。

西班牙战争使美国变成一个（用康格的话说）新的远东“财产分享者”[89]。像其他殖民列强一样，美国现在愿意舍去它的在华利益以换取它在菲律宾殖民地的安全。这种鼓励殖民地的做法在义和拳战争中得到充分表现。

美国坚持门户开放原则的确在义和拳战争中起了“积极的作用”。

一方面，它设法将战场缩小在中国首都附近，同时向南方的中国总督提供有力的援助，以保持一种“地区中立”；另一方面，美国还帮助清政府减少其赔偿总数，使清政府得以生存[90]。

然而，华盛顿却无力阻止沙俄在满洲向中国发动的战争。俄国人利用义和拳起义的机会，夺取了整个满洲地区。俄国重演了四十年前在英法联军对华战争中成功的手段，向中国奄奄一息的谈判人李鸿章施加不堪忍受的压力，以期永久占有全部或部分满洲[91]。

这样，美国在应付这场新的国际危机时，被迫做出选择。它是站在英国和日本一边阻止俄国人在满洲的扩张呢，还是对俄国人置之不理呢？如果美国站在英日联盟一边反对遥远的俄国，最终也许会把日本帝国主义者招引到菲律宾去，促成英国人返回巴拿马运河区以至阿拉斯加或俄勒冈。考虑到这潜在的侵略，华盛顿于是决定不管沙俄，以便创造一种可能的势力均衡，这样也许能保护其殖民利益[92]。这样做，美国实际上促使中国的大门在未敞开前就关死了。

俄国人在中国东北的扩张促使英国在西南部采取同样的行动。1904年夏，英国向西藏派去一支远征军，占领了西藏首府拉萨，并强迫达赖喇嘛与之签订一项非法条约，实质上是将西藏变成了英国的重要保护地[93]。美国驻英大使约瑟夫·H. 科特（Joseph H. Choate）引用“门户开放政策照会”抗议英国的在华行动。这个抗议被英国简单地置之不理[94]。这也很合逻辑，如果满洲可以不在门户开放政策之内，西藏没有任何道理非包括在内不可。

不过，门户开放政策的协议直到1904年爆发日俄战争时，才被完全废弃。那些好战的国家以及支持它们的列强对这场战争都各怀自私的欲望。事实上已经统治了满洲的俄国，除了军事上的失败是不肯让出一寸土地的[95]。历史学家A. 威特内 · 格里斯沃尔德认为：“日本对俄国的事实上统治满洲倒希望中国至少在目前有法律上的主权[96]。”

日本首先要消化掉朝鲜，然后才有能力将其统治伸延到满洲。英国倒想袖手旁观日俄在“极远东”发生武装冲突，这样可以把北极熊从中东和印度拖开[97]。德国和法国都想通过援助俄国这个坚决不让满洲和中国北方在战争中保持中立的国家，以从这个被瓜分了的东方帝国那里得到各自的一份利益[98]。

西奥多·罗斯福总统和他的国务卿海约翰都深深地卷入到这场国际角逐中了，他们希望在亚洲的那一部分看到一种势力均衡。美国总统为了帮助在战前准备中较弱的日方，默许了日本吞并高丽王国，同时，除了没和日本结成军事同盟以外，尽了最大努力助日本一臂之力[99]。

可是，俄国在满洲南部刚被打退，美国总统就来了个一百八十度大转弯。在朴次茅斯的会议桌上，罗斯福想方设法解救在满洲的俄国人。结果是该地区由两强分治，俄国占领北部，日本占领南部。在朴次茅斯会议上，美、日、俄三国谁也不去理会中国的反应，而战争是在中国土地上进行的，许多无辜的中国人为此丧生[100]。

此外，随着总统对“黄祸”的恐惧与日俱增，美国的门户开放政策在满洲又进一步退缩了。它与正在兴起的日本帝国主义者签署了一系列补充条约，牺牲中国和朝鲜。1905年夏，总统批准了秘密签订的《塔夫脱—桂太郎协定》，其中美国承认日本对朝鲜的“宗主权”，以换取日本不侵略菲律宾的保证[101]。

三年以后的1908年，在秘密签订《卢特—高平协定》后，美国总统又进一步退缩了。在这个新条约里，日本再次保证不侵略菲律宾。同时，美国巧妙地逃避了它在满洲保持门户开放政策的责任。在提到保持中国领土完整的原则时——这是门户开放政策的基石——“领土”一词从协定中被删去了[102]。

值得注意的是，“领土完整”和“机会均等”这两项原则——这仍是构成门户开放政策的基本原则——倒酷似暹罗那对连体双胞胎的心脏，一旦一个停止了跳动，另一个也随之停止跳动。

通过在《卢特—高平协定》中向日本让步，罗斯福给予他的前任——他自己——和海约翰十年前制定的这个短命政策以致命打击[103]。由于在远东没有一个能指导他们的可行政策，美国人的所作所为与他们的欧洲白人兄弟也无所不同了。当后者仍抱着炮舰不放时，美国佬则开始寄希望于他们的钞票了，但钞票的威力可就不如炮舰了。

金元外交

塔夫脱总统开展的金元外交取代了他前任的门户开放政策，这证明美国在远东成为一个羽毛丰满的帝国主义强国的时机已经成熟。直到此时，其他帝国主义强国都在欧洲。美国的边界终于跨过了太平洋。该国从政治上、军事上，以及经济上都已准备齐全，打算来分享中国这块“美味的蛋糕”了[104]。

美元首先是经过美国铁路大王哈里曼（E. H. Harriman）之手流入满洲的。已经控制了美国三大铁路系统的哈里曼——太平洋联合线、太平洋南线和太平洋中线——现在正计划把他的帝国扩张到全球。他在满洲的计划是在俄国控制的中东铁路和日本控制的南满铁路之间铺设一条新的铁路系统[105]。塔夫脱总统和菲兰德·诺克斯（Philander C. Knox）国务卿密切合作，以实现这一计划[106]。

然而，美国的努力未能产生预期的结果。美国不但没有拆散在满洲的俄国人和日本人，反而使他们联合起来了。这两位旧日的敌人握手言和，签订了一系列的秘密协议，一致反对第三者插足满洲。这不仅改变了远东的势力均衡，而且在第一次世界大战前夕造成了一种新的欧洲列强联盟[107]。

美国银弹的第二个目标是计划中的湖广铁路系统，它由汉口南至广东，西至四川。19 世纪 90 年代美国金融界首先寻求这一机会，但却未能继续下去 [108]。20 世纪初，中国商人和绅士在国内筹集资金想恢复这一工程，由于他们缺乏早期工程的充分条件，结果招致了政府的干预。

1911 年初，朝廷宣布了一项国有化方案，并开始与英、法、德三国金融集团组织的财团进行谈判，谋求贷款的可能性。现在，由强大的摩根（J. P. Morgan）率领的美国金融界觉得自己被别人小看了，经过无数艰难的讨价还价，摩根集团终被纳入上述国际财团 [109]。然而，一美元还没贷出去，大清帝国政府就无法控制局面了。它那国有化方案遭到举国上下的抗议，并导致了 1911 年 10 月在武昌的一场革命起义。这场起义结束了清王朝在中国的统治，也结束了清朝和美国佬之间长达一百三十年交往之中的最后一项商业交易 [110]。

编史工作及历史学家

在结束了对清朝时期中美关系的扼要回顾之后，笔者仍然不清楚从参考大卷的专题著作中究竟得到多少真实的东西。除了台北“中央研究院”近代史研究所的年轻学者最近发表的为数不多的论文外，有几篇用中文写的有关这一题目的论文很值得认真研究。旧中国的感情用事和研究设施的缺乏，严重破坏了中国学者在外交领域的研究 [111]。所以，对职业文献学家来说，中国早期对外关系的透彻研究似乎一直被英语作者所垄断。仅哈佛大学出版社一家出版的诸多出版物就使台湾海峡两岸的中国人望尘莫及。

但是，西方关于中国外交著作的佼佼者也是不无偏见的。最为严重的是，他们研究特定历史事件的一成不变的方法，长期以来一直如此。

一代代的学者只是搜罗一些补充事实，或造一些新的术语以证明前几代学者提出的观点。譬如，从上世纪中期起，传统学者几乎没人愿意承认鸦片战争的主要起因是鸦片贸易，在他们看来，鸦片战争仅仅是清朝抑商主义的必然后果。不管当时进行的是什么贸易，鸦片也罢，大米也罢，中国与西方的武装冲突都是在所难免的[112]。

这种“鸦片战争与鸦片无关”的研究方法至今仍被一些知名学者所沿用[113]。但中国的最新发展已使有心的读者对传统的专家之见产生怀疑。

鸦片战争有可能不是为鸦片而进行的，正如美国的独立战争不是为茶叶而进行的一样。但是，很明显，鸦片战争的主要原因不是道光皇帝的抑商主义，而是他无能，无法将外国舰队从中国领海驱走，从而管理其商业。美国在早期并未卷入与清朝的冲突，这只不过是因为美国的“扩张主义者”还不能像他们在西班牙战争中那样成功地跨越太平洋[114]。

“排外主义”是传统学者造的另一个专有名词，描述中国早期的对外关系特点。尽管这个词还尚未被词源学家所接受，但是，在任何一部英文的中国近代史专著中都有这个词[115]。然而，这些书的作者所讲的事情仅仅表明中国的排外主义绝不比同一时期在中国的外国排外国的排外主义更严重。海约翰的门户开放政策，事实上是反对后者而不是前者；第一次世界大战爆发前，罗斯福和塔夫脱总统制定的政策其目的也在于此。中国的排外主义，包括本世纪初的抵制美货，纵使不是纯粹的无稽之谈，实际上在中西方关系方面也只是起了微乎其微的作用[116]。

义和拳运动，作为一个纯粹自发的反基督教群众运动，经常被西方学者用作 19 世纪中国毫无意义的排外主义的突出事例[117]。最近，由主教文鲜明（Sun Myung Moon）和他的联合教会（编按：又译统一教）举行的宗教竞赛又一次证明传统的反义和拳论点是一派胡言。如果年轻的联合教会会员们的爹娘有理由“解除”他们的孩子的宗教活动的话，那么中国方面一百年前的孔教社会则更有理由解除基督教会在华的活动。况且，事实上年轻的联合教会给它会员的双亲们的社会带来的混乱比之基督教传教团给中国社会造成的混乱来，真是小巫见大巫了[118]。

此外，很少有西方学者把中国的排外主义与美国同时期的排华运动进行比较[119]。正因为清朝与美国的关系是一段独特的历史，所以这两个事件事实上是同一事物的两个方面。短命的义和拳起义比起美国的排华主义运动，似乎应同样受到重视，但后者却几乎被所有著名的美国外交史学家所忽略。即使那些想把美国的排华种族主义作为一项独立的专题进行研究的学者，他们也毫不犹豫地把传统的“鸦片战争与鸦片无关”的研究方法运用到他们对“中国苦力”的研究上，正如最近一位学者提出的，排华运动的矛头并不是指向华工的，它是由中国人不适应美国的生活方式所引起的[120]。

所以，只看用西方语言出版的研究中美关系的书刊，人们便会相信太平洋两岸发生的任何坏事都要由“约翰·中国佬”负责。美国的主要学者还在顽固地捍卫这一老掉牙的结论，但有一些人却开始怀疑他们所继承的至理名言[121]。对于前者来说，这结论就是和万有引力一样的真理，而太平洋彼岸的那些未受训练的学者只能在一些不成熟的研究基础上提出他们的论点，还总是伴有不必要的感情用事。实际上，双方都难免有固执的一面，但是，虚伪的学术空气，毫无疑问，对真理的探索则更加有害。

用乔什·贝灵斯（译者注：19世纪美著名作家，以幽默的随笔著称）的话说，“什么也不学胜于学到谎话”。外交官们目前正在议论中美关系正常化，两岸的学者何不就此良机考虑在学术界开展一个正常化运动呢？

【附注】本篇英文原稿载纽约圣约翰大学发行之《亚美评论》第一卷第四期（1984）。由郭中迅译为中文，载北京《国际关系学院学报》第一期（1988），文题为“清朝人与美国佬 1784—1911”，收入本书改今题。

注释

[1] 参看费正清、埃德温 · O. 赖肖尔（Edwin O. Reischauer）和阿尔伯特 · M. 克里亚格（Albert M. Criag）合著《东亚，近代的转变》，波士顿：豪顿 · 梅夫林公司，1965 年，第 2、5、6、8 章。

[2] 参看费正清著《1898 年以前的美国对华政策：一个错误的观念》，《太平洋历史评论》，1970 年，39，第 409—420 页。

[3] 参看赫伯特 · 费斯（Herbert Feis）著《中国之乱：从珍珠港到马歇尔使团期间美国在中国做出的努力》，美国：普林斯顿大学出版社，1953 年，第 279 页。

[4] 参看威廉 · 阿普尔曼 · 威廉斯（William Appleman Williams）著《边疆观点与美国的对外政策》，《太平洋历史评论》，1955 年，24，第 379—395 页。

[5] 见摩迪穆尔 · J. 艾德勒（Mortimer J. Adler）编《革命岁月》，载于《不列颠美国革命丛书》，芝加哥：大英百科全书出版公司，1976 年，第 5—7 页。

[6] 见萧三畏（Samuel Shaw）著《萧三畏少校日记，美第一任驻广东领事》，波士顿：威廉 · 克罗斯比和 H. P. 尼科斯公司，1847 年，第 163—200 页。

[7] 见肯尼斯 · 斯科特 · 拉图雷特（Kenneth Scott Latourette）著《中美早期关系史，1784—1844》，载《康涅狄格州文理学院学报》XXII，1917 年，第 17 页。

[8] 见查尔斯 · C. 斯戴尔（Charles C. Stelle）著《19 世纪美在华的鸦片贸易》，《太平洋历史评论》，1941 年，3 月号，第 74 页。

[9] 参看梁嘉彬著《广东十三行考》，上海：商务印书馆，1937 年。

[10] 威廉 · C. 韩特（William C. Hunter）著《“番鬼”在广州》，上海：开利

和沃尔什公司，1911 年，第 74 页。

[11] 见唐德刚著《美对华外交政策，1844—1860》，西雅图：华盛顿大学出版社，1964 年，第 23—24 页。

[12] 见《中外条约汇编》，上海：海关监察总署统计部出版，第 1 卷，486 页；又，见 [11]，3—4 页。

[13] 同上，第 283—286 页。

[14] 同上。

[15] 见霍齐亚 · 巴罗 · 莫斯（Hosea Ballou Morse）著《中华帝国的国际关系：战争阶段，1834—1860》，伦敦：朗曼 · 格林公司，1910 年，I, 613ff；又见唐盛镐（Peter S. H. Tang）著《沙俄与苏联对满洲和外蒙的政策，1911—1931 年》，美国：杜克大学出版社，1959 年，“历史背景”部分，第 3—51 页。

[16] 见义华业（Alexander H. Everett）致国务卿书，第 28 号，澳门，1847 年 4 月 10 日。载《外交文件原档》，美国国家档案馆缩微影印，92：4，此后引用为 DD-USNA。

[17] 见 [11]，第 283—285 页。

[18] 同上。

[19] 同上。又见爱德华 · 沃斯 · 古里克（Edward Vose Gulick）著《伯驾与中国开放》，美国：哈佛大学出版社，1973 年，第 166—195 页。

[20] 同上。

[21] 同上，第 36—37 页。

[22] 同上，第 123 页；又见《众议院行政档》第 33 届国会，第一次会议，第 123 号文件。《汉弗莱 · 马歇尔通信集》中多处出现。

[23] 见国务卿马西致伯驾书，第 10 号，华盛顿 D. C. ，1857 年 2 月 27 日载《外交指令集》，美国国家档案馆缩微，77: 83，第 151 页。此后引用为 DI-USNA。

[24] 伯驾致马西书，第 34 号，澳门，1856 年 12 月 12 日；载《参议院行政文件》，第 22 号，第 35 届国会第二次会议；又见《伯驾通信集》第 1082 页；又见伯驾给当选总统布坎南的信，澳门，1857 年 2 月 13 日，同上，第 1025—1028 页，及第 1322 页。

[25] 参见［ 11 ］，第 87 页。参看［ 2 ］第 414—415 页。

[26] 见《清代筹办夷务始末》，北平：故宫博物院影印发行，1930 年，道光时期，LXXX，15。此后引用为 IWSM-TK 或 HF 或 TC 来分别表明道光、咸丰、同治的统治时期。

[27] 参看泰勒 · 丹尼特（Tyler Dennett）著《东亚的美国人》，美国：巴恩斯和诺布尔公司，1941 年，第 311 页以后。

[28] 见列卫廉在香港港口停泊的“明尼苏达号”舰上写给路易 · 卡斯的信，1857 年 11 月 10 日。载《参议院行政文件》第 36 届国会第一次会议，第 30 号，第 17 页。

[29] 见［ 11 ］，第 224—226、273 页。

[30] 同上，第 252—253 页。

[31] 见［ 27 ］，第 372 页。

[32] 有关这方面的一般情况，见［ 15 ］，莫斯前书第二卷，第 90—112 页。

[33] 见玛丽 · 克莱鲍 · 莱特（Mary Clybaugh Wright）著《中国保守主义的最后立场:同治中兴，1862—1874》，美国:斯坦福大学出版社，1957 年，第 5 章。

[34] 见弗里德里克 · 威尔斯 · 威廉斯（Frederick Wells Williams）著《蒲安臣及中国第一个出访使团》，纽约：C. 斯克里布纳公司，1912 年，第 28 页以后。

[35] 见 1867 年（同治六年）11 月 21 日恭亲王奏折，载 IWSM-TC，51、27 页。

[36] 见蒲安臣给西华德的信，上海，1867 年 12 月 14 日，载美国国务院公布的《对外关系》档，1868 年，第 494 页。

[37]“红顶子”和“黄马褂”都是清朝官制的最高级别的标志。

[38]在中国古代，譬如春秋战国时期（公元前403—公元前221年）和三国时期（公元221—公元280年），各诸侯国之间的外交往来都是由少数训练有素的职业使臣进行的。他们多数是法家，可在不同诸侯国之间转换服务。这种转换从职业和道义上讲，都是无可非议的。

[39]见[35]，1867年11月26日，载IWSM-TC，52/1ff。

[40]IWSM-TC，54/31ff.

[41]见蒲安臣致总统的信，载《对外关系》，1868年，第603页。

[42]见《1868年波士顿市对中国使团的欢迎和款待》，波士顿：阿尔弗莱德·马奇父子公司，市印刷厂，1868年，书中多次出现类似描写。

[43]见[12]，Ⅰ，第525—530页。

[44]见张存武著《光绪三十一年中美工约风潮》，专著第13号，台北：“中央研究院”中国近代史研究所，1966年，第一章。

[45]参看乔治·E. 贝克（George E. Baker）著《西华德的著作》，纽约：豪顿·梅夫林公司，1887—1889年，Ⅰ，第51页往后、第236页往后；Ⅳ，第24—75页、第125页；又见西华德著《加利福尼亚，联邦与自由：1850年3月11日西华德在美国参议院就加州行政管理发表的讲话》，华盛顿：布埃尔及布兰查公司，1850年，共十五页。

[46]见玛丽·罗勃茨·库里奇（Mary Roberts Coolidge）著《中国移民》，纽约：霍尔特公司，1909年，成立出版公司（Reprint Service Corp）1968年重印，第378页以下。

[47]见[44]，第5页。作者的统计数字是以美国某些未公开出版的资料为依据的。

[48]见A. 韦特尼·格里斯沃德（A. Whitney Griswold）著《美国的远东政策》，美国：耶鲁大学出版社，1962年第3次印刷，第335页。

[49]见《清季外交史料》，1731年，第四卷，第17页；陈兰彬写给总理衙

门的信件，1878 年 2 月 8 日，见第十四卷，第 31 页。

[50] 见恒慕义（Arthur W. Hummel）编《清代中国名人录，1644—1912》，华盛顿政府印刷办公室，1943 年，Ⅰ，第 402—404 页。

[51] 见 [44]，第一章。

[52] 见 [12]，Ⅰ，第 532—535 页。

[53] 见 [46]，第 96 页以下。

[54] 同上，第 302 页以下。全面的背景研究，参见加利福尼亚州议院著《中国移民：其社会、道德及政治影响——加州议院中国移民特别委员会给加州议院的报告》，萨克拉门托：加利福尼亚州政府印刷公司，1878 年，第 302 页。这是一份典型的排华公开文件，后来的所谓“排斥华工法案”即由此而来。

[55] 见 [46]，第 168 页以下；又见亚利山大·萨克斯顿（Alexander Saxton）著《不可缺少的敌手：劳工与加州的排华运动》，伯克利：加利福尼亚大学出版社，1971 年。

[56] 同上，中国驻华盛顿公使给中国外交机构的信，1905 年，见 [44]，第 7 页引用。

[57] 见梁启超著《美国华工禁约记》，[55]，第 2 页引用。

[58] 见约翰·V. A. 马克莫雷（John V. A. MacMurray）编《1894—1919 年与中国签订的及与中国有关的条约和协议》，纽约：奥克斯菲尔德大学出版社，1921 年，Ⅰ，第 9—11 页。

[59] 见 [44]，第 5—7 页；又见查尔斯·比尔德著《国家利益的概念》，芝加哥：四角图书公司，1966 年，第 30—50 页。

[60] 见埃尔玛·C. 山德迈尔（Elmer C. Sandmeyer）著《加州排华法案及联邦法庭、联邦关系研究》，《太平洋历史评论》，1959 年，28，第 49—66 页。

[61] 见 [27]，第 546 页；又见罗杰·丹尼斯（Roger Denicis）和哈里·H. L.

基塔落（Harry H. L. Kitano）合著《美国的种族主义：对偏见本质进行的考察》，新泽西：普兰第斯·霍尔公司，1970 年，第 35—45 页。

[62] 见 [27]，第 546 页；又见 [49] 第七十卷，第 12 页。

[63] 同上。

[64] 同上，第八十卷，第 10 页。总理衙门 1889 年 4 月 30 日给驻华盛顿公使张荫桓的指示，北京。

[65] 见《对外关系》，1902 年，第 217 页。

[66] 见埃德温·H. 康格（Edwin H. Conger）1904 年 2 月 6 日写给海约翰的信，载 DD-USNA, 92:126；又见《对外关系》，1904 年，第 216 页。

[67] 见 [44]，多次出现于该书中。到目前为止，张的研究是用中文研究此题目的最全面的书。

[68] 见 [27]，第 547—548 页。

[69] 见威廉·L. 马西手稿，国会图书馆手稿部 LXXV，49475；又见 [11]，第 199—201 页。

[70] 见西华德著《周游世界》，第 216 页，[27]，第 412 页引用。

[71] 见 [15]，Ⅲ，第 340—366 页。

[72] 见杰弗里·M. 德华特（Jeffrey M. Dorwart）著《辫子战争：1894—1895 年中日战争期间美国的卷入》，美国：麻省大学出版社，1975 年，第 92—142 页。

[73] 见朱利亚斯·W. 普拉特（Julius W. Pratt）著《1898 年的扩张，占有夏威夷及西班牙群岛》，芝加哥：四角图书公司，1964 年，第 230 页以下；又见同一作者著《美国外交政策史》，衣格伍德·克里夫斯：N. J. 美国普兰第斯·霍尔公司，1972 年，第 279 页以下。

[74] 见查尔斯·比尔德著《国家利益的概念，对美国外交政策的分析研究》，芝加哥：四角图书公司，1966 年，第 89 页以下。

[75] 见李剑农著《中国近百年政治史》，邓嗣禹和杰罗米·英格尔（Jeremy

Ingalls）合译。普兰斯顿：N. J. 美国麦克米兰公司，1956 年，第 155—163 页。

[76] 见 O. 埃德蒙德·克拉伯（O. Edmund Clubb）著《中国与俄国，一场“大游戏”》，美国：哥伦比亚大学出版社，1971 年，第 125 页以下。

[77] 同上。又见唐盛镐著《沙俄与苏联对满洲和外蒙的政策，1911—1931》，美国：杜克大学出版社，1959 年，第 30 页以下。

[78] 见 [15]，Ⅲ，第 120—121 页。

[79] 见威廉·列奥那德·兰格（William Leonard Langer）著《1890—1902 年帝国主义的外交政策》，纽约：瑙夫公司，1935 年，Ⅱ，卷 XXII，《义和拳的兴起》一章，第 67 页以下。

[80] 见 [15]，Ⅲ，第 101—127 页，第 5 章《即将解体的中国》。

[81] 见康格写给海约翰的信，1899 年 3 月 1 日，载 DD-UTNA, 106:155。

[82] 见山缪尔·夫拉格·贝米斯（Samuel Flagg Bemis）著《美国外交史》，纽约：亨利·霍特公司，1945 年，第 483 页以下；又见 [48]，第 36—38 页，第 2 章，《起草“门户开放照会”》。

[83] 见 E. M. 格尔（E. M. Gull）著《英国在远东的经济利益》，英国：牛津大学出版社，1943 年，第 49 页以下；又见王曾才著《英国对华外交与门户开放政策》，台北：商务印书馆，1967 年，第 61—65 页。

[84] 见 [82]。

[85] 见费正清著《美国与中国》，美国：哈佛大学出版社，1971 年，第 925 页以下；又见伊斯雷尔著《侵略主义与中美的门户开放，1905—1921》，美国：匹兹堡大学出版社，1971 年，第 200 页以下。

[86] 同上；见费正清著《中美的相互影响：一个历史的总结》，美国：拉特格斯大学出版社，1976 年，第 62 页以下。又见麦克·H. 韩特（Michael H. Hunt）著《边疆保卫及门户开放：中美关系中的满洲，1895—1911》，美国：耶鲁大学出版社，1973 年，第 20—39 页。

[87] 见 [82]、[85] 及 [86]。

[88] 见《对外关系》，1899 年，第 128—143 页。

[89] 见 [81]。

[90] 见 [15]，Ⅲ，第 350—351 页。

[91] 见窦宗一编著《李鸿章年（日）谱》，香港：友联出版社，1968 年，第 434 页以下。

[92] 见洛依德 · C. 加德纳与他人合著《美国帝国的产生：美国外交史》，纽约：兰德 · 麦克纳里公司，1973 年，第 13 章，《战争中的扩张主义，1893—1901》，第 233—261、253 页；又见 [48]，第 87 页以下。

[93] 见李铁铮著《西藏，今天和昨天》，纽约：书人联合公司，1960 年，第 75 页以下。

[94] 见兰德恩写给杜兰的信，1904 年 6 月 29 日，[48] 第 101 页引用。

[95] 见 [86]（韩特书），第 53—76 页；又见 [76]，第 125 页以下；又见 [48]，第 88 页。

[96] 同上，第 103—104 页。

[97] 同上，第 90 页以下；又见张仲甫著《英日联盟》，美国：约翰 · 霍普金斯大学出版社，1931 年，第 112 页以下。

[98] 见 [48]，第 87 页；又见 [86]（韩特书），第 77 页以下。

[99] 同上，又见大卫 · H. 伯顿（David H. Burton）著《西奥多 · 罗斯福：有信心的帝国主义者》，美国：匹兹堡大学出版社，1968 年，第 89、175 页。

[100] 见 [15]，Ⅲ，第 436 页以下；又见何汉文编著《中俄外交史》，上海：中华书局，1935 年，第 222 页以下；又见唐盛镐前书第一章，及《清季外交史料》第 186—189 章。

[101] 见 [86]（韩特书），第 100 页以下；又见查尔斯 · A. 比尔德（Charles A. Beard）著《国内的门户开放》，纽约：麦克米兰公司，1935 年，第

179 页以下；又见大卫 · H. 伯顿著《西奥多 · 罗斯福》，纽约：泰恩出版公司，1972 年，第 128 页；又见 [48]，第 87—132 页。

[102] 同上，第 130 页。

[103] 同上，第 87—132 页。

[104] 见瓦伦丁 · 奇罗爵士（Sir Valentine Chirol），伦敦《泰晤士报》国外版编辑写给罗克希尔（Rockhill）的信，1909 年 11 月 1 日，同上第 162 页中引用，又见 [59]，比尔德一书第 184 页以下。

[105] 见乔治 · 凯南（George Kennan）著《E. H. 哈里曼的远东计划》，纽约：乡村生活出版社，1917 年，第 37 页以下；又见同一作者著《E. H. 哈里曼传》，波士顿：豪顿 · 梅夫林公司，1922 年，第 XVIII 章。

[106] 见 [48]，第 133 页以下。

[107] 见欧内斯特 · B. 普莱斯（Ernest B. Price）著《俄日于 1907—1916 年签订的有关满洲和蒙古的条约》，美国：约翰 · 霍普金斯大学出版社，1933 年，第 34—38 页及 107—108 页；又见韩特书，第 100 页以下。

[108] 见，第 240—244 页。

[109] 见弗里德里克·V. 菲尔德著《美国在向中国投资的国际财团中的股份》，美国：芝加哥大学出版社，1931 年，第二章《湖广铁路债券》，第 14 页以下；又见《对外关系》，1916 年，第 134—138 页。

[110] 见 [75]，第 240 页以下；又见玛丽 · 怀特编《革命中的中国：第一阶段，1900—1913》，美国：耶鲁大学出版社，1968 年，第 383 页以下。

[111] 在过去的 20 年中，台北“中央研究院”中国近代史研究所的研究人员所发表的为数不多的专著给人印象颇深，但总的说来，中国的学术研究是大大落后于国际水准的。纵使是概要性的著作，如傅启学著《中国外交史》（台北：三民书局，1960 年，共七百二十页）、丁名楠著《帝国主义侵华史》（北京：人民出版社，1958 年，卷一，共 333 页）及其他人的著作，都无法与相应的英文著作相比，无论是广度还是深度，

都落后于他人。

[112] 见 [15]，Ⅰ，第 253—254 页。

[113] 见徐中约著《中国的崛起》，英国：牛津大学出版社，1970 年，第 240 页。

[114] 见 [59]、[73]、[74] 和 [79]。

[115] 举一个比较好的例子，是费正清等人写的书，见 [1]，第 143、146、150、168、174、334、336—338、485 页……

[116] 见 [44]，第 4 和第 5 章，又见 [85]，第 295 页以下。

[117] 见 [115]，第 394—397 页。

[118] 有关传教士在中国的作用，见 [11]，第 71—81 页。

[119] 在中美关系方面的著名学者，包括哈佛大学的费正清教授，很少有人对美国的排斥华工运动给予它应有的足够重视。

[120] 见根舍·保尔·巴斯（Gunther Paul Barth）著《苦难的劳力：美国华工史，1850—1870》，美国：哈佛大学出版社，1964 年，第 157 页以下。

[121] 参看费正清著《一个错误的观念》和《中美的相互影响》。

撰写《李宗仁回忆录》的沧桑

一　李宗仁的历史地位

李宗仁是中国近代史上一位屈指可数的政治领袖和英雄人物。读历史的人，纵使以成败论英雄，对这样一位不平凡的历史制造者，也不能等闲视之。

从一个历史人物的任何角度来看，李宗仁的一生事迹原也不能归纳成“失败”二字。他的出身，是清朝末年落后的广西农村里一个诚实忠厚的牧童。论家庭环境，他比后来和他同时显赫的国共两党中的领袖人物都要艰苦得多。他是个真正赤脚下田、肩挑手提、干过粗活的贫苦农民（其他做过同样自述的高层领袖人物，往往都是言过其实）。然而历史和命运，三凑六合，却渐次提携他在中国军政两界，逐年上升；终于在国民党政权在大陆上的最后一年中，成为国家元首——有历史和正统地位的国家元首。这在中国的传统史学上说，也可说是中国历史上最后的一位“末代帝王”吧。“末代帝王”——尤其是传统的宗法社会转向社会主义社会这个“转移时代”的“末代帝王”，是任何读史者所不能忽视的。

从李氏个人在历史上的事功方面来看——让我引一句套语——他的一生也可说是“有足多者”。他在二十来岁初主“方面”之时，居然能摆脱旧军人的传统，跳出当时腐化的环境而以新姿态出现。这就是一件那时军人不容易做到的事。其后他加入国民党，厕身国民革命，论战功、论政略，他都是国民党旗帜下一位佼佼不群的领袖。在国民党执政时期诸多决定性的大事件之中——如“统一两广”、“北伐”、“清党”、“宁汉分裂”、“武汉事变”、“中原大战”、“国共第一次内战”（“五次围剿”与“反围剿”）、“闽变”、“六一事变”、“抗战”、“国共二次内战”、“行宪”、“蒋氏二次下野”、“国民党退守台湾”等——李宗仁都是关键性人物之一；少了他，历史可能就不一样了。

就以最后这两件事（蒋氏二度下野、国民党退守台湾）来说吧，李氏也是造成今日台海两岸对峙的重要人物之一。当年李宗仁曾对笔者力辩1949年“逼宫”之说为“诬赖”。据个人探索，我也认为“逼宫”之说有点过甚其辞。但是蒋氏当年既然退而不休，却为什么又要坚持“引退”呢？

原来“内战”与“外战”不同。在中华民族传统的道德观念支配之下，对外战争在情况险恶之时，卫国将士是应该“宁为玉碎”的。但是内战在同样情况之下，那便不妨“阵前起义”或谋“局部和平”，以求“瓦全”了。蒋氏下野而让李某“抛头露面”，其用意显然是在“稳定桂系”，免得它效法傅作义，在华中地区搞“局部和平”罢了。

在蒋氏那时的估计，桂系如不搞“局部和平”，它或许仍然可以“割据两广”以抗共产党军队。这样蒋氏所直接控制的中央系也就可以确保台湾了。这也是“守江必先守淮”的次一步安排吧。留得青山在，不怕没柴烧。一旦国际局势转变，国民党卷土重来，还怕“桂系”不听指挥吗？

后来桂系在“两广”虽然“割据”未成，但是李、白二人没有和程潜、陈明仁等一道去搞“局部和平”，倒给予中央系人物较充分的时间去准备退守台湾——如胡适在抗战期间所说的“苦撑待变”！而国民党在台湾居然能并未怎样“苦撑”，就“待”出一个朝鲜战争的“变”局来。那时李、白二人如果也搞起“局部和平”来，则情势可能早就改观了。没有个台湾，整个中美关系，乃至今日三强互制的整个世界局势，也就不一样了。话说从头,李宗仁一个人的意志,也是这个历史发展的关键!

1965 年初夏，李宗仁有一次忽然十分伤感地向我说，他年纪大了，想“落叶归根”！他那片“落叶”，如果在 1949 年就“归根”了，今日中国和世界的局势还会是这样的吗?

匹夫一身系天下安危。我们读历史的人，岂能小视李宗仁这位“末代帝王”的个人故事！所以我们要治“民国史”，则对李宗仁其人其事就必须有一番正确的认识。但是要认识李宗仁，他本人的回忆录自然是最直接的原始资料。

二 本书正名

当然，古今中外任何历史人物——尤其是政治圈内的人物——的自述，都有其片面性。它的论断是极度主观的。但是一位创造时势的英雄，对他如何创造他那个时势的自述，其史料价值究非其他任何间接史料所可比。至于如何在这些第一手史料中去甄别、取舍，那么见仁见智就要看治史者和读史者——不论他是个人、是团体还是阶级——个别判断能力之高低和成见框框之大小来决定了。

笔者不敏，由于“治史”原是我的终身职业，“读史”也是我生平最大的兴趣，加以上述理想的驱策，因而在美国大纽约地区接受哥伦比亚大学之聘，自 1958 年暮春至 1965 年初夏，断断续续地用了将近七年的时光，在李宗仁先生亲自和衷合作之下，写出了这部《李宗仁回忆录》

的中、英二稿。属笔之初，李与我本拟在《回忆录》之外，另加一书名叫“我与中国”——使它和当时风行美国的《艾森豪威尔回忆录》另有个书名叫“远征欧洲的十字军”一样。至于作者的署名则更经过哥伦比亚大学的提议、李氏的同意，用“李宗仁口述；唐德刚撰稿。美国哥伦比亚大学·东亚研究所·中国口述历史学部编纂发行”等字样。出版时列为哥伦比亚大学“东亚研究所丛书第 ××× 号”。这种安排也可说是一种三边协议吧。

我们那时想取个“附带书名”的原意，只是为本书“英文版”着想的。因为当时欧美社会的时文读者对“李宗仁”这个名字，并不太熟习，加一个“我与中国”就比较清楚了。不幸英文版之付印由于李氏于 1965 年夏秘密离美而中止。如今二十年快过去了，李宗仁的故事在欧美已不成其为“时文”，而是一本不折不扣的“史料书”了。史料书再用这个附带书名不但失去了原来的意义，而且会影响本书史料上的严肃性，所以笔者征得哥大校方同意，为保持本书的纯学术面貌，就决定不用了。

至于本书的“中文版”，它原无加一附带书名之必要；画蛇添足，就更犯不着了。这件事从头到尾是笔者个人向李建议的，取舍之间并未违反李氏之原意也。

三　中文稿出版的曲折

本书共有中、英文稿各一部。

中文稿共七十二章，约六十万言。此稿内容政治掌故太多，牵涉广泛，各方阻力不小。可海外销量有限，出版不易，以致积压甚久。因此在 70 年代中期，当国际环境好转，海内外学术风气亦有显著改变之时，本稿原国际版权享有者的美国哥伦比亚大学乃委托笔者将本书中文稿转交香港《明报月刊》，暂时以“连载”方式，按月分章发表，以飨读者。

哥大执事人并有正式公函给我，因为我是本书中、英二稿的唯一撰稿人，根据国际出版法，我个人有权收取本书中文版的国际版税。至于本书英文版的版税问题，哥大历届当轴均一再言明，校方为本书“投资”太多，为收回成本计，大学拟以英文版版税“归垫”云云。

以上都是享有两稿版权的哥伦比亚大学向我这位“著作人”主动提出的。笔者一介书生，对资本主义学术界的生意经，既无研究，更无兴趣；只要他们能不动本书内容，能保持这本历史记录的真面目，我就很满意了。至于大学当局主动地向我言“利”言“权”，我多半是由他们做主而不置可否的。这可能也是我们海外中国知识分子，治学异邦，而仍然未能摆脱我故国乡土书生的头巾气有以致之吧。

由于哥伦比亚大学的授权与供稿，香港《明报月刊》乃于 1977 年 4 月份（该刊总第 136 期）起，按月连载至两年之久。后因该刊前编辑以此稿过长，希望暂时停载若干期，以免读者乏味。同时亦因哥大所发之中文稿中，竟然缺了极其重要的、有关当年“国共和谈”的一章——第六十六章，“收拾不了的烂摊子”——需由英文稿回译，而笔者事忙，一时未能动笔，这一“连载”便暂时中断了。

今年（1980 年）年初，笔者承香港《明报》发行人查良镛先生函告，以《明报月刊》对《李宗仁回忆录》将恢复连载，并拟刊行全书。此时适本书英文版业已问世。笔者乃着手将此缺稿回译，并将十余年前所撰之《中文版序言》修改补充以适应当前需要。唯平时教学事忙，一时无法抽空，遂拖至学期结束。后正拟趁暑假赶工之时，忽自中文报刊上读到消息，始知《李宗仁回忆录》中文版，已为广西文献委员会在桂林出版——笔者执笔草此文时，对该“桂林版”尚未寓目。

四　英文稿和中文稿的关系

本书的英文稿原是笔者对中文稿的节译、增补和改写而成——共五十三章，亦四十余万言。此宗英文稿于年前经笔者重加校订，由哥伦比亚大学授权英美两家书商，于1979年6月在美英两国同时出版。为节省纸张用小号字排印，亦有六百四十二页之多。书前有上述韦、何两氏的“导言”，我自己也写了一篇英文长序。

这中、英二稿在分量上说，都不算小，甚至可以说在中国近代史传记项下，是一部鲜有其匹、全始全终的一部“当国者”的自述。用常理来说，这中、英二稿自应以中文稿为主，英文稿不过是一部“节译”而已。谁知就撰写的程序来说，这中、英二稿却相辅相成，各有短长。其内容亦间有不同。此种情况之发生固亦有其常理所不测之处也。其中最主要的原因，便是这部书的写作原是一所美国大学所主持的。美国大学对出版中文书是毫无兴趣的，当然也就不愿提供非必需的经费来支持中文写作了。

笔者当年受聘执笔，要随时向校方主持筹款的上级报告“进度”，而学校当局对我这位“研究员”的“研究工作”之考窍，亦全以英文稿为衡量标准。幸运的是李宗仁不懂英文，我非起个“中文草稿”，则李氏便无法认可。那时笔者如为着省事，但向哥大按时“交差”，则中文草稿原无加工之必要——哥大当时所主办的其他中国名人“口述自传”（如胡适、孔祥熙、陈立夫、顾维钧、张发奎、蒋廷黻、陈光甫、蒋彝、吴国桢、李汉魂、何廉等人），均无中文稿。该校在同时期所主办的一些东欧名人的“自述”，亦无东欧文底稿。笔者所撰这部中文版《李宗仁回忆录》，则是其中唯一的例外。

说实在话，这部书原是我个人循李宗仁之请，在正常英文撰述工作之外的一点“额外工作”——说是笔者个人“偷空的私撰”亦未始不可。

为着赶写英文稿，按时向校方“交卷”，同时并保持中文稿最低限度的可读性，我那时精力虽旺，也还是日不暇给，工作时间往往是通宵达旦的。而这点自讨苦吃的“额外工作”，也不知道给予我多少一言难尽的“额外”苦恼，有时因之气馁，有时因之心力交瘁，是难免的。但是笔者愚而好自用的个性，总算也有可用的一面，我是咬紧牙关，不计后果地坚持下去了——坚持着用掉数十打铅笔，多写了一百多万个中国字！

那份“铅笔稿”——多半是我在午夜前后一灯荧荧之下，埋头书写的——它的分量虽大，而哥大当局却一直不知其存在。一直到1965年深秋，李宗仁秘密离美后三个月，哥大的律师为向法院“备案”，细查全稿撰写程序，才被他们发现的。一旦发现，校方乃要我交出归公，由哥大“封存”，从此就算是哥伦比亚大学的“财产”了。该稿现在仍被锁在哥大图书总馆的“珍藏部 · 手稿室”。笔者前不久曾一度被特准取阅，全稿纸张，已苍黄不堪矣。

这部中文稿既是一部“额外工作”，而这额外工作又多至百余万言，因此落笔之时，我断然没有工夫去字斟句酌的。事实上那份草稿的撰写方式，简直与一般“限时发稿”的新闻记者的写法一样——真可说是“文不加点，一气呵成”，要推敲、要考订、要章节改组，就到英文稿上再去加工吧。

据笔者个人，乃至海外一般同文的经验，写英文在某些方面，远比写中文轻松。主要的原因便是中文须“手抄”，而英文可“打字”。打字是机器工业，快而省力——笔者本人便可于一分钟之内很轻松地“打”出四十五个以上的英文字——所以一稿可以数易。必要时且可请打字员代劳，甚或录音口述，不必挥动一指。写中文则是手工业，一字一句都得亲自手抄。一篇短稿，往往也要个把钟头才能抄完。要把一份长逾百万言、“额外工作”的手抄稿，不断地改写改抄，那几乎是不可能的事。

但是这部《李宗仁回忆录》，却是经过六七年的时间，不断地改动才完成底稿的。因为有时完稿之后，已经李氏认可了，忽然又发现了新史料，甚或新回忆（“忽然间想起了！”），如此则部分手稿必须改写，而这项改写工作，我往往就舍中就英了，在英文稿上直接加工，然后要打字员重行打过就是了。

至于中文稿，手抄太困难，而海外又无中文“录事”或“钞胥”可以帮忙，所以中文稿需要改动，我只写了些“眉批”，或标上一两张签条便算了。“改写工作”就只好“留待异日”再做吧。

举一两条小例子：

1926 年北伐途中，蒋、李二人“拜把子”之时，蒋总司令的盟帖上原有四句四言的“盟诗”。李先生忘记了。那盟帖也在 1929 年“武汉事变”中遗失了。所以在中文稿上我们就没有写下来。可是后来郭德洁夫人阅稿时，她还能记出原文。李氏乃要我“加上去”。我便把这四句译成英文，把原稿抽出“改写”，并重行“打”好，天衣无缝地补了进去（见英文版第 175 页）。

但是在中文稿上，我只加了一张签条，以便将来“整理”时，再行补写。孰知李氏一去，“补写”不成，而这张签条后来又在哥大复印全稿时被暂时“抽下”。一抽之后，不识中文的助理员便无法复原。因此蒋总司令的这四句“盟诗”和陈洁如女士的芳名，在中文版上也就不能出现了。

还有，当李宗仁营长于 1919 年率部驻防新会时，奉密令逮捕新会县县长“古某”，并将其“当场崩掉”。县长是被他杀掉，但是名字却被他记错了。后来经辗转查明，那位被枪杀的县太爷的名字原来叫“何文山”，湖南人，而非“古某”。在英文稿上我是根据新史料改正了（见英文版第 58 至 60 页）。但是在中文稿上，我也只加个签条，这个签条后来也脱落了。所以该章其后在《明报月刊》（总第 142 期）印出时，那位冤死鬼还是那位“古某”。

以上所说的虽然只是一些小出入，而如上节所述的中文稿第六十六章“收拾不了的烂摊子”，则全章都是笔者最近才从已出版的英文稿第四十七章整个回译的。原来当我发现中文清稿中缺了该章之时，我曾专程去哥大各处搜寻，却遍觅无着。这章稿子究竟怎样遗失了呢？事隔二十余年，仍是毫无线索！后来我在自己的日记和其他一些杂乱的残稿之中，才找到点影子。

事情的经过大概是这样的：在当初我把那一章中文底稿译成英文之后，哥大方面的美国同事阅后都嫌其太简略了——因为这是当时大家等着要看的“最重要的一章”——我自己反复读来也自觉有避重就轻之感，乃决定把全稿抽出，从头改写。改写再经李氏完全同意之后，未等把中文底稿润色后抄成清稿，我就把底稿译成英文了，因此中文清稿一直没有叫昭文补抄。没有补抄的原因，是笔者对改写稿仍不满意，只想着“来日方长”，以后与李宗仁商量，再来个三次改写吧。

原稿既然抽下来了，打杂的女秘书可能就忘记放回去了。后来哥大的中国口述历史档案室又先后三迁，而直接管理档案的女秘书又一死三换，先后不接头。笔者原不管庶务——按规章我也无权过问，也没时间过问——后来受调离职就更不能过问，残余的中文底稿第六十六章也就再也找不到了。

原先我个人对整个七十二章中文全稿的打算，是等到英文稿完工之后的遥远将来，在李宗仁继续合作之下，再“慢工出细活”地补充、润色，甚或彻底改写。因为在李氏与哥大合作之初，便同意在回忆录英文版面世之前，不得以中文发表任何回忆史料。这本是美国学术界的生意经，所以我对于中文稿，原也打算天长地久，以后再慢慢琢磨的。这本是我个人的心愿——这部中文稿太毛糙了，她是一块璞玉，“玉不琢，不成器”，我是预备把她好好地改写的。一部必然传之后世的中国史书，怎能让后世史学家看出“英文版优于中文版”呢？这种心理也可说是我们寄居海外的中国知识分子，对祖国文明所发生的班超式的愚忠愚孝吧。

谁知英文稿甫告完工之日，李宗仁忽然自纽约“失踪”！哥大随即循法律程序，把与李氏有关的中英文一切文件，全部封存。哥大这一锁就锁了十二年之久。直至1976年初,“中美国交解冻”已成定局之时，哥大当局始决定把这部中文稿“解冻”发还。这时李宗仁夫妇墓木俱拱，海内外人事全非。笔者亦两鬓披霜，摩挲旧作，真是百感交侵！

笔者虽然是这部书从头到尾唯一的执笔人，但是在体裁上它毕竟以“自传”方式出现。在治学的基本原则上说，我今日对这部稿子，除掉改正少数笔误之外，我是不应易其一字的。改写和润色，都为治学常规所不许。

但是这部书，原只是一束“草稿”——一位未施脂粉、乱头粗服的佳人。她原是学术在政治上的牺牲品。因此这中、英二稿，并不是一稿两文，而是一个著作程序中，两个不同阶段之下的两种不同的产品，相辅相成而各有短长。中文稿还没有脱离“草稿”阶段，英文稿在程序上却是“定稿”，而这一定稿大体说来却又是中文草稿的节译和补充。这点实在是我们华裔知识分子在海外以中英双语治中国史，无限辛酸的地方。这也是笔者要向《李宗仁回忆录》中文版读者道歉，并请逾格体谅的地方。

五　初访李府

《李宗仁回忆录》的中、英二稿的“正本”虽被哥大积压了将近二十年，其“副本”则在海内外变相流传，易手多次。因而新书未出，旧稿已经弄出意想不到的许多古怪的“版本问题”来。笔者既是两稿唯一的“撰稿人”，我自觉对这部稿子撰写经过中，若干关键性的细节，亦有稍加叙述的必要，庶几读者能了解真相而不为鱼目混珠的版本问题所困惑。

这部书原是在美国哥伦比亚大学·东亚研究所·中国口述历史学部主持之下撰写的。这个“学部”（或译为“计划”）原于1957年试办成立，也算是该校总口述历史学部中的一个支部。这个支部的主持人是该校教授中国近代史的白人教授韦慕庭（C. Martin Wilbur）。各项经费原是他向福特基金会、美国联邦政府，以及其他方面筹募的；一切内部政策也就由他一人决定。笔者在拙著《胡适杂忆》的最后一章里，也曾略有交代。

韦氏为与中国海外政要洽谈方便起见，后来也邀请当时在哥大教授中国经济的华裔何廉（Franklin L. HO）博士参加。但是何氏的职务只是陪陪客、吃吃饭、做点咨询工作而已，并不负丝毫实际责任。何氏是搞经济的，同时因为他早期在国民党中做官是属于“政学系”那个官僚集团，历史既非其所长，而他过去在中国政治圈中的恩怨，反增加了哥大对中国口述访问中的不必要的困难。即以宋子文为例吧，宋氏曾多次通过顾维钧先生向哥大表示愿意参加。宋是哥大的校友，又是所谓“四大家族”中的宋家的第一要员，在后期的国民党政权中，他是位核心人物，本身就是一部活历史。最重要是他还拥有整箱整箱的私人文件。

不幸的是，当他在重庆做行政院院长时期，把他下属的“农本局长”何廉给关了起来。据说当时何氏如没有“政学系”的靠山，是可以丧命的。

如今大家都生活于海外，纵不计前嫌，但是把杯握手，也难免脸红——尤其当时华人知识分子圈内的传说，都以为这个口述历史是何廉主持的，何氏对外自然也当仁不让——所以宋子文就有点踌躇了。后来宋氏还是不顾既往，颇有参加的愿望，但是在“咨询”过程中，他的名字却被划掉了。

后来顾维钧先生向我说，宋子文先生希望你也能帮帮他的忙，他想写本回忆录。我斩钉截铁地告诉顾先生，我愿抽空，为宋先生义务帮忙。但是顾先生知道我是一位“穷忙”的流浪汉，哪里能抽出这个空；一人担三口，昼夜不停走，哪里又能负担起这个“义务”呢？所以也就作罢了。

后来宋氏在西岸吃鸡，不幸噎死的消息东传之后，我个人闻讯，真捶床叹息——我们治民国史的人，怎能把宋子文这样的“口述史料”，失之交臂呢？

哥大这个“中国口述历史学部”自始至终就只有两个全时研究员：夏连荫（Julie How）和我。夏女士最早访问的对象是孔祥熙和陈立夫，我最初访问的则是胡适和李宗仁。

李宗仁是在1958年春夏之交，适之先生决定出掌台北“中央研究院”之后，才应邀参加的。参加的程序是先由哥大校长具函邀请；李氏答应合作了，东亚研究所乃派我前往，商讨有关合作的一切细节和工作方式。

记得我第一次受派往访之时，是一个天朗气清、惠风和畅的日子。当我开着汽车在李氏住宅附近寻找门牌号码之时，忽见迎面开来一部黑色的林肯轿车。开车的是一位相当清秀的中年东方妇女。她见了我便把车子与我车对面平行停下，微笑地问我：“你是来找我先生的吗？”我一看就知道她是大名鼎鼎的郭德洁了。我答应之后，她便说：“我先生正在等着你呢。”说着她便掉转车头，领我到他们的住宅。那是一幢只有一间车房、相当朴素的平房。据说原来是一位美国木匠的住宅，是李夫人以纽约市内房租太贵，由她坚持着买下来的。我二人下车之后，李先生已站在门前，含笑与我握手了。

李先生中等身材，穿一件绒布印红黑格子的运动衫，灰呢长裤。

他那黄而发皱的老人面孔，看来就像祖国农村里的一位老农夫。他领我到客厅，延我“上座”。李夫人捧出咖啡、茶点之后，便又开车买菜去了——说是留我午餐。果不久，当李氏与我谈兴方浓之时，李夫人已经放好了一桌子的菜肴，来约我们吃饭了。这便是我在他们李家所吃的有记录的一百六十八顿饭的第一顿。菜肴不算丰盛，但是十分精致可口。我顺便看了一下他们家的厨房，里面一清如水，杂物井井有条，杯盘银光闪闪。我不禁暗自赞叹：“郭德洁原来还是一位好主妇！”——那时他们是没有佣人的。

后来一位广西籍的岑女士（岑春煊之后裔）也告诉我，战前在桂林，她便时常看到郭德洁骑着脚踏车“上街买小菜”。郭那时是桂林的“第一夫人”，居然骑单车出街，也确是难能可贵的。

这时在李家我们三人且吃且谈，笑语悠然。郭夫人则时起时坐，替我们加菜添汤。看着座上的主人，我简直不相信，他二人便是“李宗仁、郭德洁”这一对民国史上的风云夫妇！他二人言谈举止，都极其平凡而自然，没有丝毫官僚气息，或一般政客那种搔首弄姿的态度。

这是我对他们夫妇的“第一次印象”，也是我们其后七年交往的肯定的印象。我至今仍觉得李德邻先生是一位长者、一位忠诚厚道的前辈。他不是一个枉顾民命、自高自大的独夫，更不是一个油头滑脑的政客。我在他身上看出我国农村社会里某些可爱可贵的传统。

至于郭德洁夫人，我觉得她基本上也是一位“鸳鸯”、“平儿”这一类型的好姑娘、贤主妇。不幸她命大，做了“代总统夫人”，无端地被人看成个女政客，实在是有点冤枉。人孰无过？人孰无短？李氏夫妇亦自有其过，自有其短。但他二人都不是在人格上有重大缺点的人，更不是什么坏人。他夫妇都是深厚的传统中国农业社会所孕育出来的温柔敦厚的好人。至于这种好人，是否具备其应有的现代化的知识，在20世纪的中国，来治国用兵，那当然又是另一种问题了！

但是把 20 世纪中国里所有治国用兵的领袖，都从阴曹地府里请出来，排排队，有几位又真的具备其应有的现代化知识呢？！

日子过久了，我和李府一家上下都处得很熟。李先生的长子幼邻那时与其生母（李氏乡间的“元配”）同住在纽约。幼邻经商很忙，不常来父亲家。我们偶尔一见，也很谈得来。李先生的幼子志圣，那时正在纽约读大学，长住家中；后来应征入伍，当了两年美国兵，又返纽复学。他是位极其诚实忠厚的青年，为人亦甚为爽快，我们相处甚得。李氏的侄儿李伦是位工程师，后来也是全美驰名的武术教师，在欧美两洲开办了好几所“功夫学校”，一度也住李家，我们都变成挚友，相处无间，至今仍时相过从。这三位青年虽也是当年达官贵人的子弟，但是他们都没有以前大陆上那些常见的公子哥儿辈的坏习气，也颇使我刮目相看。

李氏夫妇和我处熟了，他二人也告诉我说，他们对我的“第一次印象”也不太坏。因为在他们的心目中，那时代表哥伦比亚大学来访问的“博士”，可能是一位假洋鬼子，谁知却是一位“诚实本分”的“五战区老同事”——因为笔者在抗战时期曾在“五战区”做过小兵。可能就因为我们双方相互欣赏对方从祖国农村带出来的土气吧，我们七年中的工作和交往，真是全心全意的合作。我的老婆孩子也逐渐变成李家的常客。内子吴昭文与李夫人也处得感情甚好；我的儿子光仪、女儿光佩，也颇得“大桥公公”和“大桥婆婆”的喜爱——那时我们访问李家，一定要开车通过那雄伟的华盛顿大桥，所以孩子们便发明了这一称呼。

相处无间，我们就真的变成“忘年之交”和“通家之好”。这样也就增加了我们工作上的效能和乐趣。为此我也曾牺牲掉甚多所谓“华裔旅美学人”一般所认为最理想的转业良机，而安于这项默默无闻、薪金低微、福利全无、对本身职业前途有害无益的苦差事。更不知道这项苦差做久了，在这个商业习气极大的社会里，由于为人作嫁，后来几陷我于衣食难周、啖饭无所的难堪绝境。

我个人那时不能入境从俗，而害了我国传统文人的“沉溺所好，不通时务”的旧癖——这样对一位寄人篱下的海外流浪汉的谋生养家、奉养老亲、抚助弟妹来说，可能是件一言难尽的绝大错误吧！但是回想当年，闭门撰稿、漏夜打字的著述乐趣，以及和李宗仁夫妇的忘年友谊，此心亦初不稍悔。是耶？非耶？今日回思，内心仍有其无限的矛盾与酸楚，时难自怿！

六　撰稿的工作程序

李宗仁一生显赫，他原是一位不甘寂寞的人物，生性又十分好客而健谈。不幸一旦失权失势、流落异邦，变成个左右为难、满身是非的政治难民，不数年便亲故交疏，门可罗雀。

政治圈子——尤其是中国式的政治圈子，原是最现实的名利市场。纵使是从这个名利市场破产倒闭下来的政治难民们，他们对现实性和警觉性，仍然有其深厚的遗传。像李宗仁那样两头不讨好的是非人物，那时的中国寓公们和左右两派的华侨，都是不愿接近的。

他们李家原出自广西的落后农村，本来也就门衰祚薄，至亲好友，原已无多，在这特殊的情况之下，社交的圈子当然就更小了。此时李氏年事已高，每天只要四小时的睡眠。他又没有像胡适之那样的“读书习惯”。平时除看点一无可看的《侨报》之外，也没有读闲书的兴趣。加以不谙英语，又不能——不是不会——开车，邻居和电视，都不能助解寂寥。日长昼永，二老对坐，何以自遣？因而他们最理想的消磨时光的办法，就是能有闲散的客人来访，天南地北地陪他们聊天解闷了。

就在李府二老这种百无聊赖的真空状态之下，忽然来了我这位“清客”。而我所要谈的，又是他二老最有兴趣的题目。所以对二位老人来说，我的翩然而至，也真是空谷足音，备受欢迎。因此当我最初访问时，李先生便希望我能每周访问三次。

我是如约而往了，每次都是自上午 10 时直谈到深更半夜。吃了李家两餐饭之外，有时还要加一次“宵夜”。原先我是带录音机去的。如此谈来，录音又有何用？所以我就改用笔记了。但是每次十余小时的笔记，也未免太多，我又何从整理呢？

我这时与李氏工作，是紧接着我与胡适之先生工作之后。这两件虽是同样性质的工作，而我这两位“合作人”（英语叫 collaborator）却有胡越之异。

胡适是一辈子讲“无征不信”、“不疑处有疑”、“九分证据不讲十分话”的大学者、考据家。他自幼聪慧，不到十岁，便已经有个文绉绉的诨名叫“縻先生”了。其向学精神，老而弥笃。我和他一起工作，真是一字千钧，半句不苟！

李宗仁恰好是胡适的反面。李氏一辈子总共只进过三年多的“军事学校”。他幼年在家中也宁愿上山“打柴”，不愿在私塾“念书”。在军校时期，日常所好的也只是些器械、劈刺和骑术等“术科”，做个拳打脚踢的“李猛仔”。李猛仔自然对“文科”也就毫无兴趣了。他其后做了一辈子猛将，叱咤风云，上马固可杀贼，下马就不能草露布了。稍微正式一点的“笔墨”，就全靠“文案”、“师爷”或“秘书”来代笔。李先生告我，他当年和蒋总司令结金兰之好时，他迟迟未能把“盟帖”奉换的主要原因之一，便是“不好意思找秘书来代做那四句‘盟诗’”。

所以李先生对我辈书生所搞的什么考据、训诂、辞章、假设、求证等做“学问”的通则、规律和步骤，当然也就完全漠然了。正因为如此，他却有坚强的信心，认为他所讲的，无一而不可以写下，传之后世。这就是“隔行如隔山”的必然后果吧。我既是前“五战区”里的一个小兵，我虽明知照他老人家所说的原封写下来，是要闹笑话的，我也不好意思向我的“老长官”，发号施令，直接告诉他：“信口开河，不能入书！”

日子久了，人也更熟，我才慢慢地采用了当年“李宗仁少尉”在“广西将校讲习所”，对那些“将官级学员”教操的办法——用极大的耐性，心平气和，转弯抹角地，从“稍息”、“立正”慢慢解释起。

最初我把他老人家十余小时的聊天记录，沙里淘金地“滤”成几页有条理的笔记。然后再用可靠的史籍、档案和当时的报章杂志的记载——那时尚没有《民国大事日志》一类的可靠的“工具书”——考据出确信不疑的历史背景；再用烘云托月的办法，把他“口述”的精彩而无误的部分烘托出来，写成一段信史。

就以他在“护国军”里“炒排骨”（当“排长”）那段经验为例来说吧，我们在大学里教过“中国近代史”的人，对当年反袁“护国军”背景的了解，总要比那时军中的一员少尉排长所知道的，要多得多了。所以我就劝他在这段自述里，少谈国家大事或政治哲学，而“炒排骨”的小事，则说得愈多愈好。

因此他所说的大事，凡是与史实不符的地方，我就全给他“箍”掉了。再就可靠的史料，改写而补充之。最初我“箍”得太多了，他老人家多少有点怏怏然。我为着慢慢地说服他，便带了些《护国军纪实》一类的史籍，和民国初年出版的一些报章杂志给他看。我甚至把《民国史演义》也借给他读。这部“演义”虽是小说，但是全书大纲节目，倒是按史实写的。李先生对这种书也颇感兴趣，也有意阅读。我为他再解释哪些是“信史”可用，哪些是“稗官”要删。俗语说：“教拳容易改拳难。”要帮助一位老将军写历史，实在也煞费苦心。

李先生每喜欢开玩笑地说他所说的是“有书为证”，而他的“书”，往往却是唐人街中国书铺里所买的“野史”。我告诉李将军说，写历史也如带兵打仗：打仗要靠正确的“军事情报”，情报不正确，是会打败仗的；写历史也要有正确的“学术情报”，情报不正确，写出的历史，就要惹行家讪笑了。

这一类军学参用的建议委婉地说多了，李先生也颇能听得进去，而觉得我“箍”得有理，对我也有完全的信任——这大概也是因为“在野”的人，总要比“在朝”的人，更为虚心的缘故吧。这样我这位唐少尉，才渐渐大胆地向我“将官级的学员”，叫起“稍息”、“立正”来了。

大体说来，我那时起稿的程序，是这样的：第一，我把他一生光辉的经历，大致分为若干期。他同意之后，我又把各期之内，分成若干章。他又同意了，我乃把各章之内又分成若干节和节内若干小段。其外我又按时兴的史学方法，提出若干专题，来加以“社会科学的处理”，希望在李氏的回忆录里，把中国近代史上的一些问题，搞出点新鲜的社会科学的答案来——这也是当时哥大同人比较有兴趣的部分。

可是经过若干次“试撰”之后——如中国传统史学上“治、乱”、“分、合”的观点和史实，在社会科学上的意义——我觉得这种专题的写法，是“离题”太远了。盖李氏所能提供的故事，只是一堆“原始史料”而已。他偶发议论，那也只是这位老将军个人的成熟或不成熟的意见。我这位执笔人，如脱缰而驰，根据他供给的“口述史料”，加上我个人研究所得，来大搞其社会科学，那又与“李宗仁”何干呢？这样不是驴头不对马嘴了吗？所以我就多少有负于校中同人之嘱望，决定不去画蛇添足。还是使他的回忆录以原始史料出现吧。

在李先生觉得我的各项建议俱可接纳时，我就采取第二步——如何控制我的访问时间，和怎样按段按节一章章地写下去了。

首先我便把访问次数减少。每次访问时，又只认定某章或某几节。我们先把客观的、冷冰冰的、毋庸置疑的历史背景讲清楚——这是根据第一手史料来的，无记录的个人“记忆”，往往是靠不住的，甚至是相反的——然后再请李先生讲他自己在这段历史事实里所扮演的角色。约两三小时讲完这段故事之后，我便收起皮包和笔记，正式访问告一结束。

随后我就陪李氏夫妇，天南地北地聊天聊到深夜，这也算是我们的“无记录的谈话”吧。这个办法是我从访问胡适所得来的经验。因为这些不经意之谈，往往却沙里藏金，其史料价值，有时且远大于正式访问。

李先生很喜欢我这办法。因此有时在正式访问之后，我也约了一些哥大的中美同事和友人，一起来参加我们的“无记录的谈话”。哥大师范学院的华裔胡昌度教授，便是后期时常参加这个“谈话”的李府座上客。

但是就在这轻松的谈话之后的三两天内，我则独坐研究室，广集史料、参照笔记、搜索枯肠，一气写成两三万言的长篇故事来，送交李氏认可。他看后照例要改动一番。取回之后，我再据之增删，并稍事润色。

我写这长篇故事，归纳起来说，亦有三大原则：

（一）那必须是“李宗仁的故事”，虽然在他的口述史料之外，所有成筐成篓的著述史料，全是我一手搜集编纂的。

（二）尽可能保持他口述时桂林官话的原语气，和他对政敌、战友的基本态度。李先生说故事时虽亦手舞足蹈，有声有色，但本质上是心平气和的，极少谩骂和愤激之辞。他对他的老政敌蒋公的批评是淋漓尽致的，但是每提到蒋公他总用“蒋先生”或“委员长”而不直呼其名，或其他恶言恶语的称谓。提到其他人，他就直呼其名了——这大概也是多少年习惯成自然的道理。所以笔者撰稿时，亦绝对以他的语气为依归，断不乱用一字。

（三）他如有少许文字上的改写，我也尽量保留他那不文不白、古里古怪的朴素文体，以存其真。只是有时文章组织不清、文理欠通或字句讹错，非改不可之时，我才加以改写。例如李氏专喜用“几希”二字，但是他老人家一辈子也未把这个词用对过，那我就非改不可了。全稿改后再经他核阅认可。取回后，我再把这初稿交予小楷写得尚称端正的内子吴昭文，用复写纸誊写全份（那时尚无廉价复印机），我留下正本，以副本交李氏保留备查，这就算是我们的清稿了。

这样地完成了两三章之后，我便停止访问若干时日。一人独坐，把这两三章中文清稿，用心以英文缩译，甚或改组重写，务使其在文章结构的起承转合和用词造句的锤炼上，进入全稿的“最后阶段”，以便向校方报告“进度”,并按时分章“交卷”。所以笔者在本文前段便提过，本书在写作程序上，这中英二稿，并非一稿双语，而是一宗文稿在撰写程序上的两个阶段。中文稿实是“初稿”，而英文稿反是“定稿”也。

我打出英文稿之后，再交李先生转请甘介侯先生以中英两稿互校。由甘先生说明或修正，再经李氏认可之。我取回该稿之后，再请校方编者涉猎一遍，并对英语造句用词，稍事润色，我再作最后校订之后，便打出五份,这便是全稿著作过程中的“定稿”了。照例也是哥大留原本，以一副本交李氏。其后哥大向外界申请资助时，提出作证的资料，便是这种英文原稿。

以上便是我和李宗仁先生的工作程序。经过长期合作，李先生总算对我完全信任。我们之间的工作关系，可说是顺利而愉快的。在这顺利而愉快的气氛之下，李宗仁先生最大的消遣，便是静坐沙发之上，微笑地欣赏他自己的回忆录；而我则日夜埋头赶稿，也真是绞断肝肠！

七　美国汉学的火候

在我和李宗仁先生一起工作的最初两年——1958 年 9 日至 1960 年秋季——对我发号施令的虽然不是我的中国“老同事”（李氏对我的自谦之辞），而我的背后却有一个时时不耻下问的洋上司——那个出钱出力的哥伦比亚大学。

不用说大学里的“口述历史学部”自有其清规戒律，主管首长要我们一致遵循。在我们的正式上司之外，还有些在其他名大学执教，而在本大学担任顾问的有决定性影响力的智囊人物。他们坚持，我们口述历史访问人员向被访问者所吸收的应是“原始资料”。一般尽人皆知的历史事实，应统统删除。他们所说的“原始资料”，用句中文来说，便是什么“内幕”或“秘史”一类的故事。

这种写法，笔者个人是不十分赞成的。我也不知道在这部《李宗仁回忆录》里，有哪些故事在美国汉学家看来才算是秘史或内幕。老实说，我那时替胡适之先生所编写的《胡适口述自传》里，便没有一丝一毫“原始资料”的。在中国读者看来，那只是一篇“老生常谈”。虽然它在美国学者读来，亦自有其新鲜之处。

所以我认为像李宗仁、胡适之、陈立夫、宋子文……这些人物，都是民国史上极重要的历史制造者。历史学家应乘此千载难逢的时机，找出这类人物在中国历史演进过程中成长的经过，把他们与整个“民国史”作平行的研究。这样相辅相成，我们虽不求“秘史”和“内幕”，而秘史、内幕自在其中。我们不急于企求作“社会科学的处理”，而社会科学的处理，也自然探囊可得。

一次我问精研佛理的老友沈家桢先生说：“你们修持佛法的人，搞不搞‘五通’呀？”“五通”也者，俗所谓“千里眼”、“顺风耳”、“他心通”等“广大”之“神通”也。

沈君说：“不搞！不搞！”

“为什么不搞呢？”我又问。

沈君微笑着说：“火候到了，自然‘五通’俱来……我们不能为修‘五通’而学佛……”

“火候到了！”真是禅门的一句偈。

“火候”不到，如何能谈“通”呢？

那时笔者亦已放洋十载，在美洲也曾参加过洋科举。但是笔者毕竟是中国农村里长大的，带着中国土气息、泥滋味的山僧，又怎能和美国的科第中人参禅说偈呢?

李宗仁那时是坚决地支持我写作计划的当事人，坚决到几乎要拂袖而去的程度。这反使我十分为难——因为我自己并不那样坚持我的一得之愚。林冲说得好：住在矮屋下，哪得不低头呢?事实上，李先生全力支持我的原因，也倒不是赞成我免修“五通”。他主旨是想乘机写一部控诉书，或鸣冤白谤书——这一点却正是哥大的清规戒律所绝对禁止的——历史不历史,对他倒是次要的。但他至少是不愿做个专门提供“内幕”和“秘史”的学术“情报员”。虽然他这条“资格”，最后可能导致他死于非命，且他所能提供的“内幕”也实在是很有限的。老实说，这部书上所有的重要关节，很少我是不能在“著述史料”中提出脚注的。

在这两个壁垒之间，我这个撰稿人何择何从?！当时也真是一言难尽，煞费心裁!

八　李传以外的杂务

笔者与李宗仁先生合作，前前后后虽然拖了六七年之久，但是我为这中英两稿的“全时工作”，实不出三整年——虽然这两本一中一英的回忆录，都是部头相当大的书，它们也是哥伦比亚大学·中国口述历史学部唯一完工付梓的两部书。

在全书尚未杀青之时，我又被调去访问已故黄郛将军的遗孀黄沈亦云夫人。黄夫人是位能诗能文的才女，那时正在纽约撰写她的《亦云回忆》。她并带来数箱黄郛将军——那位“摄阁”国务总理、《塘沽协议》的主持人、“蒋介石的把兄弟”——经手的绝密文件。

我的任务是帮助她清理并考订这几箱无头无尾的“密电”和“私档”，并襄赞她老人家改写其回忆录;同时把她自撰的“中文初稿”,增加史料，改头换面，译成英文。

那时寓居纽约一带的昔年中国政要，有意来哥大加入“口述历史”行列者，可以说是成筐成篓的。大学人手有限，应接不暇，所以我上项助理黄夫人的工作，乃被硬性规定——限六个月完工。我便以这迫切的时限，把冗长的《亦云回忆》的中文稿，以英文改编，“从初稿伸缩写成英文稿廿五章”（见1968年台北传记文学社出版《亦云回忆》中文版上册，作者自序二），凡八百余页，亦三十万言。

那几箱“黄郛私档”，是笔者在海外所见真正的“内幕”和“秘史”——关于“闽变”的秘史。我在“民国史”上，很多心头上的不解之结，一读后，均豁然而释。我对这些“密电”所发生的“考据癖”，大致与胡适之对《红楼梦》的兴趣不相上下吧。

黄夫人对她丈夫这几箱遗物的内容是不太了解的。我细读之后，向她解说，黄夫人就想改写她的《亦云回忆》了。她改是改了，并另写一篇“自序”——“自序二”。但迫于时限，所改无多。我在她译稿上由她批准的“改写”，也“改”得有限，实在是件很可惜的事。

黄稿甫竣，校方又改派我接替对顾维钧先生的访问。我接替的工作阶段，正是顾氏“学成归国”，兼任外交部和大总统府的“双重秘书”，亲手译泄“二十一条”;其后经过“巴黎和会”、“华府裁军”，又继任外长，递升内阁总理，代曹大总统“捧爵祭天”;北伐后隐居东北、襄赞“少帅”;“九一八事变”后，参与国府外交，招待“李顿调查团”，以至率团出席“国联”并首任中国“驻法大使”的那一大段——也就是顾氏毕生经历上，那最多彩多姿的一段。

其外顾氏还藏有外交私档三十七大箱，他有意捐存哥大。这对我这位学历史的来说，也真是一座宝山。经顾氏面托、校方授权，我又负责把这三十七箱文件和顾氏四十年的英文日记，接收过来，并负责整理、编目和摘由。为此哥大当轴又调我以助教授身份，兼该校中文图书馆主任，并要我订出中国文史资料的整理和扩充计划。十目所视，十手所指，这项工作是万般繁重的。

这个中文图书馆，不提也罢。我接手时，它哪里是个图书馆？简直是个伟大的字纸篓。几乎半数以上线装书的书套，都可摇得叮咚作响。那些二三十年代出版的报纸本书报，由于长期高热烘烤，无不触手成粉。抚摸之下，真令人心酸泪落和愤恨。

对这二十余万本玉珍图书的抢救，我自觉责无旁贷。中文部的华裔同事们如鲁光桓、王鸿益、汤迺文、刘家璧、汪鲁希、吴健生诸先生与我早有同感。因而在我于 1962 年秋初卷袖下海之时，大家同心一德，通力合作。他们也被我这个“主任”推得团团转。这是我祖国文明的珍贵记录。我们只想把这宗世界闻名的汉籍收藏，抢救下来，如此而已。

但是谁又知道我们这几位隐姓埋名的“天朝弃民”，夜以继日地为大学做了这桩无名无利的苦工——我们的薪金都属于当时哥大最低层的一级——却惹出校中有关部门意想不到的妒忌和打击。而最令人啼笑皆非的却是我们的问题出在我们众口交赞、远近闻名的工作成绩——这成绩，纵迟至今日，该校上下还是继续认可的。为什么道高一尺，魔高一丈呢？这才使我逐渐感觉到我个人已被卷入美国学府内所司空见惯的、最丑恶的“校园政治”。我们这个芝麻绿豆大的“中文部”，要生存下去，它的这个“主任”，就得应付人事，援引党羽，甚或谄笑逢迎，踢它个校园内的“政治皮球”！

笔者一介书生，偷生异域，要如此降志辱身，为着是保持这份嗟来之食呢，还是为着对这宗汉籍收藏的“责任感”呢？“责任感”与“自尊心”原是一个铜元的两面，二者是分不开的。一个善于逢迎的人，他的灵魂里是不会有太多“责任”的。但是相反的，如果只是为着“责任感”来“拔剑而起，挺身而斗”，别人根本不知道你责任何在，那你也只是个市井暴徒而已。市井暴徒能完成什么“责任”呢？你牺牲个不明不白，“烈士”、“义士”云乎哉？

最坏的却是我那时的顶头上司。他是我所碰到的美国同事之中，在美国联邦政府中官做得最大的，但是也是个最无耻、无能、全无责任心的人。他最大的本事便是观风使舵，逢迎吹拍。日久技穷，终于在政海灭顶，最后沦落在哥大混饭吃。

他对我们的专业，甚至对一般图书管理的普通业务，是一团漆黑。他也从不关心业务。但是他对校园政治，则观察入微，头圆手滑。这种无耻的失业政客，都是当时的校长误以为是人才而延揽入校的。结果他自己亦深受其累，终至学潮迭起而罢职丢官。

加以当时哥大校内的“中国学”名宿，老实说，也不知道大学的汉籍收藏,究有几本书。他们各有一个专钻的“牛角尖”,只要在这“尖”内，他们所需要的“资料”能一索即得，也就心满意足了。尖子以外的万卷典籍，干掉、霉掉、烂掉、偷掉，关他鸟事？我这位“主任”，目不暇给地在忙些啥子，他们除掉那一索之需之外，也全不知情，也从不关心。再者，这些尖子与尖子之间，往往亦各是其是，极不相能，在彼此龃龉之下，有时还难免拿无辜的第三者出气。所以要他们并肩而坐，为我这堆烘烂了的中国图书说点公道话，那简直是缘木求鱼！

后来我的继任人，他在详阅我遗留下来的一些文件之后，对我在那种环境下，毫未泄气地干了七年，而感觉惊异。他是兔死狐悲，物伤其类啊！

九 《回忆录》的最后赶工

就在上述这段极其糟乱的发展过程之中，李宗仁先生仍不时找我去吃饭聊天，讨论修改和出版他英文版回忆录的琐事。他老人家是位中国前辈，对洋人习俗，初无所知。在洋人看来，我撰写《李宗仁回忆录》，只是“受雇执笔”。一旦调职，我这执笔人和哥大这宗“财产”的关系，便要看当初“聘约”了。合约不清，则凭大学随意决定。它如要我为它的“财产”继续工作，按法它是要对我按工计值的。大学既不愿出此“值”，它也就不好意思无酬地要我续“工”了。

无奈那时李先生已存心离美。他总希望在动身之前，把这份稿子作一结束，所以他仍然不时电催，促我加油。我既是中英二稿唯一的执笔人，又怎能因“受调离职”，便拂袖不管呢？加以李先生是我的前辈，我二人都是中国传统孕育下来的“中国知识分子”，关于“无酬之工”，我连“暗示”也不敢微露了。所以在李氏不断催促之下，我还是在大学公余之暇，漏夜为英文稿赶工，以期不负所望。所幸那时精力犹盛，有时整夜打字，直至红日当窗，我才假寐片刻，便要往哥大上班了。

这部英文稿我终于杀青了。李公一切认可之后，我又为他与哥大出版部拟订合约，一切顺利，不幸此时哥大出版部主持人因为婚姻问题请假，一时无法回任来签署合约。李宗仁先生夫妇等不及，便悄然离美了。为山九仞，功亏一篑，夫复何言！事隔十五年，最后始由笔者专负文责，独挑大梁来出书，其命也夫？

十　李宗仁给黄旭初的信

我和李宗仁先生七年合作的工作情况，当然只有我二人知道得最清楚。但是他那时和在香港居住的“老部下”——前广西省省主席黄旭初氏通信，亦偶有透露。李氏逝世之后，黄氏曾将他二人的有关撰写回忆录的通信，在香港出版的《春秋》杂志上，择要发表，下面几段，是谈到我们当年工作的情况，黄氏写道：

> 1959年……9月12日李（宗仁）又来函说，回忆录已写至围攻武昌，只唐德刚（安徽人）一人工作，整理文字、抄写文字、译成英文，全部是他，故进展缓慢。完成后或有百万字等语……
>
> 1962年1月20日李又来函云："去春已竣事之《回忆录》，中文有六十万字。依工作惯例，应由唐德刚继续整理，因哥大另有时间性之工作须唐担任（刚按：此一'时间性之工作'，系指为黄沈亦云夫人译改《回忆录》，并整理'黄郛私档'事。因黄夫人那时拟返回台湾定居也）。对此不拟出版之回忆录，待后整理。"（刚按："不拟出版"云云，系指中文稿，因李氏与哥大有先英后中的出版承诺也）
>
> 李氏1965年6月离开美国到瑞士，我（黄旭初氏自称）得他7月8日由苏黎世来函云："哥大当局集中精力整理英文回忆录工作，正拟与我商洽今年秋间订立合同出版事宜，而我事前已启程来此，只好停顿，唐德刚以副教授兼哥大图书馆中国馆长，一身数职，赶理英文稿，常至深夜尚未回家，所以中文稿之整理充实，不便向其催促。"（以上三段引自1970年8月1日，香港出版的《春秋》杂志，第314期；黄旭初著《李、白、黄怎样撰写回忆录？》第15页。）

李宗仁在上引诸函中所说的我们工作情况，均系事实。只是在他离美之前，我把英文全稿已"赶理"完工。哥大出版部所拟的合约，亦已拟就打好，而终以阴错阳差，李氏未及签字，便秘密离去，这也是命中注定该如此结束的吧！

一一 李宗仁返国始末

李宗仁夫妇于 1965 年 6 月，秘密离开纽约赴苏黎世，然后再由苏黎世专机返大陆，在当时是一件国际上的大新闻。这新闻原是我首先向哥伦比亚大学当局打电话，其后再由哥大校长寇克氏向新闻界宣布的。

李氏返国定居，是他早有此意，但是其发展的过程，却是通过不同的路线的。

我个人所得最早的线索似乎是在 1963 年的春天。他那时有意无意地告我，他“要去巴黎看戴高乐”！

李宗仁和戴高乐有什么关系呢?

原来戴高乐于 1962 年冬，在法国大选中大获全胜之后，威震西欧。憧憬当年拿破仑之余威，他要在西欧政治中压倒英国，在世界政局中摆脱美国,而自组其以法国为首、立于美苏两大集团之间的“第三世界”(Le tiers monde) ——“第三世界”这个名词，是戴高乐最初发明的，其意义与今日所使用的显有不同——但是环顾全球,能与法国携手,共奠“第三世界”之基础，与美苏两大集团争霸者，那就只有刚刚脱离苏联集团、同时仍与美国对峙的中华人民共和国了。

所以在 60 年代初期，戴高乐主义形成后的第一着棋，便是与北京建交。

至于巴黎、北京之间的秘密建交谈判的“内幕”，历史学家虽尚无所闻，而戴高乐想讨好北京，帮同人民政府解决“台湾问题”，则是意料中事。

加以戴高乐在法国政坛登台之时，正值“金门炮战”，华府、北京的紧张关系，已达使用原子弹的边缘。这时北京深感莫斯科之不可恃，亦显然有另觅友邦的意图。法国乃乘虚而入。戴高乐因此想——也可能是循北京之请——来居间调解国共之争，以为中法关系正常化的献礼。

而国共之间的牵线人，当然最好是一位由左右为难，转而为左右逢源的中国政客。这样，戴高乐可能就想到在美国当寓公的李老总，而李老总也就要到巴黎去看戴高乐了。

可是李氏巴黎之行，始终没有下文。这后果，老实说也是在我当时的逆料之中。因为戴老头没有读过中国近代史，他不知道这位在政治上已一败涂地的李寓公，在蒋、毛之间，绝无做政治掮客的可能。国共之间的政治掮客是有其人，但绝不是李宗仁——这是当时笔者个人的观察李宗仁之所以去不成巴黎的道理。

可是1965年夏，李宗仁却偕夫人悄然而去。他之所以决定离美返国的道理，据我个人的观察：

第一，他原是一位不甘寂寞的人——国共两党中的领袖们有几位是甘寂寞的呢？在美国退休的寓公生活，对他是太孤寂了点。他有时搓点“小麻将”来打发日子。找不到“搭子”之时，有时就两对夫妇对搓也是好的。

有位年轻的主妇告我说：“陪李德公夫妻打麻将，‘如坐针毡’。”原因是他打那“广东麻将”，“花色又少”，“输赢又小”，“出牌慢得不得了”，“说话又非常吃力”！

李先生最大的嗜好还是聊天、谈国事。我和他工作的最初三年，有时就带了一批谈客去和他“谈国事”。李公真是一见如故，谈笑终宵。后来我不常去了，李先生遇有重要新闻，还是要打电话来和我“谈谈”。有时我不在家，李氏和昭文也要为“国事”谈上半天。他那一口“桂林官话”和我的“上海老婆”谈起来，据昭文告诉我，也是“吃力得不得了”。

和这些青年的家庭主妇“谈国事”，李代总统也未免太委屈了。想起北京的人民政协之内，胜友如云，吹起牛来，多过瘾！只要北京不念旧恶，铺起红毡，以上宾相待，那自然一招手，他老人家就“落叶归根”了。

第二，他回国，也是受他的华侨爱国心所驱使。纽约地区十六年的寓公生活，已把李氏蜕变成一位不折不扣的“老华侨”。有时我陪他老人家在“华埠”街上走走，喝喝咖啡。我就不觉得这位老华侨和街上其他的老华侨，有什么不同之处；而街上的华侨，多半也不知道这老头是老几，知道的，也不觉他和别人有何不同。

只要良心不为私利所蔽，华侨都是爱国的。他们所爱的不是国民党的中国或共产党的中国，他们所爱的是一个国富兵强、人民康乐的伟大的中国——是他们谈起来、想起来，感觉到骄傲的中国！

那“十年浩劫”之前的中国，在很多华侨心目中正是如此，她也使老华侨李宗仁感到骄傲。想到祖国在他自己统治下的糜烂和孱弱，再看看中共今日的声势，李宗仁“服输”了。在1949年的桂林，他没有服输，因为他是个政治欲极盛的“李代总统”，1965年他服输了，因为他是个炉火纯青的“老华侨”。

国民党骂他的返国为“变节”。他如不“变”，又向谁去“尽节”呢？他们对他的“桂系”是深恶痛绝的；他的“桂系”，对他们也痛绝深恶。拆伙了，“党”也就没有什么可以留恋的了。

李宗仁也是能言善辩的。这样一想“落叶归根”，也就是无限的光明正大了。

但是促使李宗仁先生立刻卷铺盖，还有个第三种原因——郭德洁夫人被查出患了癌症！

在李夫人发现这种恶疾之前，他二老的生活虽嫌孤寂，然白首相偕，也还融融乐乐。丈夫以不断翻阅自己的回忆录为消遣，亦颇有其自得之乐。夫人则随国画家汪亚尘习花鸟虫鱼，生活亦颇有情趣。

郭德洁殊有积蓄，亦雅善经营。在50年代中，美国经济因朝鲜战争而复苏，股票市场甚旺。李夫人以小额投资，亦颇有斩获。据她告我，她在股票市场中，有时还“买margin”呢！

笔者生财无道，到现在为止，我还不知“买margin”的真正步骤，只知道那是有相当风险的"买空卖空"的股票交易之一种罢了。不过"艺高人胆大"，她在60年代初的小额投资亦颇有亏损。不过那都不会直接影响到他们的日常生活的。

可是李夫人一旦发现了癌症，这就是晴空霹雳了。

1964年李夫人在医生数度检查之后，终于遵嘱住院。在病院中，她时时想起"老头子一人在家，如何生活"。越想越不自安，一次在午夜之后，趁护士小姐不备之际，她披衣而起，溜出医院，叫了部计程车，径自返家。这位失踪的女病人，曾引起病院中一阵骚乱；但是她既开溜之后，决定再也不回去了。

郭德洁原是一位美人，衣着一向整齐清洁，她虽不浓红艳抹，但是淡淡梳妆薄薄衣，虽是半老徐娘，犹自仪态翩翩。纵在身罹绝症之时，仍然轻颦浅笑，不见愁容。英雄儿女，硬是不愧为顶呱呱的"第一夫人"——晚年的郭德洁比晚年的江青漂亮得太多了！

她在真正的"年方二八"——十五虽有余、十六尚不足的豆蔻年华，便被那战功赫赫的青年将领李旅长，在桂平县的城门楼上，居高临下地看中了。他原是和一位"拍马屁的营长"，躲在城门楼之上，好奇地偷看美人的。可是"一看之下，便再也忍不住了"！（这句话是李公趁夫人去香港探母之时，和我一起烧"火锅"时，亲口含笑告我的）因此将心一横，停妻再娶，郭美人便是李旅长的"平头"夫人了。

她原是位木匠的女儿，出嫁之前还在小学读书——那时革命风气弥漫，小学生是时常"出队"游行的。在这游行队伍之前掌旗的便是她。虽是一位小家碧玉，然天生丽质，心性聪明，年未满二十，便着长靴、骑骏马，率领"国民革命军第七军广西妇女工作队"，随军北伐了。北伐期中的第七军，真是所向披靡、战功彪炳。那穿插于枪林弹雨之中的南国佳人、芙蓉小队，尤使三军平添颜色。

李夫人告我，北伐途中，一般同志都把她比作甘露寺里的孙夫人和黄天荡中的梁红玉。所到之处，万人空巷，军民争睹风采，也真出尽风头。她军次我们安徽芜湖时，曾往孙夫人庙祭奠求签。签中寄语，这位不系明珠系宝刀的刘先主娘娘，竟要与我们将来的代总统夫人结为姐妹呢！

郭德洁也确是一位聪明人。她虽连广西落后的国民小学也未毕业，但是从“旅长娘子”做到“第一夫人”，言谈接应，均能不失大体。在纽约期间，我看她与洋人酬酢，英语亦清晰可用。笑谈之间，不洋不土。

我知道她很敏感，因此每次有洋客来访时，我如是翻译，我总介绍她为“麦丹姆”，而避免用“蜜赛斯”。每当我介绍“麦丹姆”之后，我总见她有一点满意的微笑。

我们的麦丹姆，平时也是很有精力的。烹调洗浆之外，开着部老林肯，东驰西突，随心所欲；她那土老儿的丈夫，只好坐在一旁，听候指挥……可恨造物不仁，这样一位活生生的中年夫人，顿罹痼疾。和平安乐的李府，不出数月，便景物全非！

1965 年初夏的一个深夜，我独自开车送李宗仁先生回寓。时风雨大作，驶过华盛顿大桥之上，我的逾龄老车，颠簸殊甚。这时李公忽然转过身来告诉我说，据医师密告，他夫人只有六个月的生命了。言下殊为凄凉。

我凄然反问：“德公，您今后作何打算呢？”他说他太太已不能烧饭了。为着吃饭方便计，他们恐怕只能搬到他开餐馆的“舅爷”家附近去住，好就近在餐馆寄食。我知道李夫人有位兄弟在瑞士开餐馆，我想他们不久将要搬往瑞士去住了。殊不知那次竟是我和李宗仁先生最后一次的晤面，今日思之，仍觉十分凄恻也。

那时（1965 年）正是我在哥大最忙乱的年份。图书馆内杂事如毛。我周日工作繁忙，是断然没有工夫回家午餐的。可是就在我送李先生深夜返寓的几天之内，一次不知何故忽然返家午餐，餐后正拟闲坐休息片刻，突然门铃大响，有客来访。开门竟是郭德洁夫人，含笑而来。她虽然有点清癯，然衣履整洁，态度谦和，固与往日无异。

李夫人没有事前打电话，便翩然来访，这是前所未有的事，也使我夫妇二人受宠若惊。我们问她何以突然光临，她说是她儿子志圣开车送她去看医生，路过我处，所以顺便来看看我们。志圣则因无处停车，只好在车中坐候，由她一人单独上楼来访。

她看来不像重病在身，和我们亦如往昔地有说有笑，谈了个把钟头，才依依不舍而别。这是我夫妇和她的最后一晤。两个星期以后，我们才恍然大悟——李夫人此次来访，是特地来向我们道别，也是永诀了！

天下就有这等巧事吗？我至今一直在想：我这个绝少回家午餐的人，就回来这么一次，却正好碰着她前来辞行！真是不可想象的事！

她一去，我们就从此永别了。

一二　归国后的余波

1965年7月16日，星期五，我于下午工毕返寓时，在信箱里发现了一封自苏黎世的来信。一看便知是李宗仁的笔迹。信是给我的，里面却写着“德刚、昌度两兄”。他说近年来身体日颓，加以妻子病重，午夜扪思，总觉树高千丈、落叶归根，所以就离开“我的第二故乡美国”了。

信中又说年来致力国民外交，希望中美早日和好——李氏在返国前数年，曾与战前中国驻波兰公使张歆海数度联名致书《纽约时报》，倡导台海罢兵，中美和好——谁知却隔阂日深。自觉无能为力之下，所以就决定“重返新中国”了。“但愿人长久，千里共婵娟”，我们的友谊将不因人处两地，而稍有区别云云。

此时胡昌度不在纽约，我接信后未经他过目，便直接交到哥大去了。

因为李公一去，我们将如何处理这宗百万言的回忆录呢？

正当哥大上下会商对策之时，纽约各报与电视，已同时以头条新闻报出了7月20日李氏专机飞抵北京的消息，接着便是毛、周等欢宴的场面。举世哄传，这位过了气的“李代总统”，旦夕之间，又变成了国际新闻人物。在新闻记者搜寻之下，我们这部百万言的《回忆录》，居然也成了当时的重要新闻。

这时在纽约与李宗仁一向很接近的人，最感紧张的莫过于甘介侯先生了。因为美国“联邦调查局”要追查李氏与北京之间的“搭线人”(middleman)。各报并盛传在李家经常出入的还有几位“共产党员”。此时正是美国害恐共病最严重的时期。为追查共产党，麦加锡参议员所搞的白色恐怖，在知识分子之间，余悸犹存，而甘介侯与当年执政的共和党又有前隙，因此恐惶尤甚。

原来当国民政府在大陆上溃退时期，蒋、李两派人物在美国争取“美援”的活动，都有其“一边倒”的政策——蒋派专交共和党；李派则专交民主党。甘介侯那时身任“李代总统驻美特派员”，便是搞民主党活动的中坚人物。

在中国大陆政权易手之后，共和党人为打击政敌，便要追查民主党执政时期“失去中国”的责任，庶几以“通共卖国”的罪名来对付民主党中的官僚、政客与职业外交人员。如此则甘介侯自然是最好的见证了。他们要使甘介侯对民主党官员，反咬一口，乃不惜用尽一切利诱威胁的手段来套甘某入彀，以便使其去国会挺身作证，这样他们的政敌就要锒铛入狱了。幸好甘氏亦老于斯道，未入圈套。但是身在虎穴，又已冒犯虎威，欲摆脱干净，谈何容易！

甘氏告诉我：某一位贵妇在游泳池内，对他以重利相诱，甘氏婉却其请。她恼羞成怒，两眼一瞪，说：“甘博士！再不听话，将见尔于六尺地下！”

甘介侯一个穷光蛋，慢说六尺，三尺他也就够受的了。惶恐之余，最后还是李宗仁出资以一百元一小时的重价，雇请律师，以“外交特权”为护身符，而幸免于难。

而甘氏开罪于共和党更严重的一次，则是对艾森豪总统的有辱君命。

据李宗仁告我，某次艾森豪威尔的幕后大员、纽约州州长杜威，约其密谈，谓有要事相商。李以不谙英语，乃遣甘介侯为全权代表。原来艾帅为防台湾落入中共之手，而又嫌台湾的“独裁”，因有意“送李代总统回台，重握政权”云云。杜威言外之意，艾总统有意在台湾策动一武装政变，然后乘机送李宗仁返台“从事民主改革”。杜威因以此不存记录的密谈，劝李宗仁合作，共成大事。

当李氏事后把这一惊心动魄的密议告我之时，我问他当时的反应如何。李说他既在美国做“难民”，自然不便与美国当局公开闹翻，所以他就委婉而坚定地拒绝了。

李并感慨地告诉我：美国人所批评蒋先生的那几点都是千真万确的事实。他和蒋氏针锋相对地斗了几十年，也是事实，“但是要我借重美国人来把蒋先生搞掉，这一点我不能做……”

李宗仁当然也知道，做美国人的傀儡，并不比做日本人的傀儡更好受！

后来李氏回大陆，在新闻记者招待会上，也曾暗喻此事，但未提杜威之名。那时的退休总统艾森豪威尔闻讯大怒，因亦隔洋与李氏对骂。他说李宗仁在扯个“黑色大谎”！但据笔者所知，“谎”则有之，不过说这“谎”的是李宗仁还是艾森豪威尔，那就只有上帝知道了。

李宗仁既然不愿做艾森豪威尔的傀儡，那个和艾帅手下的二杜——杜勒斯、杜威——打交道的便是甘介侯了。在甘氏看来，共和党的政客们对他的要求既无一得遂，李宗仁在美时他还可躲在李氏背后，虚与委蛇。如今李氏一去，托庇无由，一旦共和党旧账新算，借口把甘介侯这小子捉将官里去，那真比捉只小鸡还容易呢！因此甘先生便大为着慌起来。

一日清晨我刚进哥大办公房，便发现甘氏在等我，神情沮丧。一见面他就抱怨“德公太糊涂”！“德刚，”甘公告诉我，“我来找你是告诉你，以后我二人说话要‘绝对一致’啊！”

“怎样绝对一致法呢？”我说。

“你知道他们在找 middleman（中间人），你我皆有重大嫌疑！”

甘氏口中的“他们”，自然指的“联邦调查局”的密探了。后来这些“他们”，把“我们”这批与李宗仁很接近的人，都调查得一清二楚。据说其中只有一个嫌疑重大的“中国人”，他们尚未找到。这个人的名字叫“韦慕庭”。“我们”得报，真喷饭大笑。

这时我看甘氏实在狼狈不堪。我便笑问他道：“甘先生，您是不是 middleman 呢？”

“共产党怎会要我做 middleman 呢？”甘说。

“那你怕什么呢？”

“德刚，你初生之犊不畏虎！”甘说，“你不知道美国政治的黑暗！可怕！”

最后我和甘先生总算达成一项君子协定——这在英文成语里便叫作“诚实是最好的政策”！我二人既均非“中间人”，他们如果要对“我们”来个“隔离审讯”，我二人是不可能说出一个“绝对一致”的故事来的。对“他们”最好的办法就是各自“据实告之”！

十五年过去了，甘先生当时慌张的情况，我今日想来仍如在目前。我一直没有把这事看成什么大灾难，但是甘某却是个“惊弓之鸟”！记得我在《李宗仁回忆录》中，原拟有最后一章，叫作“退休也不容易”（Uneasy Retirement），想谈谈美国民主、共和两党的“对华政治”（不只是“对华政策”)。那也是甘介侯建议不要烧纸惹鬼、少谈为妙而搁笔的。缺了这一章，我始终心有未甘，大概就因为我是个“初生之犊”的缘故吧。

一三 《回忆录》的版权问题

至于李先生对他的《回忆录》的出版问题，在回国之前，他是迫不及待的，一直在催着出版。可是回国之后，他就从北京来信说“不要出版”了。

上文已提过，这份由昭文所抄的《李宗仁回忆录》的中文清稿，一共只有两份。哥大存了正本，李氏存了副本。但是在60年代的初期，他为征询他老部下黄旭初先生对本稿的意见，乃把这副本寄给了黄氏。后来他匆匆束装取道瑞士返国时——因黄氏侨居香港——乃未及索回。因此此一副本乃落入黄旭初之手。

此时恰好黄氏也正在撰写他自己的《黄旭初回忆录》，并分章在香港的《春秋》杂志上连载。李氏返国之后，不久便卷入“文革”漩涡而消息全无。黄氏乃将李宗仁的回忆录，大加采用，改头换面地写入了他自己的回忆录里去。因此笔者在李稿中的许多笔误和未及改正的小错误，也被黄旭初先生误用了。

黄氏在港逝世之后，才又由黄氏遗属将此一“副本”转交给李氏的长子李幼邻。幼邻于70年代末期侍母（李宗仁元配）返桂林定居时，乃又将此稿送交广西壮族自治区人民政协文献委员会。该会显然不知此稿的来龙去脉——因为幼邻本人亦不知道。

万里飘蓬，几经抄袭，昭文所手抄的这个复写纸副本，也可说是阅尽兴亡了。

在1965年李宗仁返国时，此一副本既在黄旭初之手，李氏自己身边就有个英文稿副本了。据说当年毛泽东主席接见李氏时，曾询及此稿，有意批阅。可惜毛氏不谙英语，而李氏又无中文稿，毛主席乃面嘱将此英文稿发交北京外国语学院，译回中文。

这宗“奉谕回译”稿是否全译了，笔者在海外，当然无由得知。至于这个回译稿现存何处，笔者当然更无法打听。不过我确知其存在，因为李先生在1965年底写信给我，嘱我转告哥大当局，停止出版英文稿的理由，便是他“重读”这份“译稿”，觉其与“原中文底稿，颇有出入”的缘故。

[附注]据广西政协委员黄启汉先生于前些年访美时，面告我说，此一“奉谕”之译稿，当年广西政协确拟用为底稿，出版全书。所以终未采用者，是因译稿中之无数“人名”，无法复原，故弃而未用。此一译稿今日想必仍存于广西政协文献库中也。

1986年8月19日德刚补志于纽约

李氏之言，分明是借口，因为这份英文稿之完成是经过他逐章、逐节详细核准的，在离美之前，他还不断地催着要出版呢！回国之后，主意改变，这在当时不正常的中美关系影响之下，是完全可以理解的。因此我这位受影响最大的“撰稿人”，对他这一“出尔反尔”，倒颇能处之泰然，但是哥大当局那些憨直的洋学者，则认为李氏此函有欠“诚实”！他们因而把这批文化公案，移送法院，让美国法律加以公断。

我当然是这一项法律程序中，跑不掉的第一位“见证”。在律师盘诘之下，我也是一切“据实以告”。至于这件“案子”，其后如何由法院公断，我这位“见证”是无权过问的，只知道其结果是按美国出版法以及国际版权协议，这宗文献全部被判成“哥大财产”。因为在本稿撰著过程中,李宗仁先生只是本稿"口述史料"的提供者,他并不是"撰稿人",而本稿的真正撰稿人,却又是哥大的"雇员",所以哥大对它自己的"财产",有任意处理之"全权"。

哥大显然是根据此项法律程序,便把全稿封存了。

在研究室被搬得一空之后,我拍拍身上从50年代积下来的尘埃,洗清双手,对镜自笑:十年辛苦,积稿盈笥,而旦夕之间,竟至片纸无存。这对一个以研究工作为职业的流浪知识分子来说,履历上偌大一个空白,对他的影响是太大了。但是头巾气太重,沉溺所好,不能自拔,入其境而不知其俗,咎由自取,又怨得谁呢?

一四 千呼万唤的英文版

那时的哥伦比亚大学,虽循法律手续"封存"了它那份"财产",但是学术毕竟是天下之公器。这份中文稿既经黄旭初借用出版了一部分。哥大的英文稿屡经访问学人的阅读与传抄,亦颇有变相的流传。

这份英文稿,因为写当其时,在五六十年代,也曾是有地位的出版商争取的对象。当哥大的出版部以其篇幅浩繁而感经费支绌之时,柏克利的加州大学则向哥大协商转移。该校政治系主任、名教授查穆斯·约翰生(Chalmers Johnson)博士,并曾为本稿写了一封他认为是中国的"民国政治史上不二之作"的、逾格推崇的介绍信。这一来,这一部稿子乃又自哥大出版部于60年代后期,转移到加大出版部去。

那时中国大陆上的"文化大革命"正在如火如荼地进行着。李宗仁先生亦消息全无,生死莫卜。加大当局有鉴于这部文稿历史复杂,出版部负责人乃专程来纽约找我加以澄清,并问我对英文稿能否负担全部文责。这本是我义不容辞之事。我遂正式以口头并书面,向加大负责人表示，不论本书在法律上版权谁属，我个人均愿独负文责。他闻言欣然同意。这便是在后来的英文版上,我的名字被列于李氏之前的最初动议。其后相沿未改者，无他，只是一位治史者对他所写的一部传世的历史著作，署名负其全部文责而已耳。

加大既已决定出版本书，他们乃廉价雇用一位据说粗通中文的美国退休外交官，来担任美国出版过程中例行的核校工作（copy editing),他由于个人关系，且向哥大要去了一份复印的中文清稿,来帮助核校（这时已有廉价复印机)。谁知这位年高德劭的“中国通”自己却在这时卷入了另一桩文化漩涡，无暇及此——同时他的中文根基，似乎做两稿互校的工作亦难以胜任——但是他却抓住了本稿，死不放手。他前后一共“工作”了七八年之久，却只“核校”了十五章。如此一年两章地“校”下去，那么七十二章就要花掉他老人家三十六年的退休时光了。

加大当局为此事而甚为着急。一再要我去催他，并转请哥大负责人去催他。可怜我这位“著作人”却身无“版权”。我催多了，人家总是说：“干卿何事！”多次自讨没趣之后，我也只好索性不管了，听其自生自灭吧。我所怕的是旁人在稿子上乱动手脚，那就不可收拾了。

最后这位校稿人终于倦勤停笔，把稿子退回加大，而加大出版部，也由于他拖延太久，时效全失——美国是个时效决定一切的社会——为顾虑出版后亏本的问题，也就废约不印了。这时美国由于越战的关系，银根已紧，这一失去时效的“巨著”，便再也没有出版商愿意去碰它了！

1975年年底,这批文稿终于辗转又退回到哥大了。这样哥大负责人，才把这已失时效的一只大鸡肋，发还给我，要我觅商付梓。大学当局并以正式公函告我，两书出版时，我可以收取中文版的版税。

这样一来，中文稿始由香港《明报月刊》分期连载，前文已有交代。可惜这时李宗仁先生已早成历史人物。年轻一辈的知识分子，许多人已经不知道李宗仁究竟是什么人物了。该刊连载过久，编辑先生感到乏味——这也是新闻界的常情——所以连载未及半部也就中断了。

我们重觅英文稿出版人，也是历尽艰辛的。一本“巨著”（超过六百页）如新闻价值已失，在一个资本主义的国度里，是没有生意人愿意出版的——要不然，便是：（一）作者先垫巨款，出版后如有钱可赚，再慢慢归垫，否则拉倒；（二）本书杀青工作上一切杂务——如核校、制图、索引等工作，按例都是由出版商负责的——这时都由作者自己负担，将来销路好，再由版税中，逐渐扣除归垫。

我这位两袖清风的作者，哪里能拿出印刷费呢？我纵有心张罗筹借，我将来既无版税可抽，我又何以偿欠呢？

如此，就只好眼看这部拖延二十余年，我个人，乃至我的小家庭，都被它拖得心力交瘁的历史著作，便要永远“藏之名山”了。在万无一望的情况之下，我把死马权当活马医，乃转向我自己服务的纽约市立大学研究部申请资助。

纽约市大此时正在全校宣布“破产”之后，一连串地减薪、裁员。直至目前为止，它老人家还欠我们教职员半月薪金未发呢！

我的挚友，最忠实无欺的君子李佩钊教授，他在市大服务已二十一年，领有“终身职”聘书，这时竟惨被裁撤。他一时想不开，可能也感到苦海无边，生趣全无，竟于一夕之间悬梁自尽，遗下弱妻幼子，惨不忍睹。

市大在这种经济绝境之下，我递去“出版补助”的申请书，原是“知其不可而为之”，“聊以尽心焉”而已。谁知天下事往往就出于意外。我的申请书竟获市大各阶层一连串的同情，最后竟在极艰难的情况之下，总校允于少额研究费项下，拨款支援。

市大既已解囊，哥大亦不甘示弱。一班新当权的年轻执事，遂亦自该校研究费中，酌拨若干，以为资助。市大、哥大这两项合资，原不能算小，但以今日的美金比诸今日的工资，这数目也不算大。“不足之数”，我这位“作者”就只有“归而谋诸妇”了。

我们是有两个孩子进大学的小家庭。夫妇二人日出而作、日入未息的收入，也只是从手到口，所余有限。但是这部书已经把我们拖得够惨了。我壮年执笔，历时七载，为它牺牲一切，通宵不寐的情况，记忆犹新。如今杀青在望，我个人亦已两鬓披霜……无论怎样，它是应该和读者见面的了。我二人乃决定，咬紧牙关，不顾一切地，把不足之款和剩余工作承担下来。

去年 6 月，这部《李宗仁回忆录》的英文版，总算以最原始的印刷方式面世了。新书既出，我回想二十多年的曲折遭遇，真不禁捧书泣下！

一五　出版后的感想

如今这部比《史记》部头还要大的《李宗仁回忆录》，互有短长的中文、英文两个版本，总算都与读者见面了。在英文版的“序言”里，我对李宗仁先生在中国历史上的地位，曾有评析。暇时当另译之，以就教于中文版的读者，此处不再赘述。但在英文版序言中，笔者对此书的撰述经过，以及古怪的版本问题，则语焉未详——因为这些都是将来“中国史学史”或“目录学史”上的琐碎而专门的问题，西文读者是不会感兴趣，甚至嫌其啰唆的——可是对中文版的读者们，尤其对那些专攻中国近代史的专家，笔者就应该有个比较详细的交代了，否则他们一定会奇怪，这中、英两版为什么“不尽相同”？更糟的便是将来严肃的考据学者，在中、英二稿中，可能都会闹出个“双包案”来。言念及此，我觉得这个问题，现在非交代清楚不可，因为在目前知道本稿撰述经过详细情形的，只有哥大已退休的教授韦慕庭和笔者个人等二三人而已。所以笔者才不惮其烦地冒美东百度以上的溽暑天气，裸背为本书制四万言长文以阐明之。尚乞中、英两版的贤明读者，批阅后不吝指教！

最后，笔者更不揣冒昧，以撰写本书时亲身体验的辛酸，来略志数语，以奉劝今后中国知识界和我有同样短处的书呆子：你如有圣贤发愤之作，你就闭门著书，自作自受。能出版，就出版之；不能出版，就藏之名山、传之其人。你有自信，莫愁它没有传人。

不得已而与人合作，也要一是一、二是二，搞个干净利落。千万不可把你呕心沥血之作，婆婆妈妈地弄成个妾身未分明的状态。因为一个作者著书，正如一个艺术家创造一件艺术品，一个花匠培护一园名花，一个养马师养育一匹千里名马……你对你心血结晶品的感情，绝不是主权属谁的问题。问题是你能看她有个美满的结果和如意的归宿。美女嫁情郎，宝剑赠英雄——主权岂必在我？但是你如眼睁睁地看着美人入匈奴，宝剑当菜刀，名驹入肉铺，而你在一旁无能为力，其心境之痛苦，实非笔墨所能泄于万一。

笔者为这两本拙作，披肝沥胆，前后凡二十有二年。回顾它在过去二十二年中所经历的沧桑，而我这位原作者，却始终在“隔岸观火”，心情之沉重，怎敢讳言？

古人说：“知我者，谓我心忧；不知我者，谓我何求！”

在本书今后千千万万的读者之中，笔者自信，知我者当不乏其人也。

1980年7月28日于北美洲北林寓庐

原载《传记文学》第四十七卷第五期

桃园县的“下中农”

在美国与中共学术交流的整个计划推动之下，我由纽约市立大学派往中国大陆做交换教授，教授美国史六个月。离乡撇井三十余年，一旦身返故里，晤儿时伙伴，触景生情，其中酸甜苦辣的情绪，实非亲历其境者所可想象于万一。同时通过深入的观察，我觉得今日大陆上最苦的还是农民，什么水利、电力等建设，不是没有，但是由于人口的失去控制和工业发展的缓慢，农民的衣食住行、教育、卫生等最基本的生活条件，却改善得极其有限！

笔者幼年是在大陆农村的泥土里长大的，对那时农民的疾苦知道得太深刻了。良心驱使我诚心诚意地希望他们在过去三十年内，能有个彻底的翻身。

三十年不是个短日子！他们今日仍然很苦，胡为乎而然呢？迷惘之余，这才使我想到对台湾农民的生活也作点粗浅的了解和观察。这就是我撰写本文的原始动机。

不敢麻烦公家

今年（1981）八月下旬，承在台北举行的“中华民国建国史讨论会”中几位老朋友的邀请，我在纽约取得了可以进入台湾十天的过境签证，飞到台北。我想在这极短的停留期间，利用会外余暇，到台湾农村里去看看。但我不敢也不愿麻烦官方，我只是私下向我在台湾省公路局任职的表弟表示，希望他能替我借一部小汽车，并利用他本省籍夫人的亲友关系,替我在台湾乡间找一个“最具代表性的‘中等农民’的家庭”，让我不拘形迹地去访问一下。

在三十多年前的大陆上，表弟便一直是听我使唤的“小鬼”，我是他的“大王”，我们之间的感情，真比亲兄弟还要亲。后来我去美国，他在一偶然机缘下，进入台湾。在台湾娶妻生子，家庭十分幸福，工作也相当顺利。他生性厚重，人缘又好，三十年的定居，也可说是台湾的老乡里了。但是当我们又碰到一起时，在心理上，他还是我的“小表弟”——虽然最近他已有了一个孙子——我这个“大王”,还可把他这“小鬼”使得团团转，甚至他的几个可爱的孩子也被我这位远道而来的“表伯”动员了起来。男公子替我做照相师,小女孩则替我做闽南语的翻译。

组织了这样一个有效率的“考察队”，我就真的深入台湾农村了。

8 月 21 日的台北，晴朗而炽热。一大早表弟便带了一部有空调的小汽车来接我下乡。我们从高速公路直奔台中，再转入支线，在乡野中随意遨游——看看农村的外貌。表弟说，台湾真是个宝岛，物产丰盛；而我在土地膏腴之外，也显然看出了人民勤奋和当局复兴农村的成绩。

在台湾农村中，我们很难看到破烂失修的房屋——这一点，今日美国的农村都没有做到。在美国农村中，我们可以随时随地看到一些破烂、失修或废弃的农房，斑斑山野颇不雅观；台湾农庄虽小，但大体都收拾得干干净净的，一眼看去，甚是赏心悦目，显出朝气。

我们在农村中尽情巡回。中午则开到南投午餐，下午继续游览，直到深夜才开到埔里的一家小食铺去吃“一鱼三味”。一日之游，到处都使我体察到人民安居乐业的升平气氛。这些乡里小饭馆，差不多都有冷气设备，服务人员笑脸迎人，繁忙而温和有礼。他（她）们也都能说一口清晰的国语，不像香港、广州，乃至上海，居民仍以说方言为当然。笔者在上海见到我几位“安徽佬”的堂弟妹，他们私下彼此交谈，有时且用“沪语”，真把我这位“二哥”气得胡子直竖。但是今日在台湾反而处处说国语，也真是难能可贵。

后来我们又访问了我们的司机老王的家。

老王自称是“毛泽东的小同乡”，他那口“湘潭国语”便远没有他那时髦而美丽大方的本省籍夫人说得流利。她告诉我，她小的时候是被“卖”到台北的，所以是地地道道的“本省人”，但是她今天本省话已不大会说了。

老王住的是一所两房一厅，外加浴室、厨房和前后两面阳台的现代公寓。窗明几净，壁纸花色鲜明。室内十九英寸彩色电视机、电冰箱、音响、洗衣机、收录两用机、高脚电风扇……一应俱全。沙发、桌椅也样样入时。美中不足的是，他们的长子去年在考大学期间不幸游水被溺死。他夫人以漂亮的国语为我说东说西，足使我忘记做客台湾。我想我故乡合肥人民的生活水平，也能达此程度，那该多好！

桃园张家

“建国史讨论会”开得相当忙乱。一礼拜会期之后，我的过境签证已到期，本该立刻出境，然终承大会“接待组”诸执事先生的帮忙，把限期延长了几天，直至9月4日。就在限期届满的前一日，表弟果然替我在桃园县乡下找到了一家颇具代表性的“中等农家”，让我去拜访一番。

9月3日的早晨，也正是台风过境之后、签证将限满之时，天气不算太热。我们一行再度自台北动身，循高速公路南下桃园。车行约五十公里右转入支线，再转便转入一条乡村小径。就在这条小径的开端，有一位中年人坐在一辆发光的摩托车上，正在等着我们。表弟和他招呼一下，他便掉转车头为我们作向导。

这条小径虽也是柏油碎石路面，但却“小”得出奇。在车内向外看，我觉得路面比车身还要窄。幸好我们的老王技术好，一路有惊无险。他开了约一两公里，再穿过一条窄得怕人的石桥，车子便在一座村庄前的洋灰广场停下了。

下车后，表弟替我介绍，这位领导我们的中年人叫张学意，他便是这座房子的主人——一位最具代表性的台湾农民。今天我们就来拜访他。

张君极其谦恭地领我们进入他的住宅。那是一座低矮的平瓦房，一进门便是张家的客室，约十四五英尺见方。下面是一面平整光滑、现方块赭黑色花纹的水磨洋灰地面。这水磨地面如果打上蜡，是会光彩鉴人的，不打蜡也一样的光滑可爱。头顶上面的天篷，则是经过化学处理的栗壳色长条木板镶成，整齐而美观。四壁是白色石灰粉墙，加点黑色线条图案。靠下方则是晶洁的玻璃门窗，我们就是从这个门进来的。

客室上方，放有一座台制十九英寸、装有防尘门扇的三洋牌彩色电视机，机上横卧着一架大型立体音响，喇叭箱则放在地下两侧。左侧墙边便是一张三人藤座木框沙发，下端横放着一张同型单人沙发，再下边靠墙边有一张藤面摇椅，沙发前则是一张精致的咖啡台。

张君很热情地招待我们坐在这木制沙发上，敬烟奉茶，我们就这样子“聊”了起来。

阿增的大家庭

张先生是客家人，祖籍广东陆丰。他曾祖是位苦力，于清末受雇来台开垦，后来娶妻生子，便在台湾落户了。定居后他又搬了几次家，直到学意的父亲张阿增中年时才迁来此地。他们现在的门牌地址是：桃园县杨梅镇瑞塘里七邻，草澜坡十七号。

阿增不识字。在“日据时代”，他向当地地主租了两甲地（亦即两公顷，或三十市亩，合 4.932 英亩），当了佃农。阿增（现已七十六岁）有两个儿子，长子便是张学意君，现年五十二岁；次子学国，比哥哥小九岁，现在也已四十三岁了。学意在日据时代进过小学和初一，学国则于光复后在高级农业职业学校毕业。他弟兄二人又各生子女五人。学意的长女秀珍，今年二十六岁，已于去年结婚，嫁了位外省籍的军人，已随夫迁居，所以现在的张家还有九个孩子。他们和学意、学国两对中年夫妇，以及阿增老夫妇同吃同住，一家十五口，三代同堂。

但是按照当局“户籍法”的规定，他们十五人却被分成两户，今日台湾农村习俗仍是以男为主的，户长都是男人。张家两户中的长房是以学意为户长，他一对夫妇、四个孩子作为一户，另加祖母（阿增的妻子），共有七口。二房学国一家则以祖父阿增为户长，一户八口。虽然在户籍上他们一定得分成两户，他们自己在生活上和财产上则并未分家。一家个别的收入都合在一起，各尽所能，各取所需，大家公吃公住。由于阿增不识字，学意很自然地就变成一家的实际“首长”了。

佃农翻身的经过

据学意告诉我，在日据时代，他们当佃农的生活是十分贫困的（原因很多）——“合家每月只能吃到一次肉”，学意那时也“从未穿过长裤子”。

光复后稍好，但也好得有限，家中有时吃的还是番薯饭。

但是在1953—1954年间，生活便渐渐开始好转了。原因是那时当局推行了“耕者有其田”的土地改革政策。当局用日本遗留下来的工商业作抵偿，收购了所有地主的土地，然后再以这土地低偿分给无地农民。一般农民可以以分期付款的方式，先耕后付，于十年之内，向当局购得全部土地所有权，但是每户分地最高额则以三甲（四十五市亩）为限。

这样一来，他们张家乃于旦夕之间，由无地的佃农一跃而成为拥有两甲地的自耕农了。至于他们其后在十年之内，一共向政府付还了多少“低偿”的地价，学意已记不清。我想这数目字不难查到，也就未向他追问了。

吃肉的次数随着土地改革而多起来，张家田庄上生产量也增加了——最后竟然增加到一倍以上。主要的原因是当局成立了“农村复兴联合委员会”（简称“农复会”），供应化学肥料，并改良农作物的品种。这样，连他们村前池塘内所养的淡水鱼的品种也一道“改良”了。

生产量大增之后，农民的生活自然也就一天天地好起来。

但是人民生活的改善，天助之外，还要靠自助。他们桃园农民在土地改革之后，生产的积极性提高了。在日据时代，他们原已有农会组织，但那老农会不发生太大的作用。现在这个新农会组织扩大了，工作也积极起来，农会之下，他们又组织了农田水利委员会，扩大了水源，也掌握了最经济有效的灌溉技术。农会同时对会员农场里的产品也作出了最有组织和最有效的推广。在政府有计划的辅导之下，“谷贱伤农”这一传统现象已基本上消除——谷价由政府做有计划的调整和控制。

据张君告诉我，他们拥有两公顷土地，一年两熟的农场上，每年可实收谷子两万六千台斤（一台斤约六百克），约值新台币二十万元（约合美金五千三百元)。除去成本和一切开支，他们可净得新台币八万元(美金两千一百元)上下。

农会的职权既然一天天地大起来，通过这个组织，农民也就真正变成他们根生土长的土地上的主人翁了。学意的弟弟学国现在便是杨梅镇农会的产品推广员。因为成绩卓著,农会也发给他每月一万五千元的报酬。

随着台湾工商业的急剧发展，农村人口一天天地流向都市，农忙时人手不足，散工和雇农的工资乃随之直线上升，据说最高的近来已达到八百元新台币(美金二十一元强)一天。人工太贵，只好改用机器，所以张家也以八万新台币的代价购了一部拖拉机，其后又买了插秧机和收割机。但是他们一共只有两顷地，还不足五英亩，这些大机器显然是缺少足够的用武之地。两公顷的地一下子犁掉了，人反而嫌无事可做。有勤劳习惯的人一旦闲起来，他们就要找兼差，学意便是这样在农忙之暇，在台湾客运公司找了个兼差。农场上的事愈来愈少了，他这个兼差反而逐渐地变成他的主要职业了。

在台湾客运公司里，张学意的工资是新台币一万三千元(约合美金二百六十余元)一月。

我把他兄弟二人每年的年薪(另加奖金两万元)所得加一加，竟多至三十五万元(合美金八千元上下)。另外学意、学国的太太也都在做些成衣加工；十几岁的孩子们，不时地也都能三万五万地赚回来。这样一个农民的家庭，也实在太富足了。张君微笑着说，真正的好转也只是最近十年的事。最近十年为什么有这样大的变化呢?这也是我想知道而还没有知道的事。

“张先生，”我说，“这样一来，你兄弟二人的工资，不是比你农场里的收入还要高得多吗?”

“是的嘛，”他说，“薪金现在是我们的主要收入，农业反而是我们的副业……没有薪金收入，专靠农业，生活是改善不了太多的。”

“你兄弟二人都在外边做事，那么田留给谁来种呢？”我不禁茫然。

“5点钟下班回来再做嘛，”他回答得甚为轻松，“我们有机器，花不了多少时间。”

“你们一切都用化肥，那么人畜的粪便都不用了？”我再追问他一句，因为他家中除了十五个人之外，还有两头猪、三条狗和若干只猫。

“粪便用在菜园上。”他说。

中农家庭的收支

张学意君是一位谦谦君子，有着中国淳朴农民最可敬可爱的乡村气味。他不太爱说话，但是他回答我的问题却是有条不紊。我的问题，或许在他听来都是一些不必要问的问题，他所回答的也只是台湾农村里尽人皆知的一些常识，所以他说起来显得极其平淡而轻松。而我这位重洋之外飞回来的外行，则对他每一句回答都感到新奇和惊异，因为我每问一个问题，都使我想到自己故乡中农民现有的和过去的生活状况。所以我尤其喜欢替他们张家算账。

照我算来，他家庭每年都有很多的结余。“剩下的钱都存到银行去吗？”我不免要问。张君说，他家内现款不多，有钱也不存入银行，因为他们农村里一直流行“入会”的办法——以前大陆上也有——那就是“会员”大家分别集资，每年按时抽签，谁得签，谁就取得当年大家所集的全部“会钱”。

张家或许在前些年也得过签——总之，他们两年前曾以现款二百五十万元投资房地产，在附近镇上买了一所有二十五坪（1坪约合3.3平方米）面积的铺面房屋。房价似乎是十万元一坪。张君没有告诉我这座房产出租后的房租所得——可能也因为他尚未详细核算。但是我以市面最低利率百分之五来替他算一算，则他家所得房租至少也在十二万五千元左右。

这样一来，我倒可替他张家一年的收入排个大致不差的流水账，项目大致如下：

一、两兄弟工资总收入——三十五万元。

二、房租或利息收入——十二万五千元。

三、妻子儿女零工工资——十万元。

四、农产品纯收入——八万元。

五、农业副产品（猪和鱼）——三万元。

上五项合计总收入——六十八万五千元（约合美金一万八千元强）。

关于张家一年支出的情形，我也大致替他算了一算。

在过去的中国农村里，通常一家最大的支出便是食粮。在张学意和我谈到他家中开支的情况之时，他说他二十万元的农业收入要扣除十二万元的成本。这十二万元中，除掉种子、肥料和机器折旧之外，显然也包括他全家食粮的总消耗，因为他说他们食粮自给，副食品蔬菜、鸡、鸭、鹅、鱼，也都自给。平时主妇们上镇市去买菜，少许油、盐之外，所买的只有猪肉一项。每年这项猪肉的消费，可能也略相当于他们售出两头猪的价格。

所以他们张家基本上还保留了我国传统农村自给自足的若干遗风。他们平时赚的钱，是赚一个留一个的。

因此除掉十二万元的农业成本和日常的猪肉消费之外，他家最大的开支便是田赋、灌溉水费、日用电费和日用瓦斯费了。他们每月支出电费五百，每年六千；瓦斯费每月三百，一年三千六；田赋每年七千；水费七千。

所以张家每年要用现款支付的租税和生活费，约在四万五千元上下。另外再花钱，那就属于教育和奢侈品之列了。例如张君的小侄女现在校中学古筝，一部古筝的价格便是七千元。至于张家妯娌的金首饰的消费，那自然又当别论了。

总之，经过我和张君计算之后，我答出个大致不差的结论，那便是他们张家在一切必需的消费之外，每年要结余三四千美金作存款来储蓄，那实在是举手之劳的事。张君微笑，认为我这一估计不太离谱。

富翁的远景

我们畅谈之后，张君又率领我们一行去参观他住宅的各部分。

这是一幢有五十坪面积的老农庄。有一半翻成西式住宅——客厅和卧房，一半依旧。厨房中灶头亦有老灶和瓦斯灶两种。全屋虽无自来水，但屋后那口由巨石紧盖的水井却由马达抽水，用水管通向厨房。厨房内外且有各种家用的大小机器，如揉面机、抽水机、脱水机等。我问张太太为什么不买一部洗衣机。

“啊，农人的衣服泥土太多，不能用洗衣机，”她说，“池塘内洗很方便，我们用个脱水机就足够了。”

按财力，他张家也可装空调和电话的。但是他们全家一致都说空调无必要。乡村清风习习，并不热。笔者本人也住在纽约郊区（乡下），的确知道空调无必要，尤其是经常在户外工作的农人，室内室外温度悬殊太大，对健康也不好。

至于那架美国佬不可或缺的电话，中国农民可能尚无使用它的习惯，平时也无此必要，正如张君所说的:“要用电话，到镇上去打好了。”

他们张家现在也有足够的财力把老屋全部翻修或重建。但是他们不能做，也不愿做。原因是由于台湾工业的迅速成长，他们瑞塘里这一地带已被划成工业扩展区。政府不许区内再兴建普通民房住宅。

这一规定，在生活上对张家虽有不便，但在经济远景上他们是竭诚拥护的，因为农村土地一旦划为工业区，地价势必随之上涨。

张家现有农场地两甲，合六千坪。划为工业区之后，地价已涨至五千元一坪。全场地价总值如今已超过三千万新台币，以目前台币、美币兑换率来折换，则张家之地现在已值美金七十八万元有奇。再加上他们既有的生财，则张家今日已是一个拥有一百万美金财产的大富户！

由一个“未穿过长裤子”的佃农，转化成一位百万富翁，是个奇迹吗？不是！我们读西洋史的人，知道这类事情太多了，没啥稀奇。在西欧、北美工业革命的历史中，这例子是千千万万的。张君的好运道，只是工业化过程中的通例之一，不是什么例外。

但是久处通都大邑之后，今日突然面对张君那样淳朴的乡村气味，倾听他那诚实无华的农人的语言，再看看他家中那位耳聋、蹒跚的祖母和赤足而害羞的儿童，我是感慨万千的。我国传统的良民气质和农村生活，太健康、也太可敬可爱了。若说我们五千年文明是真有什么伟大的话，它便是建筑在这些基础之上的啊！但眼看着它就要被狡猾而污浊的“都市”所淹没了。

现代化！现代化！你是人类生活史上的魔鬼！还真是什么进步啊、发展啊！但是，看到张家的情况，我也不断地想起我的故乡来。两地农民本质上是完全一样的，但是二者之间的物质条件和教育水平就有天壤之别了。

张家的衣食住行

我叫我的青年“照相师”给学意的夫人——张谢李妹女士照几张相作纪念。张太太是一位温和而端庄大方的中年妇女，虽然已是望五之年，看来却比她实际年龄年轻得多。她的发型是台北市上通行的一种，相当美观;身穿的是一套涤棉纶的西式服装，十分整洁，颜色也很调和，长裤上的裤缝熨得笔直；足下一双“半高跟”，也很入时。我想这就是一位农村妇女吗？至少，她的婆婆却是一位百分之百的“刘姥姥”啊!

她的丈夫，在我的好奇的询问之下，也含笑地承认他有西服四套。弟弟学国也有三套。我未见过穿西服的张学意,但是看到他夫人的衣着，我却不难想象出张学意穿西装革履是个什么样子。

据学意告诉我，他们的男孩子最常穿、也最喜欢穿的是牛仔裤；女孩子穿西式衫裙,有时也喜欢打扮打扮。我在他女儿精巧的绣房之内，也看到整架的化妆品。关于这一点，我倒不需要这位贫寒出身的爸爸来向我解释呢。

我们要和学意的那位赤脚的小侄女一起照相。她脸一红，躲起来了。问她名字也不答。可是当她在小瓦斯灶上烧鱼的时候，却被我们包围了。她在帮忙烧中饭，正在煎着一条圆圆胖胖的鱼——颇像我们长江里的鲫鱼。表弟告诉我，这是一条“改良品种”的“吴郭鱼”。我想或许是一位姓吴的和姓郭的水产学家“改良”出来的吧。不得其解,只好望文生义了。

这种鱼，据说是他们老祖父张阿增的偏好。他老人家苦了一辈子，幸好老运弥佳，儿孙满堂。如今七十六的高龄，家中大小事务他是不管了；但是每日清晨，老人家却喜欢牵着孙子，送他们上学。孩子们上学了，他便拿着渔竿到池塘边、树荫下，去钓他有偏好的“吴郭鱼”，一直等到家人叫他午餐才回来。下午午睡睡醒，到门前去等待散学归来的孙子们，也是他的乐趣。

唐诗上说：“野老念牧童，倚杖候柴扉。”这种淳厚的田家风味，在近代中国恐怕只能向书中去找了。想不到在桃园杨梅镇的张家还保留些许往古的遗风!

我在张家东张西望，总觉得有什么美中不足似的。啊，有了！原来他们家里有九个孩子，却没有一部脚踏车。在大陆，几乎遍地皆是脚踏车。在美国，凡是有孩子的家庭也都有，而张家独缺。这是什么原因呢？学意说：“我们已有三部机车……孩子们不喜欢脚踏车。”

一个农家居然有三部摩托车，这在以前中国的农村是不可想象的。但是张君却说，他好多邻家都已不要机车了，他们改用载货载人两用的无篷小卡车。他一提起这“小卡”，我立刻也就想到了，因为我在美国农庄做过工，美国农人最喜欢用这种“小卡”。他们有时且在车身之上配制一套可以作睡眠用的小活动车厢。暑期装上这车厢，他们就可以驾车出去作露营旅行了。我本人也在这种旅行车厢中睡过，它甚为经济、舒适而方便。看样子，台湾农民之利用这种“小卡”来度假，为期也不远了。

教育和娱乐

正当我仍和张君絮絮不休之时，他那位正在服兵役、穿着军服的儿子张颂彩回来了。他是一位眉目清秀的青年，二十二岁，“高职”毕业，习汽车修护，现在则是一位“现役宪兵”。学意的二子颂宏，二十一岁，成功中学毕业，今年参加大专联考未取，现注册入台大补习班“丁组社会科”用功补习，预备明年再试。三子颂安则正在农工高职读二年级，习农工电机科。

张君那位已出嫁的女儿秀珍也是实践家专毕业。实践家专是所谓“三专”，亦即学生在高中毕业后，再入校读三年毕业的专科学校。二女秀玉二十三岁，则是万能工专毕业，万能是“二专”，她学的是会计，现在一建筑公司服务，待遇也很好。

张家二房的孩子都还小。最大的张颂光是个男孩，十八岁，现读高职三年级，习电工，专业是室内配件。这时他正暑假在家，抱着个自用的大篮球来和我们握手拍照。颂光矮而黑壮，一望而知是一个十分诚实的农村青年，浑身上下没有台北青年所习见的都市气味——虽然他家离台北不过五十公里。

颂光下面是四个妹妹，尚分别在高、初中和小学就读。她们的志愿，自然也都是高职和大学了。

他们张家这十个孩子的教育程度着实使我震惊。我想起我自己家中——传统所谓书香之家——叔伯兄弟姊妹的教育程度，和我的一位三十来岁的外甥女至今还是个文盲的情形，不禁为之黯然。

我问张学意君平时有什么娱乐，他说电视、电影之外，他喜欢听柔和的音乐，其外则是读书、阅报。他家中也订了些报刊，其中包括一份台北的报纸和一份孩子们喜欢看的《青年战士报》。

学意的夫人和弟媳则参加了当地的“妇女会”，学习烹调和缝纫。孩子们的学校一般都有“家长会”——美国同类组织叫做“家长教师联合会”（P. T. A. ），家长们可以通过这个组织从事各种社交活动。我想这也是所谓“已发展国家”中的自然现象吧。

政治和选举

“你们乡村的政治组织采取何种形式呢？”我换了个题目向张君发问。

他说，他们最小的政治单位叫里，里有里长，由人民公选，三年一任。他们瑞塘里现任里长庄水贵君便是一位无党籍的民选里长。里之上有镇，镇有镇长，也是民选，四年一任。杨梅镇现任镇长谢新鉴君则是国民党党员。镇以上是县，设县长，也是民选，四年一任。桃园县的县长便是那大名鼎鼎的许信良。许信良因久假不归，现已被省政府停职，暂派现任省府委员、国民党党员的叶国光代理。不过叶氏只代理到今年11月14日原许任期满为止，届时桃园县当另选县长云。

我所认识的台湾朋友们都说，台湾人民的政治意识极浓厚，每次地方选举期中的“政见会”，参加的群众都是人山人海的。这也是民权起步的表现吧。

后来我又向一些省内、省外的政论家请教省内农民对政治远景的看法如何，他们都认为农民对地方政治的参与是十分踊跃的，希望有真正的民选省府出现，但他们不希望把政治局面搞乱，乱会影响经济的稳定和成长，那是对他们不利的。所以省府应善体民意，因势利导才好。他们认为社会上一般老百姓“人心不思乱”,甚至“怕乱”,实是台湾和平、安定远景的最大保障。

我默察张学意君一家的情形，如张君在台湾农村社会中确有其代表性，则上述这项结论可能也是正确的。

见微知著?

笔者与张君一晨之谈，所得的启发实在太大了。我的访问虽短，但也可说是对当前台湾农村的“个案研究”(case study)或“例案探讨”(sample investigation)，这在今日流行的社会学的法则上说，也可叫做“见微知著的法则”(micro-level approach)吧。张家这“例案”(sample)虽小，但是这个“平凡的他”，则是目前整个社会中的一个细胞，他们发展的正常与否或健康与否，每可看出一个社会整体发展的取向。

张君告诉我，他一家生活的情形，只代表台湾农村中的中下层，本质上还算不得富农，因为他还不够资格报一般人民所报的所得税呢！他一家两户，上有老、下有小，食者众、生者寡，所以按规定，他每月工资中的所得税就免扣了。

学意又举例说，大多数的邻家都比他好。例如紧隔壁的申家，因为孩子少，他们夫妇一日所得便是一千元以上（约合美金二十六元强）。如此则每月收入在美金八百元左右。八百元在美国不算高，但是美国人生活费用大，一般人从手到口，收入大部住掉、吃掉，今月有钱今月了；而这些台湾的自耕农，则赚一个，留一个。老同学、专治台湾经济的侯继明、王作荣两教授也告诉我，今日台湾人民的储蓄率曾高到百分之三十。这是个可惊的数字。但是我近看申家，则可知这一数字形成的“所以然”了。

所以如果申家算是台湾的“中等农民”（这名词是张君说的），那我望文生义，只好把张学意和他的家庭列为台湾的“下中农”了。

这里我得郑重声明：至于申、张两家在台湾农村中究有多大的代表性，我是望文生义、人云亦云的。我个人在这个名词上，到目前为止，并未找到确切的“学术性的根据”。

不过我个人是搞过长期的口述历史的。我认为耳闻目睹之言，虽不可轻信，也不可完全不信，因为它有时反比长篇大论的“学术报告”更中肯、更可靠。至于如何对待这些口述材料，对一位学历史的来说，那就存乎一心了。

在访问张家之后，斗室沉思，我想应该不应该把它写下来呢？经过反复的考虑，我对我自己的答复是正面的。因为我认为，这至少是当代中国社会经济史中一点点诚实无欺的“口述史料”。

记得以前有一位史学老教授告诉我：为保存史料而保存史料，便是一种贡献。所以我就决定把它保存下来了。至于这份“口述史料”究竟有没有丝毫史料价值，那还是让读者们去裁判吧。

原载《传记文学》第三十九卷第五期

《通鉴》与我

从柏杨的白话《资治通鉴》说起

我近来最羡慕柏杨。

羡慕他，不是因为他名满天下、稿费如潮、美眷如花。

我羡慕他已经有这把年纪，还有此“勇气”、“决心”和“机运”，来“啃”一部有二百九十四卷之多的世界第一流古典名著《资治通鉴》！

在海外待久了，才真正体会出所谓“学术的世界性”。我们这部《资治通鉴》，不管从任何文化的任何角度来看，它都是世界史上第一流的古典名著和巨著！在人类总文明的累积中，找不到几部。

“啃”是乐趣、是福气、是运气

我为什么说柏杨在“啃”呢？这也是根据我自己的读书经验而言。痴生数十年，啥事未干过，只读了一辈子的书。如今谋生吃饭的“正常工作”便是读“正书”。工作之暇，去寻点消遣、找点“娱乐”，则去读点“歪书”（借用一句我乡前辈苏阿姨的名言）。结果呢，工作、娱乐，正书、歪书，弄得一天到晚“手不释卷”。

据说夏曾佑、陈寅恪诸大学者，胸藏万卷，读到无书可读——他们嫌天下书太少了。我是个大笨蛋，越读觉得书越多，好书太多，读不胜读——我嫌天下书太多了，有时真有点同情秦始皇。

书多了，读不了，真恨不得有千手千眼，来他个“一目十行，千目万行”。针对这个“需要”，聪明的美国文化商人便提出了“供应”——他们搞出个赚钱的行业叫“快读”（rapid reading），这也是今日美国商场很时髦的生意。

但是根据我自己的笨经验，有些书——尤其是大部头的古典名著——就不能“快读”。相反的，对这种著作要去“啃”，像狗啃骨头一样地去“啃”。我个人的体会便是，在午夜、清晨，孤灯一盏，清茶一杯，独“啃”古人书，真是阿Q的最大乐事。可是在当今这个“动手动脚找材料”的商业社会里，你哪有这种福气和运气去“啃”其爱“啃”之书呢？

先师胡适之博士曾经告诉我说，读名著要写札记，然后消化、改组，再自己写出来，这样才能“据知识为己有”。这条教训，对我这个笨学生、懒学生来说，还嫌不够呢！因为有些“知识”我“消化”不了，“改组”不了，“写”不出来，我就把它肢解一番，放在冰箱里去了。

所以要把一部古典名著真正搞透了，最彻底的办法还是翻译——汉译西、西译汉、古译今。

翻译工作，一定要对原著一字一句、翻来覆去地“啃”，是一点含糊不得的。

荀子说：“古之学者为己，今之学者为人。”

所以专就“为己”之“学”而言，翻译一部巨著，真要有不世的“机运”和“福气”，进而能“人己两利”，兼以“为人”，岂不更好？

咱也“读”过《通鉴》

羡慕柏杨译《通鉴》,我还有点私情,因为咱也读过《通鉴》。《通鉴》“姑娘”也是我的“少年情人”(childhood sweetheart),一度卿卿我我,恩爱弥笃;为着她,我也曾闯过点“言祸”,而为士林泰斗所不谅。

说句更丢人的话,在下做了一辈子“学人”,如今将到“已无朝士称前辈”的昏庸阶层,我一辈子也只读过这么一部大部头的古典名著。她和我白头偕老,我也仗着她招摇撞骗一辈子,终老不能改。

更惭愧的则是,我对《通鉴》只是“读”过,而没有“啃”过。

“读”书——如果没有个人拿着戒尺或皮鞭站在后面的话——是会偷懒的。再到难懂之处、不明不白之处、半明半白之处、索然无味之处,你会学杨传广跳高栏的——一跃而过,永不回头。所以从治学方面来说,“跳高栏”和“啃骨头”就是两个截然不同的境界了。

对于这部巨著,我也曾“跳高栏”地跳过一遍,从头跳到尾。我对《通鉴》有偏爱,数十年来,时时刻刻想再“啃”她一遍;但是数十年来,就从无此“机运”、“勇气”和“决心”来干这“傻事”。今见柏杨为之,于我心有戚戚焉。

宣传“新生活运动”的副业

我什么时候也“读”过一部《通鉴》呢?

说来好笑,那是当年蒋委员长在南昌推行“新生活运动”推出来的。

记得那年我正在家乡一所县立中学读初二。我们那所学堂虽小,口气倒大——以南开自比。平时功课不轻,暑期作业尤重。但是这年——“新生活运动”开始之年——我们的暑期作业忽然全部豁免。原来蒋委员长要我们全部中学生在暑期中“宣传新生活运动”。

为此,我校在学期结束之前还办了一个短期宣传训练班,并学唱“新生活运动歌”。这个歌我到现在还会唱，前年还在家乡对那些搞“五讲四美”的小朋友们唱过一遍。那歌的开头是：

礼义廉耻，表现在衣食住行。
这便是，新生活，运动的精神。
……

另外还有一首《宣传使用阳历歌》。什么：

使用阳历真方便，二十四节真好算。
上半年来六廿一，下半年来八廿三。

原来阴历里的什么立春、小满……所谓“二十四节”是不定期的，使用阳历了，则每月两个节日，排得整整齐齐的，好不“方便”也！

唱歌之外，我们又练习了一些当时山东韩青天所不能理解的“走路靠左边”、“扣好风纪扣”、“刷牙上下刷,不应左右拉”等新生活的规律。

准备停当，暑假返家，我就当起“新生活运动的宣传员”了。在下原是个好学生、佳子弟，老师怎说，咱怎做。

我家是在农村里，住的是土围子。我的家叫“唐家圩（土音围）”。我是那大土圩子里的小“土少爷”。附近农民中，看我长大的人，都尊称我为“二哥儿”。可是这次返乡，我这个“二哥儿”要向他们做宣传可就难了。

那正是个农忙季节，农民们三三两两地在水田内工作，我如何向他们宣传呢？最后总算苍天不负宣传员，我终于找到了一群最理想的宣传对象。

原来那年雨水不多。我乡农民乃结伙自大河内车水灌田，俗名“打河车”。那便是把深在河床底下的水，通过一条“之”字形的渠道，用三部足踏大水车连环把河水车向地面。那大水车每部要用六个人去蹬，三部车便有十八条蹬车好汉——这岂不是我最理想的宣传对象？

我拿了铅笔和拍纸簿，静立一旁，等他们停工，好向他们宣传“新生活”。

果然不久，那第一部车上一位名叫郭七的大汉忽然大叫一声：“哦……哦……”接着那十七条大汉也跟着大叫：“哦……哦”水车停下了。郭七卡好了水车，便坐下来抽他的旱烟。另外的人则在水桶内用瓢取茶喝，还有几个小汉则溜到河下，泡在水里。

我想把他们集合起来来听我讲“走路靠左边”，显然不易做到了。“扣好风纪扣”就更难了，他们之中有几位连裤子也没穿，只在屁股周围围了一条又脏又大的白布——他们叫“大手巾”，哪有“风纪扣”好“扣”呢？

我认识郭七，他是我的老朋友，所以我还是想试试，要郭七把他的队伍集合一下。谁知郭七却用他的旱烟杆敲敲我的臂膀，嬉皮笑脸地说：“哥儿，去偷一包大前门来抽抽嘛！”

郭七这话并没有冒犯我，事实上我以前也替他不知“偷”了多少包大前门呢，但是这次我是来“宣传新生活”的。“宣传新生活”，怎能继续做小偷呢？所以我们二人谈判决裂。

“哦……哦……”郭七吹了个大口哨，十八条好汉，又去骑他们的水单车去了。

我只有失望而归。

认识了司马光

“宣传员”做不成了，但是昼长无事，我却学会了用马尾丝扣知了（蝉）的新玩意儿，乐趣无穷。

一次，我正拿了根竹竿，全神贯注地向树上扣知了，忽然发现背后站着个老头子。回头一看，原来是我那位足足有三十多岁的老爸爸！父亲问我为什么不做暑期作业，而在此捉知了，我据实以对——我这期的暑期作业非不为也，是不能也。

“好吧！”老头子说，“那你就替‘我’做点‘暑期作业’吧。”

说着，他把我捕捉的知了全给“放生”了。

“替‘我’做！”他又老气横秋地重复一遍。

我跟父亲回到家里的书房。这个三开间、全面落地玻璃窗、面向一座大花园的书房，有个现代化的名字，叫“唐树德堂家庭图书馆”。这个洋名字是当年清华学校足球队中锋唐伦起的。唐伦是我的三叔，他那足球队的队长名字叫孙立人。

在书房内，父亲搬下了一个小木箱，这个精致的黄木书箱上，刻了几个碗口大的红字“资治通鉴”。

父亲抽开木箱盖，取出一本线装书给我说：“这书，你的程度，可以读。”

这是我第一次看到有那样漂亮的线装书。那时我最恨线装书，但对这部书却一见钟情。那米黄色的纸那么赏心悦目，字体又那么端正、整齐、清晰，书又是崭新的，真是美观极了。

我接过书来，立刻便被她美丽的装潢迷住了，真可说是“爱不忍释”。再翻翻内容，觉得并不难读——因为我有读《史记》的底子，故事也颇合我胃口。

知了早已忘记了，老头子何时离去，我也未注意。拖了一张圆藤椅，我便在那花香阵阵的紫藤架下读起《通鉴》来了。

这对我是个难忘的时刻。事隔数十年了，书被烧了，房子被拆了，人也被整死了……但是此情此景，却随时在梦中和冥想中不断地出现。

替老子读书

记得自那天起，我替父亲做“暑期作业”，便一刻未停过，终日一卷在手，除掉睡眠和洗澡之外。有时我自黎明开始，一读便读到日落西山，蚊雷阵阵，我还不肯放书。我读得那样入迷——直使母亲抱怨父亲，父亲自己也懊悔不迭。原因是我有读书生病的前科——一场伤寒，几乎把小命送掉。

其实我那场病与读书并无关系，“书”只是替“病”背黑锅而已。但是那时无现代医药常识的乡巴佬哪里知道呢？

我把《通鉴》读得太沉迷了，有些不明真相的老长辈们还夸奖我“用功”呢。可是我如把《通鉴》换成《七剑十三侠》，他们便不会那样想了，而事实上我看《通鉴》却和看《七剑十三侠》的心情并无两样。讲一句80年代的漂亮话，我只是觉得“历史比小说更有趣”而已，“用功”云乎哉？！

不过读历史和读小说也多少有点不同。因为读历史有个逐渐向前发展的“境界”，一个接一个迫人而来，读小说则是一泓秋水，就没有这种感觉了。

那时我读《通鉴》的境界，似乎每日都在迅速改变之中。最原始的便是我对在我家中出出进进的、满口之乎者也的老食客、老前辈的印象逐渐改变了。他们都是些能说会道之士，讲起话来都是出口成章的。

渐渐地，我觉得他们所讲的故事一一都在我书中出现了，而书中的故事和他们所讲的则颇有出入。

他们都欢喜掉文。渐渐我也觉得他们所“掉”之“文”大有问题（与“书”上不对嘛），有时竟漏洞百出，有时甚至驴头不对马嘴。

这些老长辈们一向都是我的“法力无边”的老师，他们对我们这批孩子们的“训诲”也是居之不疑的。谁又想到在一两个月之内，在我的“老师”司马光比照之下，一个个都面目全非了呢？

秋季返学，更不得了，班上同学似乎也比以前显得粗野无知。那位一向向我夸口、说什么“你数理比我好，我文史比你好”的潘驼子的“文史”，似乎也法宝全失。

不用说，那教我们历史的女老师，在课堂上时时出岔子——我当然不敢更正她。就是我们一向顶礼崇拜的教国文的蔡老师，他的学问，似乎也跑掉了一半。

天啊，读了一部《通鉴》，境界上竟然有这样大的转变！是我自己长大了？还是被司马温公改造了呢？

做《通鉴》的文抄公

升入高中之后，我的第一位国文老师竟是个不折不扣的“江南乡试”试出来的“举人”。他自己也和范进一样，颇为自命不凡。一次作文时，他出了个题目叫“三国人物选论”。我一下就“选”中了“五虎上将”中的关、张二将，另加军师孔明。在两小时的时限中，我交了一篇作文，大意我还有点记得，在文章的结论上，我说：

> 关羽、张飞皆有国士之风也。然羽有恩于士卒而无礼于士大夫。飞则有礼于士大夫而无恩于士卒。各以短取败，可悲也夫！

至于军师孔明呢？我也一反传统的“诸葛用兵如神”的老调，说武侯“用兵非其所长也”。

文章交上之后，举人老师显然大为欣赏。他把我叫到他桌子旁边，问长问短，着实嘉奖一番，并用朱笔划给我九十九分——他扣了一分，原因是“小楷欠工整”。

最初，当老师叫我进去时，我很有点紧张，怕他给我不及格，因为我这篇大文，大半是从记忆中，抄我老师司马光的。做了文抄公，按理是该拿鸭蛋的。我拿了九十九分出来时，虽然受宠若惊，但是我也觉得奇怪，为什么举人老师连部《通鉴》也未读过呢？

其实他老人家读是读过的，只是年老昏庸，忘记了；不像孩子们，一读就记住。一下当起文抄公来，连堂堂举人公也给我唬住了。

在中国科举时代，是“一举成名天下知”的。一个“举人”还了得！在民国时代“举人”绝种了，剩下几个老头子，简直是“珍禽异兽”。想不到这些“凤凰”、“麒麟”都被我一部《通鉴》唬住了，余下的飞禽走兽，对一位“通鉴读者”，就只有莫测高深之叹了。

学会鬼拉钻

记得幼年时代，我曾学过少林拳。有位师父教我们一套拳法，叫鬼拉钻，它的口诀是：学会鬼拉钻，天下把式打一半！

鬼拉钻是如何打法的呢？其实最简单：一、蹬下马裆；二、左右两拳轮流快速出击，一秒钟打它十几拳——如土木匠“拉钻”一样。据他说学会这一套简单拳法，当之者，无不被打得鼻青眼肿，三江五湖，鲜有敌手！

我发现，自从“宣传新生活运动”铩羽归来、替老头子读了两个月的《资治通鉴》，居然也学会了一套鬼拉钻。其后所到之处，只要之乎者也一番，自然就有人说你“汉学底子好”。反对你“汉学底子好”的，你使出鬼拉钻来，一秒钟你就可把反对者打得鼻青眼肿，“三江五湖，鲜有敌手”！

江湖上有名了，以后不论你加入什么同乡会、同学会、校友会、研究会、歌咏团、伙食团、麻将社、桥牌社、登山队、旅游队……你都不会失业。他们会选你做秘书、文案、书记、通讯员等要职，使你不负所学。

笔者的“现职”便是“国立中央大学旅美校友会第二书记”，专司向三岸校友写八行书。

论“年高德劭”，我本应荣任校友会会长的，恨只恨我那些“沙坪旧侣”不知敬老尊贤，连个“第一书记”也不让我干，因为那一崇高职位还要“兼管其他会务”，量材器使，我只能“专搞笔墨”！

我为什么被“下放”去“专搞笔墨”呢？据说是因为我“汉学底子好”，满口之乎者也。之乎者也哪里来的呢？全部出于《资治通鉴》！为什么专读《通鉴》呢？那是“替老子读的”！“老子为什么要强迫你读《通鉴》呢？”无他，在下是“我的老师”蒋中正（我在中央大学读书时，蒋先生兼校长，称“我的老师”并非招摇）的坏学生——把“新生活运动”宣传糟了的结果。一着之错便干了一辈子幕僚、师爷、教书匠！

诸史之根，百家之门

我个人在中学时代，“读”了一部《通鉴》，那虽然是一个偶然又偶然事件的结果，但我却深深感到这偶然中充满着幸运——我“偶然”地摸上了治学的正途。积数十年的观察和经验，我觉得中国史学家治史——不管治啥史：世界史、欧美史、通史、断代史、秦汉史、明史、清史、民国史、政治史、学术史……第一部应熟读之书就是《通鉴》。

《通鉴》是有其酸溜溜的“臣光曰”的哲学的。我们的“臣光”先生是要上接春秋、下开百世的。但那一套是写给皇帝看的，看官们既不想做皇帝，则大可一笑置之。

但是我们的温公却有治学的雅量。他遍存诸史之真，广纳百家之言。他没有改写历史，没有“以论带史”，更没有“以论代史”。简言之，我们的司马温公没有糟蹋历史，而糟蹋历史，则正是今日大洋三岸史家之通病！

还有，我们读历史的怎能不读点“原著”呢？

朋友，你要知道，“读原著”实在是我们中国人特有的福气呢。读西洋史，有几本“原著”好读？上帝垂示的《圣经》就不知“翻”了多少筋斗，最后才来污辱我们汉文汉语，印出那种丑恶不堪的东西。

笔者也曾一度“啃”过吉本的《罗马衰亡史》。老实说，我就嫌这位盎格鲁·撒克逊的作家，用他生花的英文彩笔，隔靴而搔那讲拉丁语罗马皇帝之痒。我的同事之中，今日尚有以拉丁文作文的，但是他们隔靴而搔的丑态，恐怕连长眠地下的吉本也要笑掉大牙了。

俗语说“隔重肚皮隔重山”，冒认异族做祖宗，你再有生花妙笔，也无法传神的。君如不信愚言，你去读读英译《红楼》、英译《史记》，便知鄙言不虚也。

我们是有福读我们自己的“原著”了。但是古典浩如烟海、真伪杂糅。远在宋朝便已有“一部十七史，从何说起”之叹，今日再来摩挲古籍，那就更无从摸起了。所以温公的长处，便是把十七史精华，并旁采百家，纳于一炉，从而融会贯通之。精读此二百九十四卷，则赵宋以前，诸史精华，尽在其中矣。采精去芜，君实（温公）独任之，毋待足下烦心也。

司马光是个小心谨慎的迂夫子，他不像他远房远祖司马迁那样天马行空、大而化之。正因为他“迂”、他小心翼翼，所以他才能用了十九年的工夫，编出这部千古奇书、诸史之根的《资治通鉴》来。

章实斋说得好：“六经皆史也。”

历史实在是一切人文学科的总根。离开历史，则一切人文学科皆是无根之花。《通鉴》既是诸史精华之荟萃，则《通鉴》也是通向一切诸家经史子集的总枢纽；掌握此一家，则其他诸子百家之杂学，自能络脉畅通，无往不利。

本乎此，我敢大胆地说，《通鉴》一书，实在是诸史之根、百家之门。

以前为着指导青年人研究国学，梁启超、胡适之两先生曾为诸后生拟订一份洋洋数十部的国学基本书目。

在下如也练出上述两前辈之功力，有人也要我拟一“国学基本书目”，那我就老实不客气，一书定天下——《资治通鉴》。

若有人焉，真把那部二百九十四卷的大书“啃”得烂熟，他还要请求国学大师们来替他开一纸“基本书目”吗？我看不必了吧！

到了那样的火候，山人就自作主张了！

“缪大书箱”的真功夫

前已言之，我在中学时代，学了一套鬼拉钻，完全是个“偶然事件”。我老子要不是讨厌我捉知了，他是不会要我学的。斯时我祖父已去世，否则他也不许他儿子强迫他儿子的儿子去读什么《通鉴》的。胡适之先生生前便夸奖先祖是位“新人物”，“新人物”怎能叫儿子的儿子读《资治通鉴》呢？

废话少说。

且说我这套鬼拉钻拉到重庆沙坪坝就失灵了。我发现在那儿，我那些师兄师姊们也各有一套，旁观之下，便再也不敢学香港街头的李小龙，去“找人打架”了。

我们沙坪坝那座大庙里，当时还有几位老和尚，他们的功夫，可就不是鬼拉钻了。

在一次野餐会中，我和那位绰号“大书箱”的缪凤林老师在一起吃烧饼，缪老师当时在沙扇区师生之间并不太popular。他食量大如牛，教师食堂内的老师们拒绝和他“同桌”，所以他只好一人一桌“单吃”。

“进步”的同学们，也因为他“圈点二十四史”，嫌他“封建反动”。我对他也不大“佩服”，因为我比他“左”倾。

可是这次吃烧饼，我倒和他聊了半天。我谈的当然是我的看家本领《通鉴》。谁知我提一句（当然是我最熟的），他就接着背一段，我背三句，他就接着背一页——并把这一页中每字每句的精华，讲个清清楚楚。

乖乖！这一下我简直觉得我是阎罗殿内的一个小鬼，那个大牛头马面，会一下把我抓起来，丢到油锅里去。

缪老师那套功夫，乖乖，了得！

后来郭廷以老师在纽约告诉我，说缪老师曾一度“避难”来台，但是在台湾却找不到适当的工作，结果又返回大陆。

其实今日台湾——甚至整个海内外——哪里能找到另外一只和他容量相同的“大书箱”？

缪公之外，我也发现那群教我中国文史的老教授，如胡小石、金静庵、顾颉刚、贺昌群、郭廷以，乃至授西洋史的沈刚伯诸先生，无一而非《通鉴》起家的。他们大半都“啃”过《通鉴》，不像余后生小子之只会“跳高栏”也。自此以后，我也咬牙切齿，恨我自己不学无术，那点花拳绣腿，遇到真教师，人家一巴掌，就可把你打入大相国寺的粪坑里去。自此以后，我一辈子的志向，也就是想下点“啃”的功夫。可是就一辈子没有真正“啃”过。一大把年纪了,碰到有人把我也列入“学人”之列，实在自觉脸红。

胡适和《通鉴》

离开沙坪坝不久，我在美国就遇到另一位老师——那位反对古文的老祖宗胡适之了。那时最使我瞠目结舌的便是发现胡老师居然也是读《通鉴》起家的。“历史”原是他的“训练”，而他受“训”期间的看家本领便是《通鉴》！胡适也是“我背一句,他背一段”的“大书箱”——他读《通鉴》是从十一岁开始的，他“啃”过《通鉴》。

胡博士（今后我当拼命叫胡老师“博士”，以免人家误会）觉得奇怪的是，我这个“小门生”也读过《通鉴》，而且也是幼年期读的。我告诉他我未读过《续通鉴》，因为我那位老爸爸把《续通鉴》藏起来了，不让我读。

胡老师闻言，连说“可惜，可惜”，但是却又说“不晚，不晚”。后来我这位恩师大人（我现在是叫他“恩师”呀！）终于把他书架上整套《通鉴》、《续通鉴》和《明纪》都送给我了。书内还有恩师亲批的手迹，还有恩师亲书的读通鉴札记呢!

可是那时令我奇怪的便是,我的恩师十一二岁时便“啃”过《通鉴》（显然获益匪浅）,为什么他“啃”过的“骨头”,却偏不让那些可以“啃”、也情愿“啃”的青少年后生去“啃”呢？我自己如果不是贪着捉知了，不就连“读”的机会也没有了吗？

所以我以后和我的恩师抬了好几年的杠,我认为“中学国文教科书”里,白话和文言是可以“和平共存”的,白话文不应该搞“民主专政”！

我为什么要重违“师训”呢？理由很简单:吾爱吾师,吾更爱真理!

谈谈《白话通鉴》

我个人读《通鉴》，是爱读其原文的。

可是近些年来教读海内外，我也觉得倒霉的“古汉语”太难了。要青少年们再去享受点古典文艺训练简直是不可能。那种佶屈聱牙的怪东西，连他们的老师——乃至好多名震一时的海外名学人——已经很难应付了，何况他们。

未碰而先怕，这种“先怯症”一般青年是很难克服的。“古典文艺”岂真如此难哉？胡适之辈十一二岁就可通晓，岂真“神童”哉？非也！免再惹是非，且说句洋文遮盖遮盖，那只是 damage already done 而已耳。

搞“古汉语”既然连老师、学人都要傻眼，那就至少要读点“名著今译”。真读了“今译”，再回头去翻翻“古本”，“古汉语”往往会豁然而悟的——咱们方块字、文言文就有这点玄妙，它可无师自通。

读“名著今译”——我承认这是个人成见——第一部巨著应该就是《白话通鉴》。各界职业仕女、知识分子，周末少打八圈麻将，看看《通鉴》，是会变化气质的。

麻将不必戒嘛，少打一点！抽空看看有趣味而又有用的书，稍稍变换变换山外青山的社会风气，这才叫作“有文化的国家、有文化的社会”嘛。同时也可为儿女做做榜样。

在学的青少年大中学生，课余之暇、情书情话之暇，搞一点学术性的“鬼拉钻”，也不是坏事嘛。年纪大了，你会发现它的好处的。

至于学在下这行、靠历史吃饭的——尤其是终日“动手动脚找材料”的大学者和旅美名学人——倒真要把《通鉴》这种大部头“温习温习”呢。

胸无丘壑，腹无名著，只是终日捡垃圾，到头来，还是难免不通的。笔者浅薄一生，午夜梦回，每每悚汗不已。谨以个人感受，质诸同文，不知以为然否？

不过话说回来，读古典名著今译亦非易事。古文亦有古文的局限性，如果把它毫无技巧地直译为白话，则其佶屈聱牙的程度，或有甚于原文。

所以搞《通鉴》今译，为着让大众读起来有兴趣，则译者表演点“文字秀”，也是绝对必要的。

吾友柏杨，饱学之外，搞“文字秀”也是天下少有的。以他的博学，以他的彩笔，司马光之力作将重光于海内外，是屈指可待的。

我羡慕柏杨，这大把年纪，还能搞“为己之学”，来“啃”这块大“骨头”！

我更敬重柏杨，在“为人之学”方面，能把《通鉴》这部世界第一流巨著译成白话，以飨大众，真是为中华民族子孙造福。

笔者噜噜苏苏搞了这半天，问良心，实在不是为好友柏杨伉俪拉生意、做推销员。天日可表，我讲的实在是肺腑之言。

1984年3月9日写于美东春雪封校之日

原载《传记文学》第四十四卷第五期

从“人间”副刊谈到台湾文艺

对台湾的文艺界，我个人原是非常陌生的。50年代后期虽也在《自由中国》投过稿，但在该刊关门之后，我便未在台湾报刊上写过一个字。一直到1977年刘绍唐先生来美国拉夫，要我替自己的英文作品（编者按：此处指《胡适口述自传》）做点翻译汉文的工作，这样我才替“刘传记”写了些“打差文章”。本拟译完就搁笔——对台湾的文坛实况和写作阵容，并未深入观察，也无心及此。

我之开始阅读台湾的文艺作品和群众性的学术著作，老实说，实在是从翻阅“人间”副刊开始的。那时承《中国时报》大批按时航寄赠阅。我原是中国农村出来的，不习惯于浪费，眼看这样万里外航空寄来一束束印刷精良的报纸，不加翻阅便胡乱丢掉，未免太浪费了。由于“免罪过”心情的驱使，我才一篇篇地翻看一下，这样才使我逐渐深入，不能自拔。

30年代，读中小学时代，我曾经是个副刊迷。对那时的副刊作家，什么鲁迅、老舍、茅盾、巴金等人的作品，都可倒背如流。彼时政府的“文网”还算不上太密，这批人又托庇于租界，所以能畅所欲言，而读报的青年，又正是崇拜英雄最忠实的年龄，一卷在手，废寝忘餐……在我个人褊狭的记忆里，30年代真是我祖国当代文艺和学术的黄金时代。

后来抗战开始了，报刊少起来，而左右各派大作家的框框反而愈来愈重。青年大学生的脑袋又一天天地独立起来，不愿意“让人家牵着鼻子走”，因此对“框框文学”兴趣也日渐减退，甚至觉得“时下少可看之书，坊间多欠通之作”呢。

在许多知识分子的经验里，大学时代往往都是他一生“学问”的巅峰时期，他瞧不起这、瞧不起那。可是在我的记忆里，“30年代”仍是个迷人的时代，她一去不复返，多惹人怀念啊！这大概也如“初恋是最甜蜜的”一种心理在作祟吧。

那时大中学里的文艺青年对鲁迅的迷恋，和今天的张纯华姑娘对鲁迅孙子的一往情深，也颇有些相同之处。

可是当我在五年前接触“人间”副刊时，我就觉得我自己的孤陋寡闻和浅薄落伍了。不但当大学生时代的轻狂心理久已消失，甚至我对“30年代”的怀念也连根动摇了。有时我细嚼“人间”上的诸家作品，觉得他们都写得很好，甚至可以说是篇篇珠玉，非小可所能及，而编者的编排技巧、选稿、插图，皆深具匠心——弹一句老调，真叫做“超过国际水平”——令我看得眼花缭乱，爱不忍释！“30年代”里哪有这个水平？

由于“人间”的勾引，我阅读中文报刊的范围也扩大了，越看越觉得今日的台湾文艺界，是把30年代的上海、北平抛入古物陈列所了。

现代中国文艺，在这个宝岛之上迈进了一大步，我们在海外喜欢翻阅“中国现代文艺发展史”的读者们，对台湾写作界的千百个文艺耕耘者，真要脱帽致敬。

今昔对比之下，我对当前台湾女作家的表现尤其感到惊异。

记得大约两三年前，我读到张晓风女士所写的悼念我的老友顾献梁先生的文章——那时我还不知道张晓风是位“女作家”——她说献梁守不住钱，守不住朋友，也守不住太太，虽然他的两位夫人都是最善良的妇女，但是他死后却落得无数青年学生在为他垂泪、治丧。我读后为之凄然者竟日。

献梁是我的老友，是一位颇有才华的文人，对文学和艺术都有火热的爱心。他年龄比我大，学问比我好，阅历也比我多，我可说一向都是“以兄事之”的。后来他应聘返台，我们的往还就少了。一直到1970年冬，我回台湾，他于午夜时分到我旅邸相访，恳谈数小时。那是我们最后一次的倾谈。这时他给我的印象，便是一位十分潦倒的文人——真是冠盖满京华，斯人独憔悴。以献梁的才华和经历，他本不该惆怅若是。分手之后，我心中颇为恻恻，而不得其解，一直等到读完张晓风女士的悼文，我才若有所悟。

因为我对亡友顾献梁先生了解得太深刻，读到张文才有扣我心弦的感应，而久久不能忘。也由于我读到这一类“女作家”的作品，才又使我想起我在30年代所读的什么“小雨点”、“小读者”、“小札”……一类大名鼎鼎的“小”字号女作家的作品来。两两相比，70年代的作品，毕竟比30年代的要成熟得多了。

去年我有幸在纽约听到丁玲女士的讲演。看那位老太太在台前走来走去的神情，和听她那一篇惹起很多青年作家和她抬杠的讲辞，我坐在后排暗想：这就是我读初中时代所朝夕倾慕的“丁玲女士”吗?

后来我们又一起吃晚饭，交谈之间，我狠狠地注视着她，想从她那萧疏的白发之间，找出些罗曼蒂克“30年代”的痕迹，可是我一丝也找不到了。

“30年代”毕竟是一去不复返了。

代之而起的，是台湾这个小岛上“70年代”的过去和“80年代”的将来!

“文艺”毕竟不是生姜，老的不一定最辣；“文坛”也不是市场，在那儿劣币不一定可以驱逐良币；而“历史”却是一面筛子，优良的作品，一定要经得起历史的考验！古往今来的佳作、巨著，无一而非是历史的筛子筛出来的。

言念及此，我个人亦深觉自疚。因为我自己不是搞文学的，而我在前些年，却听信海外文艺界的友人说台湾的文艺是“蓝色窗帘的文艺”。朋友们是低估了这片一度有“文化沙漠”之称的宝岛了。

台湾文艺之有今日的成果，当然是它所拥有的千百个作家共同努力的结晶。但是这批作家们，话说回头，原只是一批有战斗潜力的“散兵游勇”，如不经过一些“总司令”型的编辑加以“收编”、“整训”，日久他们就会涣散、消失，而他们今日之有如此的集体成就，论功行赏，信疆和其他各报刊的主编先生，都是应该居首功拿头奖的。

愿将满苑繁花果，
献与殷勤种树人！

将来的“中国文学史”是不会辜负你们的。

近年在纽约、前年在大陆，我便向那些新从“牛棚”里“解放”出来的文艺界好友们，直言无隐地道出我对台湾近年文艺发展的观感。希望大陆上也能及早恢复30年代的水平，从而超越之。

我个人也是不太赞成美国式或日本式绝对“自由化”的道路。人类的社会生活，是应该有若干道德和法律约束的。但是，搞文艺和学术，不坐“牛棚”，就戴“纱帽”，总归也是不太正常的。我们总应把“牛棚”和“纱帽”之间的距离拉长，使文艺工作者和学术工作者，在两者之间有适当的生存余地。（下略）（本文系节录旅美史学家唐德刚先生致《中国时报》“人间”副刊主编高信疆先生函）

原载《传记文学》第四十二卷第四期

杀一个文明容易建一个文明很难

对汉字拉丁化的意见

1981 年圣诞节后一个星期日（27 日）下午 2 时至 6 时，纽约唐人街华人联合会二楼有一个文字改革讨论会，出席这个会议者均是专家学者，如纽约市立大学教授唐德刚、沈善鋐，哥伦比亚大学张之丙，西东大学杨力宇，纽约州立大学邝治中，专家李鑫矩、袁晓园等十余人。

与会者都曾发言，有人认为，中国文字太难，不易学，必须要加以改革；也有人认为中文不科学，不能进入计算机，所以要改革。而改进之道，过激派则主张用拼音；也有温和的主张，就现有的文字基础上求改进。有一些人，对自己提出的意见很像陈独秀，悍气十足地“不容他人之匡正也”。讨论会上意见分歧，但高见还是不少。其中，唐德刚教授的发言最多，对汉字拉丁化的意见也最为中肯。

唐德刚说汉字拉丁化最早的倡议者是明末清初的耶稣会传教士，洋人习中文，以罗马字拼音来帮助记忆。清末劳乃宣也曾略加尝试。后来赵元任也用罗马字来拼音，也都只是帮助发音，并不是要代替汉字。而真正要废除汉字、代之以拉丁化的文字，则是吴玉章等一批左翼文人在 1932 年以后才推动的，其中且有国际背景（第三国际）。

他们何以要搞汉字拉丁化？

唐德刚认为这是半个胡适的结果——只搞“大胆假设”，不搞“小心求证”。有些人认为方块字难、拼音字容易。最早创此说者为逊清末叶《马氏文通》的作者马建忠；后来从此说者为蒋廷黻及郭沫若。1938年，蒋廷黻说：“我国的文字原来比欧美各国的字母的文字难，而社会又把文字知识的标准定得很高。青年的文字负担之重实在可怜极了。我国小学和中学的课程在国文一门上所费的时间比欧美各国要多一倍。”

1953年郭沫若也说过类似的话，郭说，使用汉字，在一个受教育的过程上，自小学至大学较拼音文字国家的学生起码要延长两年。

马建忠认为中国文字本不难，因为无文法所以难学，故作《马氏文通》；蒋氏本人很早出洋，文字粗通；至于郭沫若，一不懂拼音文字，二没有搞过双语教育，也是外行。唐德刚认为大陆上主张文字改革者均是五四遗老——新文化遗老。新文化已变成老文化，新文化已不再新了。新文化运动后继无人，剩下一些半吊子的五四遗老，老朽昏庸。

在这次座谈会上，一位计算机专家发言时，就是从郭说，并予夸大。他说中国人学汉字要比拼音文字的国家多花费十五年，即损失十五年光阴。唐德刚听了这位专家的话，首先起来反对这种说法，他说：“这是大胆假设，但没有小心求证，太夸大了，太渲染了。这种说法，我以前相信，但自从哥伦比亚大学转来纽约市立大学教书后，就不再相信了。”他说，中国一个高中毕业的学生，能够看报是没有问题的，但是他所执教的纽约市立大学，全部学生总数有十余万人，每年新生都是纽约市高中毕业招来的，而其中有半数看不懂《纽约时报》。大学生看不懂本地的报纸，岂不是笑话，但这是铁的事实。所以唐德刚认为中国文字比拼音文字难学的理论不能成立。

然后，唐德刚以他自己的经验来现身说法，他说：“我读中学时，我花在英文、数理化上的时间最多，而在中文上所花的时间最少，大约只有百分之五。而我现在用的中文，也就是凭以前花百分之五的上学时间学来的中文。”然后唐德刚笑着说：“我的中文并不太坏呀！”

接着唐德刚特别强调拼音文字亦并非想象中那样容易。他说：“拿纽约地区为例：中国侨胞约有十余万人，其中的百分之九十不能说英语、不能看英文报纸。也许有人说这与教育程度有关。那么拿我们留学生来说，今日旅美华裔受过高等教育的专家、学者、博士、硕士何止千万，但能写得出一封清顺无讹的英文信者，我相信不到百分之二十。所以有人说拼音文字比方块字容易，我不同意这种大胆假设。”

他进一步说，中国的汉字有多少呢？如以《康熙字典》为准，加上附录，则全数约五万字。“我的国文不算太坏，有一次我拿《康熙字典》来测验我自己到底能认多少字，结果只有十分之一的认字率。所以中国文法科大学毕业生认字总数不出五千字，平时使用已经足够了，而我有了这五千字的基础，曾去做过大学国文教师。”

反观英文，全部单词数约十六万，我们以看《纽约时报》第一版为例，没有一天不发现生字，如果一个人想要把五磅重的星期日的《纽约时报》全部读通，则非识五万单词不可，五万单词则比《康熙字典》所有的字还要多，我们非识全部《康熙字典》所有的字始能看懂星期日的报纸，岂不是笑话。唐德刚说：“拼音文字就是如此的啊！”所以我们学英文，用的字十倍于中文。他举一个例子，中文“国会”，到了英文里就有 congress 及 parliament 之别。他说这个还算好的。试举“羊”字为例，则就花样更多了。他说在我们单音节的词汇里，认识一个“羊”字，便可认出“羊”族有关的字来，如公羊、母羊、羔羊、山羊、绵羊、羊肉、羊毛等，我们一看词组便知词义。但在拼音文字里，音节太长，单词不易组合。

英语里羊总称 sheep，公羊叫 ram，母羊叫 ewe，山羊叫 goat，羔羊叫 lamb，羊毛叫 wool，羊肉叫 mutton。1967 年是羊年，中国年元旦清晨，纽约美联社总社编辑部编辑老爷打急电来问这“羊年”是公羊之年，还是母羊之年，或是山羊之年。唐德刚说：“把我难倒了。一个小羊过年就弄得我如此伤神，那我们‘骅骝开道路’的‘马家’过年，那还得了！”

拼音文字词汇多，认词是拼音文字中最大的麻烦。读中文识四五千字即已足够，识了七百个字也就可以写信了。而在英文里，唐说识了七百个字，却还不能看懂菜单。所以天下的文字都是一样的，不是方块字难而拼音文字容易，这要看学习的人的个人条件，尤其是年龄。在十岁以下学，天下无难字；在二十岁以后去学，则天下没有不难的语文。

关于语文的功用，胡适曾说过，自哈尔滨向昆明画一直线，三五千公里之内皆说国语。而反观欧洲，即使在今天，只一山之隔，乃有德、法、意等各种不同的语言，其间差别原因何在？唐德刚说，是因为中国有统一的方块字限制了方言的发展，在历史上也是靠这方块字来统一这个幅员广袤的大帝国，不然也像欧洲一样，小国林立，也没有统一的欧洲语言。

唐德刚说，文字除了自有它的 social function 外，还有 historical function。而文字改革的人是 technicians，只懂“文字”工具的文字，不懂这个工具的 social and historical function。对于文字改革，唐认为，社会学家、文学家和史学家远较文字学家来得重要。

第二个主张汉字拉丁化似是而非的理由是方块字不能搞计算机。汉字与计算机的问题，唐德刚认为有两个途径可以解决：一是改革文字，一是改革计算机。然后，在二者之间权衡轻重，他说：“计算机是什么东西？只有几十年的历史，计算机如果今日不行则明日就不一定还是不行。而我们的汉字有几千年辉煌的历史，如今要革有几千年历史的汉字的命去迁就只有几十年历史的计算机，这就是削足适履。”

解决之道，唐德刚说：“我主张从改革计算机着手，切不可以去改革文字。且改革计算机较快，也容易成功，从文字上着手慢而且甚难。文字至少几百年始能成熟，不成熟的文字，同样不能适用于计算机。”

至于有人说方块字不科学，唐德刚极力反对此说，他说：“科学不科学是我们叫出来的。我国文字很美，文学讲美，文学不能精确，一精确就不美，这不关文字问题。以前我们的词汇中不分男女，但五四遗老硬将外国一套搬来，其实男女不分有什么不好？”

如果将汉字拉丁化，以后的现象将如何呢？唐德刚说，那真是不堪设想。五十年后，中国即变成朝鲜、越南或像北美洲的印第安人“红番”一样，一切要从零开始。一千万本汉字图书，包括十三经、二十四史、诸子百家、丛书、类书，以及《毛泽东选集》《红楼梦》《水浒传》《三国演义》《世界日报》《中国时报》《人民日报》《中报》《明报》《传记文学》《胡适文存》等都没有人看得懂了。有人插嘴说，也没有人看得懂《胡适杂忆》了（编者按：《胡适杂忆》为唐德刚中文著作之一）。唐德刚说，不仅《胡适杂忆》没人看得懂，连琼瑶的小说也要变成“古汉语”而无人看得懂了。一讲到“古汉语”，唐德刚就很生气，他说：“今年春天，我到大陆去讲学，在山东大学碰到一位教授，我问他教什么课，他说他教‘古汉语’。我起初认为是他教甲骨文或钟鼎文，原来他教的就是文言文，什么是‘古汉语’，就是普通文言文而已。”唐德刚用英文说：“I feel very hurt.（我很难过。）”

唐德刚乃从“古汉语”讲到西方古文——拉丁文及希腊文。他说拉丁文及希腊文，众所周知是西方的 dead language（死文字）。无论是希腊文还是拉丁文，对德国条顿族或英国盎格鲁·撒克逊民族而言都是外来语。当英语、德语文学（即方言文学）发达时，他们就放弃了拉丁文及希腊文，一如汉文对朝鲜、越南及日本一样是他们的外来语，所以他们主张放弃汉字，而我们中国人自己则不能这样做。中国文字即中国文明，是一个传统，unique，一脉相承，全世界只此一家别无分号。八千年来人类历史还未找到第二种语文可与方块字比。它替我们保留了19世纪以前人类最丰富的记录，它保留的总量超过人类文明史上所有其他文字所保留的总和。其次，人类史上很多学科的第一部书都是用文言文写出来的，如《孙子兵法》《齐民要术》《营造法式》《本草纲目》等都是各科目的始祖，这是很了不起的。

唐德刚指出，文言文是我国本土产生的应用文字，它和语体文有血肉难分的关系，它不像希腊文或拉丁文那样是过时的、全死的外国文字。比如，孔子在两千多年前骂人说："老而不死是为贼。"现在老百姓骂那些该死而不死的祸国殃民的老头子还是用那一句话。唐德刚问大家说："你说这句是文言文呢，还是白话呢？"一千多年来，全国人民雅俗共赏的唐诗宋词，如什么"床前明月光"、"清明时节雨纷纷"、"车如流水马如龙"，是死文字呢还是活文字呢？

关于文言文，唐德刚说英文也有文言文。他说，《纽约时报》及伦敦《泰晤士报》是文言文报。纽约的《每日新闻》与《纽约时报》是两种截然不同的报纸。《每日新闻》是语体文（spoken language），而《纽约时报》社论是半文言，伦敦《泰晤士报》是百分之七十五的文言。唐德刚说："我以前在哥大读书时，自己觉得英文不够潇洒，想学点文言文，所以天天看《纽约时报》及伦敦《泰晤士报》。然而英文文言文极其噜苏，英文语体文一页如写成英文文言文则要两页，而中文正相反，文言文较白话文更为简练。因为我们口语很噜苏，但文字很简洁。"他说："去年夏天我去台湾参加民国史讨论会，台北一家出版公司要我写林纾传。林琴南是古文大家，他当年反对胡适提倡白话文，无所不用其极，而我是胡适的学生，为林纾作传，我当然要用白话文写。写了三四千字，但因为有篇幅限制，挤不下，不得不改写，还是挤不下。经过再三改写之后，结果改成五百字，塞下去了，但最后发现我写的林纾传是一篇文言文。"他又说："我们舍简洁而就噜苏，那算是进步呢，还是现代化呢？"

唐德刚问大家，要大家作答，在座诸君均笑而不答，无辞以对。这个又牵涉繁体字与简体字的问题。

他又说，如果我们放弃汉字，则一部六千年的文明史等于宣布了死刑，汉字变成古埃及的“神书”、“希腊文”、“拉丁文”，我们的文化遗产就全部损失了。一部新的文明史从头开始，我们要重头再造一个新文化，这又待何年何月才能造成呢？

唐德刚最后以幽默的口吻说：“我们如果一定要废汉字，则办法很多，但汉字拉丁化或拼音方案是最不足取的一种办法，是最坏的一条途径。因为创造一个拼音文字很难，不如来学一种现成的拼音语言来得更方便。花五十年造一种新文字，不如花五十年学一种现成的文字。”他所提出的几个办法，一是蒙古化，大家学俄文；一是学印第安人的办法，以英文为主，以拼音为辅；三是印度化，印度境内语言最多最复杂，所以必要时得用英文。大家学英文，英文变成印度的 second language（第二种语言）。唐德刚说：“如果我们汉字拉丁化或拼音化，则我国文化遗产消失殆尽；如果印度化，即大家学英文。再不然，在五十年内将古籍全部译成英文，则我们尚可以保存一点点文明，文明当不致完全消失，何况英文也是世界上美丽的文字之一种。”他说：“西方希腊、罗马文明中断，一是他们本来的东西就不多，他们没有十三经、二十四史等。还有，他们在文字灭绝之前，好东西都已译成了英文或法文。当年我在哥大读书时不修拉丁文就是这个道理。试问哪一种拉丁文典籍没有英文翻译？但如果把我们《四库全书》全部拉丁化或拼音化（不管哪一种拼音），则成什么样子？岂不变成有字天书，谁也看不懂？如译成英文还可以看。”接着，唐德刚很激动地说：“我主张连中文 spoken language（口语，即中国话）都取消。”道理何在？他说：“1965 年我去印度，发现印度人英语讲得不好，很难懂，但印度人听得懂。所以我建议中文连 spoken language 也取消，则大家可以全心全力学英语，要学得彻底一点、学好一点，则以后移民也方便，来美留学也不要考托福了。”唐德刚讲这番话，是挖苦与讽刺主张拉丁化或拼音化者的话。但席间一位专家居然认为唐德刚对文字改革的意见是反对汉字拉丁化，但主张全盘英语化，以英文英语来代替汉字及汉语，则大谬特谬矣。

这位专家不懂幽默，误解唐德刚的意思，在座诸君子听了大惊失色。这一点倒很像《礼记》的《檀弓篇》里记孔门弟子误解孔子说“死欲速朽”的道理一样。

最后唐德刚呼吁大陆有关方面及一批五四遗老不要随便宣布中国文明死亡。

结尾时，他很沉痛地说：“杀一个文明很容易，建一个文明很难。”

原载《传记文学》第四十卷第六期

（唐德刚讲述　汤晏整理）

前人著史后人评

在中华民国建国史讨论会上的发言

首先我要向刘绍唐先生道歉，因为我拿的护照，按规定只能停留十天，今天上午就该走的。我本应该自始至终参加这个座谈会，但因护照问题弄乱了，还不知能停留几天，所以我要先走一步，去解决这个问题。

我个人觉得研究中国历史应该分两大阶段：一个是传统的，一个是现代的。我的看法，传统和现代要分开来，这两个不同。我们过去的二十四史、二十五史都是传统的，现在要写的“二十六史”、“二十七史”，就是现代的、新的。现代写的方法与古代不同。现代历史有几个特点：目前我们是处在两千年来未有之大变局中，过去唐朝和宋朝没有什么大分别，唐朝与汉朝之间也没有什么大不同。但我们这七十年与历代却完全不同。一切在过去找不到先例。以时局为例，我们现在的中国一分为二，这又与南北朝不一样，南北朝时北方是胡人，南方是汉人；跟南北宋也不一样。因为我们现在的一分为二，一面是汉人，另一面也是汉人，这种分裂也是前所未有的，昔日是华夷之分，今日是国共之分。治史的方法、观点各方面也不同，现代的方法与传统的方法也完全不同。赵尔巽修《清史》、司马迁修《史记》的方法与现代绝对不同。古代修史的传统有官修、私修。官修也好，私修也好，但大家都认为当朝史家不修当朝的历史，要等下一朝代才写上一朝代的历史。我们今天开历史学会却是要当朝人写当朝的历史，这是自古以来所没有的。过去当朝的人只写当朝的实录，不写当朝的历史，这是现在与过去所不同的。还有一点，现在大陆修大陆的“中国历史”，台湾修台湾的“中国历史”，观点完全不一样，用不同的材料，有不同的approach。最糟糕的是海外来的人，我们这些被约来与会的都是海外学历史的，而海外的人被约来修“中国历史”，将来说不定弄成另一套海外的人修海外人的“中国历史”。这种怪事，也是两千年来所未有的。所以我们的传统同现在好多地方不同，但是我们已经在写历史，三方面写的方法不同、史料也不同。因此我认为我们不应该强不同以为同，大陆修大陆的，台湾修台湾的，海外修海外的，官修也好，私修也好，但我的看法，殊途必将汇合，各自努力将收分工之效。大家在不同的观点下尽量去做。场合不同，方法不同，开会形式不同，开会的背景不同，观点不同，在不同的方法下尽量去做。譬如在台湾，刘绍唐先生的“野史馆”就应该与“国史馆”配合，大家互相配合而不互相嫉妒。历史写的结果，是非好坏，当朝人是不能决定的，这都是身后事。写《后汉书》的有十九家，其后逐一淘汰，只剩下最后出来的范晔一种，其他的都失传了。这是什么缘故呢？因为他们都没有范晔写得好。范晔被杀头，因为当时人们不喜欢他，但他的书却传了下来，因为别人的都不及他的。所以我说历史写得好坏要由后人来决定。我认为当朝的人不妨分头努力，“野史馆”、“国史馆”……互相配合，以不同的观点、不同的地区、不同的方法……尽量去做，写出不同的历史来，让后人来一个评定，来一个综合，哪一个是真的、是好的，哪一些是真的，哪一些是假的。

在座的黎先生是我的老师，李先生是历史的创造者，也是我的前辈，其他诸位先生也都是先进，我实在不该再多占诸位的时间。

谢谢各位。

原载《传记文学》第三十九卷第五期

《红楼梦》里的避讳问题

《胡适口述自传》译注后按

唐德刚先生“注”

近六十年来的“红学家”，从早期的蔡、胡、陈、钱，到最近台湾的“幼狮十八家”，有著录可考的至少在三百人上下。如果这三百篇也可文以类分的话，笔者不揣浅薄，就斗胆把他们分为三大派：

第一，“猜谜附会派”。这派的附会猜谜且有笨巧、大小之分，也有政治、哲学、入世、出世之别。自蔡孑民先生而下到潘夏（重规）先生，以及潘公在香港新亚书院所成立的“红小组”和组里的红卫兵们，胡适之先生便一竿子把他们都打入“笨猜谜”，笔者不敢附和胡说，且名之曰“大猜谜”。大猜谜也不只蔡、潘两家。近三十年来把“大观园”一分为二、剖成“两个阶级”的李希凡、蓝翎等“斗争派”，和把《红楼梦》划成“两个世界”的余英时先生的“人文派”，以及一些“佛道派”、“玄学派”，也都和旧“索引派”的出发点差不多。大家都在搞大猜谜。

这个大派之下，也还有些小派或巧派。他们要在茶余酒后把曹雪芹这部大“谜书”或大“淫书”来揭揭底。例如，“贾宝玉初试云雨情”，这个“初试”的对象是他的大丫头袭人呢？还是小侄媳可卿呢？又如“因麒麟‘伏’白首双星”，所“伏”的是目前的“白首双星”——史太君和那位“呵呵大笑”的老混账张道士呢？还是作者没有交代的将来的小白首双星——“一芹一脂”呢？曹雪芹这支笔十分狡猾，狡猾到使我们小小的童子军帐篷内也没有太平日子好过的程度。这是种小猜谜或巧猜谜。但是不论谜底有巧拙，猜谜者人物有大小，其猜也则一。要“猜”，那答案就 debatable 了。

第二派则是比较实际的“传记考证派”。这一派的老祖宗便是有“考据癖”的胡适之先生。“考据”是个科学玩意。要考据就得让证据说话，不可有先入为主的观念。如果先把“阶级”这个观念扣牢，然后“找证据”，把曹雪芹来个“阶级分析”，那么曹雪芹的“阶级成分”也就永远查不清，《红楼梦》这部巨著也就永远读不完了。

第三派大致可以叫作“文学批评派”。批评也有大小之分。胡适说：“《红楼梦》不是一部好小说，因为它没有一个 plot。”这话虽是西洋文学批评中的老调或滥调，但是这也是个从大处着眼的大批评。纪晓岚评《文心雕龙·原道篇》，说：“文以载道，明其当然；文原于道，明其本然。识其本，乃不逐其末；首揭文体之尊，所以截断众流。”现在受西洋文学训练的“红学家”，所搞的都是这个“大批评”派。从好处说，他们是“识其本，乃不逐其末”。从短处说，读《红楼》的人，如不从十来岁开始，然后来他个五六遍（毛泽东就说他看了六遍），不把《红楼梦》搞个滚瓜烂熟，博士们也就无法“逐其末”了。这大派便是当代文学界新兴的青年职业批评家。

等而下之的则是那些把《红楼梦》读得烂熟的业余牛皮匠。他们对《红楼梦》有由衷的爱好，而他们所热衷讨论的话题则集中于刘勰所说的什么神思、风骨、情采、章句等方面的细枝末节。这一派虽多半是业余性质，但是《红楼梦》却是个无底洞。一旦不幸翻身落洞，则草蛇灰线，也是治丝愈棼、瓜蔓无穷的。

《红楼梦新探》等巨著的作者赵冈先生便是位经济学教授,他搞“铜臭”搞腻了,也想到怡红院随喜一番,闻点“花香”。结果花香铜臭两难分,只好解衣下海,亮相一番。

笔者不学,三十年来读闲书,阅尽诸公“考红”之作,感染亦多。年前执笔写胡适之先生的文学观,便有意为红学一世祖以下的九流十家来个——如胡氏所说的——“结结账”,就存殁诸家次第甲乙来写点红书读后感。然深恐悬崖撒手,堕入深渊,自讨苦吃,乃知难而退。

不过林黛玉毕竟是我们的大众情人,《红楼梦》也是中国知识分子人人必读之书。学人不读《红楼梦》,方帽加头也枉然,因而有时偶有所见,还是要凑点热闹。

还有,“红学”里的“避讳”问题,也是一桩有趣的小公案。原来在《红楼梦》的早期钞本“甲戌本”、“庚辰本”和“戚本”里,作者对他两位祖父辈人物曹寅、曹宣,似乎都有避讳的迹象。

“庚辰本”第五十二回晴雯补裘至深夜,作者不愿提“寅正一刻”,而说是“只听自鸣钟已敲了四下”,下面的“双行小注”(胡适说是“作者自注”)说是避“寅”字讳。胡适据此而肯定作者是曹寅的孙子。《红楼梦新证》的作者周汝昌亦同意此说。

可是海外两位大红学家,周策纵、潘重规两先生则不能接受。潘君并指出第二十六回中的“庚黄”“唐寅”的故事,说作者“又写又说,又是手犯,又是嘴犯”,而否定此说。策纵并举出雪芹的曾祖原名“尔玉”,因说:“《红楼梦》里的玉又从何避呢?”

这潘、周二问题均不难回答,宗法社会里“避讳”这件事,原是可避则避之,并不是死避。韩文公说:“其父名仁,其子不得为人乎?”正是这个意思。周公所举的“玉”字,更不成理由。古人所谓“二名不偏讳”。孔子母亲的名字叫“征在”,所以孔子就“言征不称在,言在不称征”了。韩愈的《讳辨》不是说得很清楚的吗!

至于曹雪芹不说“寅时”是否是“避讳”，吾人固不得而知，但是至少那位“批书人”是如此说的。如果那位“批书人”正如周汝昌所说的是“史湘云”，难道我们还不相信那云鬓纤腰的美人史湘云，而偏要去相信那两位白发苍苍的老头子潘重规、周策纵乎？

不特此也。曹雪芹不但避“寅”字讳，他显然还避“宣”字讳呢！周汝昌在《红楼梦》最早的两部钞本——“甲戌本”和“戚本”——上面发现个大秘密，他认为是“钞胥”之错。那就是在这两个抄本里，所有的“宣”字，都被抄成“宣”（三横画）。这个“三横画”的不成字的字“宣”，里面显然有文章了！

低能的“钞胥”（俗称“录事”）的抄书工作，是可能一误再误的。胡先生便曾指出他们把一个草书的“真”字抄成“十六”。笔者本家前辈有位纨绔子，有次用重金请“枪手”代作文章，投考秀才，结果还是名落孙山，因为他把枪手所起的文稿上草书的“希圣希贤”中的“希贤”二字抄成了“又布上天”了。

所以抄书一误再误，是可以理解的。但是“甲戌本”和“戚本”里所有的“宣”字都抄成“宣”，笔误的可能性就微乎其微了。这两个古本都最接近作者的原稿。在原稿里作者把“宣”字一律故意写成“宣”，这可能也就是一种避讳的写法。曹雪芹为什么要避“宣”字讳呢？因为“曹宣”是他的亲祖父？还是因为“曹宣”是他们“五庆堂”里最后一位显赫的人物呢？我们就要向“红学家”们继续请教了。

“避讳”这个东西是我国宗法社会里最荒唐的制度之一。但是任何坏的东西，往往也有其好的一面。“避讳”在我国后来的“校勘学”和“版本学”上所发生的功用实在太大了，它多少是被当今的红学家们忽视了。

再者，六十年来“红学”发展的过程中，还有个极大的弱点，那便是搞“红学”的人——自胡、蔡、陈、钱到俞平伯、周汝昌、夏志清、潘重规、余英时……他们都是“批评家”、“考据家”、“哲学家”、“思想家”，却很少“作家”；所以“红学家”们多半不知“作家的甘苦”，和作家们从灵感、幻想、经验等到构思、布局、创作、增删等的艰苦历程。所以他们每每为“文章自己的好”这一不知不觉的潜意识所支配，而乱下雌黄。胡适之、周汝昌都犯这个毛病。周汝昌在书中那种与高鹗简直不共戴天的心理，便是最明显的例子。

“红学界”里有丰富创作经验的唯鲁迅与林语堂二人。可惜他二人都不愿用情哥哥寻根究底的考据憨劲，但是他二人却代表“红学”里的作家派，他们的话是有其独到之处的。林语堂先生认为“后四十回”不是高鹗的“续作”，而是高氏对曹雪芹原有残稿的“补写”。这一论断，是十分正确的！

至于周汝昌对高鹗的谩骂，林氏就说“周是不配谈高鹗的人”（见《平心论高鹗》一书）。这句话虽说重了点，也倒不失为作家派的红学家的持平之论。

总之，对“红学”的考证和批评，自胡老师开其先河之后，到今天还是个无底洞，下一切结论都为时尚早。但愿海禁大开之后，将来会有更多的杰作出现！

周策纵先生“按”

策纵按：德刚在这“注”里说，避讳的事，“原是可避则避之，并不是死避”。这话就某些朝代说固然很对，但在别的一些时代却不然。“二名不偏讳”也是如此。陈垣在《史讳举例》里已说得相当详细。他已指出：“唐以前两字兼避，已成风俗，至太宗时始禁之。然禁者自禁，唐时二名仍偏讳。”并说：“宋金以来，二名无不偏讳者。”清朝自康熙时代起就讲求避讳。陈氏说：“雍乾之世，避讳至严。”这正是曹雪芹写书的时代。试看康熙的讳“玄烨”、雍正的讳“胤禛”、乾隆的讳“弘历”，无不二名皆偏讳。当然，文人对于自己的祖父，当时是否可不避讳，还值得仔细研究：除非能找出一些不避讳的实例来，否则就很难断言曹雪芹可以不避。“尔玉”二字也许较疏远，“寅”字就较近了。如果说曹雪芹不肯写“寅正初刻”是为了避讳，而对“唐寅”的寅字又可以不避，这能说得通吗？我看更严重的问题还是，把“唐寅”的寅字还开了那么一个大玩笑，尤其是牵连那极不庄重的春宫图。作者在这里大可用仇英而不必拉出“我的朋友”唐德刚的贵宗贤来。在雍正、乾隆时代，会有人把自己祖父的讳来开这种玩笑吗？自然，我们也很难说曹雪芹不能有这种惊世骇俗之举，他既然可以把许多“家丑”也和盘托了出来，也许就无所谓避讳吧。不过这仍是我们“想当然”而已。至少我们可以说，就“唐寅”一例说来，《红楼梦》里并不避名叫“寅”的祖先的讳。其实《红楼梦》作者本来非常注意避讳的重要性，所以特别指出“红玉”犯了“宝玉”的讳，便要改名“小红”。既然如此，又怎么会把自己祖父的讳来开那个大玩笑呢？除了第二十八回“唐寅”之外，第十回张太医还说了“寅卯间必然自汗”，第十四回有凤姐“至寅正”被平儿请起来梳洗，第六十九回天文生也说过尤二姐可于“寅时入殓”的话，“寅”字在书里至少出现了四次。因此，《红楼梦》大约在有些地方也许避“寅”字讳，但在别处却是不避的。这就牵涉全书是否一人所作的问题了。有人自然会说，曹雪芹也许当时是用缺笔避讳的办法，由于现存的钞本并非雪芹的手稿，也许原稿“寅”字是缺了笔画的吧。这个说法本已犯了“以无据为证”的毛病，因为谁也不知道曹雪芹的手稿到底缺了笔画没有。事实上，过去作者如抄录故书，虽可用缺笔之法避讳，自己的创作则多须改字或避用。钱大昕在《十驾斋养新录》卷十四里已指出过：“朱文公注《论语》、《孟子》，正文遇庙讳，则缺笔而不改字，注则无不避者。其注《易》亦然。”至于德刚指出：至少“批书人”已认定不说“寅时”

是避讳，那么，这“批书人”自然已认定小说作者的先人一定讳“寅”。胡适这个看法自然是十分合理的（周汝昌还指出过二十二回“戚本”批语对砚台谜语批说“隐荣府祖宗姓名”是指“玺”字，也是对的）。问题只在这“批书人”到底是谁。这点如果还无法肯定，那就很难下结论了。而且“批书人”为什么不注意到“唐寅”不避的例子？所以我认为，那另一位“白发苍苍的老头子潘重规”如要否定曹雪芹的著作权，也许还“查无实据”，但在这一点上提出疑问来，却“事出有因”，还值得我们再四思量。德刚要紧跟着“那云鬓纤腰的美人史湘云”扬长而去，我们这些老头子有何话可说？只祈祷不要等他跟了半天，才发现前面走着的是个毛发森森的彪形大汉，那时可别错骂周公的本家汝昌诗人把你捉弄了呢！

唐德刚先生“再按”

德刚再按：《红楼梦》里的“避讳”问题，原是极有趣的。不但史湘云夫人注重避讳，林黛玉姑娘也很注重。黛玉的妈妈叫贾敏，所以黛玉说“敏”时就以“密”字代之，写“敏”字时也“缺”一两笔。这在他老师贾雨村的注册记录里，是有老卷子可查的。

总之，《红楼梦》是个无底洞，笔者这个“老头子”绝不愿与另外两个专家“老头子”来“聚讼”这个好玩的小问题。还是让那些喜欢打官司的红学家们去讨论吧。

周策纵先生函

德刚：前两天才寄你《红楼梦》会议邀请书，就收到来信，要我又替胡公的《口述自传》封面一掛，掛是掛过寄去了，这儿又写了一点抬杠“后按”，不知还来得及附在（《胡适的自传》第十一章）注末吗?如不便就算了，我怕误导读者，想来澄清一番，恐怕越说越说不清吧，最后的话还得你来说，所以我还是寄到你处，如以为可，就请转寄给刘绍唐先生，如无缘入书，便可改作“胡适的自传译注后按 :《红楼梦》里的避讳问题”，作为《传记文学》的补白如何?（下略）

匆祝

年安

策纵　1979年12月17日

原载《传记文学》第三十六卷第二期

曹雪芹的“文化冲突”

“以经解经”读《红楼》之一

《红楼梦》和其他许多世界名著一样，是一部名副其实的“百读不厌”之书。它能够叫人家一读再读的道理，便是它能使读者在不同的年龄、不同的知识水平、不同的社会阶层，甚至不同的地区——不论是国内或是海外——读起来都会发生不同的领悟和不同的梦境。人生自幼及长到老，原是变化无穷、迁徙不定的。在简易、变易、不易的诸种情况之下，每次一翻《红楼梦》，都会觉得它是一部新书，所以又要把它重看一遍，或至少是再看一部分。这样《红楼梦》便永远看不完了。

在我自己的记忆里——我想这也是和我同辈知识分子的共同经验——我幼年启蒙未几，那些黛玉、宝钗一类的名字，便和林冲、武松、赵子龙、关云长等绞在一起，分不清了。这也是传统中国当年的一种社会教育吧，在我尚未读过《三国》、《水浒》和《红楼梦》时，我对那些书里的故事，有许多都已相当熟悉了。

笔者是在一个农村中的大家族里长大的。我们那个大家族——乃至我所熟悉的和我们门当户对的大家族——论人才、论钱财，当然是无法与荣、宁二府相提并论的。但是那种有条不紊的宗法结构和错综复杂的人事纠纷，以及表兄妹之间谈情说爱的故事，和荣、宁二府里所发生的倒是一模一样的，有时甚至有过之无不及。所以《红楼梦》里所描写的大小事故，在刚会看小说的我们那批青年读起来，真是如见其人、如闻其声。

可是，一个学历史的大学生，坐在重庆防空洞中看《金玉缘》，其领悟就又不一样了。在大学时代我就觉得《红楼梦》是一部内容丰富的社会史料书。它所描绘的是大清盛世上层阶级腐化的社会生活。书中主要的大情节当然难免于虚构和夸张。但是全书中的细枝末节——言谈嬉笑、吃喝嫖赌等数不尽的小故事，倒是反映出当时社会生活的实况。小说家下笔能使读者读来有栩栩如生之感也者，就是他善于反映当时社会生活的实情。

且看“这里茗烟走进来，便一把揪住金荣，问道：‘我们……’”这段笔者实在不应抄下去。但这种生动的故事，你能说是假的？在这回“茗烟闹书房”里，作者提供了我们传统士大夫——例如樊樊山、易实甫等，所不以为耻的；美国人士认为民权所在，宪法应有明文规定的；而笔者不忍照原文引述的有关“同性恋爱的史料”！这种对当时社会史料做了有声有色的保存，实在不是《细说清朝》的黎东方教授和编撰《清史》的萧一山、张其昀诸先生所能做得到的。

刘姥姥不也是告诉我们：“这样螃蟹，今年就值五分一斤，十斤五钱，五五二两五，三五一十五，再搭上酒菜，一共倒有二十多两银子。阿弥陀佛！这一顿的银子，够我们庄稼人过一年了！”（第三十九回）

这不是康熙时代的“物价指数”吗？在萧一山的《清代通史》里，哪厢去找呢？曹雪芹对“可卿救我”那场香艳的梦，可能是胡吹或暗谕；对物价，他就犯不着另造了。写小说的人也不会想到要扰乱市场、坐收渔利！

当然《红楼梦》中所描写的也有许多足使读者迷惘的生活情趣和美中不足的缺笔。例如贾府中自老太太而下，大家都喜欢吃“野味”。

那年冬季多风雪，住在“园子里”的宝二爷和青年姑娘们，一日三餐都要踏雪回到贾母上房来吃饭，未免太辛苦了点。老祖宗为爱惜儿孙，就叫他们在园子里自开其“小灶”。至于开小灶所需的柴米油盐和一般肉类和菜蔬，大家可按“分例”到总管账房里去支取，可是那些名贵的“野鸡獐狍各样野味”，就只好到王夫人或贾母那里去“分”了（第五十一回）。

《红楼梦》里提到贾母以“野味”赏人的，还可找到很多条，足见贾府上下都嗜食野味，《红楼梦》的作者本人有此同好，也就可以想象了。“野鸡獐狍”，对广东佬说来，可能确是珍品；但是长江流域的人和北方人，可能就没有这种嗜好了，大家偶一食之则可，像贾府上下那样常年不断地吃，这情况可能就不多了。

笔者在大学时代，对《红楼梦》描写人物方面，最感到遗憾的则是作者的缺笔。我们的作者对书中男主角宝玉的描写，真是从头到脚，处处顾到，无一丝遗漏。他对宝玉乌油油的辫子，不厌其详地一提再提（见第三回及第二十一回）。而对我们女主角黛玉的绣花鞋则只字不提！

我国传统社会里，女子做女红，整日价手不离针的，多半是在做绣花鞋——因为鞋在日常生活上需要量最大，也是家庭妇女随做随放、携带起来甚为方便的针线活。在京剧里《探亲相骂》的那位婆婆就“骂”她的不中用的媳妇：“一双绣花鞋，绣了三年多！”我们安徽凤阳花鼓里那位妻运欠佳的老大便自叹他的老婆是“一双大脚窝”。笔者作此文的前夕，侯榕生女士曾请夏志清和我一起去看纽约“雅集”票房公演的《乌龙院》。志清情不自禁地大叫：“陈元香最好！”那位陈元香姑娘所扮演的阎惜姣用手指所表演的美妙姿态，便是在替马二娘做绣花鞋。

总之，我国传统小说里和戏曲里对绣花鞋的描绘真是无书无之，无台无之——“绣花鞋”是我国传统女性美的重点之一。绣花鞋的式样自然以愈巧愈小愈美了。因此穿这绣花鞋的美女的脚，也就愈小愈美了。“小脚”也就成为我国美女颠倒众生的性感之所寄。

何以我国老辈男人对“小脚”那样疯狂呢?这实在是一件不易以常理来判断的事。宋代的大诗人苏东坡就为它写过“纤巧说应难,须从掌上看”的歌诵诗章。辜鸿铭这位近代的英国留学生可就更不得了,据说他“掌上看”之不足,还要跪下去用鼻子去“闻”,可能还要用嘴唇、用舌头,亦未可知。

正因为辜鸿铭这一类的男人——不!可能传统中国里所有的男子汉、大丈夫——都欢喜它,所以传统社会里的少女要找个好婆家,她们一定要把脚裹得小小的——小到只有三寸长,那就最好了。终于裹得女孩子们旦夕哀啼,坐立不安,夜不能眠。为此,曾有一位女诗人——她可能为“大脚”所累,也可能是足部受重伤之后痛定思痛——曾写出一首咬牙切齿的恨脚诗来。她说:

> 三寸金莲自古无,观音大士赤双趺。
> 若问缠足从何起?起自人间贱丈夫!

这位姑娘——可能是一位自梳女吧——没有怪错人。我国“固有文明”里的“小脚”,的确是辜鸿铭这一类“贱丈夫”搞起来的。千把年来,我国士大夫阶级里的“贱丈夫”们对它的珍惜和爱护,真是无微不至,否则它也不会存在得这么久——有人说“小脚”是南朝陈后主这个“贱丈夫”搞“步步生莲花”搞起来的。据说唐朝的杨贵妃也是小脚呢!诗人们叹息说:“可怜一掬无三寸,踏尽中原万里翻。”唐明皇的锦绣江山,便是被他娘娘的“三寸金莲”踩翻了的。

尽管有考据癖的历史学家——像我的朋友周策纵——对上述这些小故事的真实性,都要“不疑处有疑”地认为有重行考证的必要。但是从社会史学、文学、美学、生理学、民族学、民俗学、社会学、人类学等多种不同的学术观点来看,我敢断定没有哪个学者能否认“小脚”这一制度（institution），对我国传统社会生活的各方面，如家庭、文娱、两性生活……所发生的重大影响。至于它对我们“撑半边天”的女人的心理、生理、生产、劳动等方面所发生的直接关系，那就更不必提了——小至夫妇情感，大至军国大事，小脚有时都会发生决定性的作用。

在明朝末年，当努尔哈赤提七大恨伐明、明廷文武主战主和莫衷一是之时，一位名士瞿九思便提出一篇精彩的小脚国防论。他认为满虏入侵，无非是贪慕上国的子女玉帛，尤其是边外的蛮夷妇女都是大脚，丑不可耐，所以才想入寇中原。如今和戎的正本清源之道，莫过于教授蛮夷裹脚，一旦他们的女子亦学会裹脚之后，美女如云，他们自然不会再对中原美女想入非非了。

这位谋臣的奇谈怪论说来是可笑了。但是用现代行为科学的学理来分析他，他也不过只是一位比弗洛伊德（Sigmund Freud,1856—1939）早生三百年的弗洛伊德主义者罢了。他的错，不是错在“性感救国论”；他的错，是错在“性感标准化”。因为用人为的加工办法来增加性感，标准是非常主观的——包括个人的主观、时代的主观、地域的主观和民族的主观。张三喜欢蓝眼眶配假睫毛，李四说不定就感觉恶心。美国人喜欢“无上装”再加个“血盆大口”；中国人则喜欢红裳绿袄上面配着个“樱桃小口”。汉族的臭男人都把老婆的三寸金莲看成命根子，顺治皇帝入关后便要“下诏放脚”，但是我们那批爱美重于爱国的祖先，则认为国可亡而脚不可放。终清朝之世，除极少数的“贰臣”，上书交心说“臣妻先放大脚”之外，其他市井小民，却阿Q般地誓死抗命到底，说我们是“男降女不降”[1]！

这种由于主观成分而影响到审美的客观标准，不但困扰了我们在异族压迫下的祖宗，它也困扰了那些在海外谋生的侨领和与侨领们一起杂居的华裔海外留学生，包括我自己。

1956年秋季，笔者曾应聘在纽约华埠做了短期的报人。那时正值全美华侨社会在竞选华埠小姐。我们那批腰缠万贯、入境从俗的侨领们，也订下了美人标准，认为华埠小姐应以美国小姐的三围标准为标准。因而他们把我们的华裔美女也排列起来，脱光衣服，一一丈量一番。可是我这位小报人那时却冒犯同行的行规，大声疾呼，反对“用皮尺量美人”（文载1956年10月16日，纽约《生活半月刊》第一二五期）。我认为我们中华美女一向是“樊素口”、“小蛮腰”和“三寸金莲”。把洋人那样一围三十六英寸的两块大肥肉用来作我们华裔美女的“标准”，太煞风景、太不调和、也太不公平了！

经济起飞了，农业社会逐渐转移成工商业社会，工商业的社会中一切讲求“标准化”（standardization）。这一来把我们美女的“性感”也标准化了，真是“现代化”发展过程中最大的“文化污染”！

笔者一下写了这许多，无非是想说明，在人身上加工的形体美和性感美，是因时空和体形而异，它是“标准化”不得的。这项主观的审美观念不特困扰了一些大腹便便的侨领和瘦骨嶙峋的留学生，它也困扰了我国传统文坛上的第一位大作家曹雪芹先生。

笔者当年在防空洞读《金玉缘》时，便觉得作者在描写美人衣着时出了漏洞，构思不够完备。曹雪芹笔下的三十六钗个个都衣饰华丽，但个个都是半截美人——这些漂亮的姑娘们、奶奶们，究竟穿的是什么样的高跟皮鞋呢？

大学生消夏纳福跑警报，笔头勤、工夫闲，我那时曾无聊而不惮烦地把警幻仙子档案室中正副三册所载的美人儿的衣着，通统摘录一遍，并写了一篇《〈红楼梦〉和脚艺术》的长文。可惜那时既无原子笔又无复写纸，因此这篇拙抄原著，未及“艺增”一番去讨好副刊编辑们，便被墙报读者在半夜揭去了。其后三十多年的流浪便再也没有这闲情逸致来关心黛玉、湘云们穿什么衣服了。但是今日就记忆所及，在书架上的新版《红楼梦》里，我仍可随手抄出若干条来[2]。

且看黛玉初到外婆家，第一次看到琏二嫂子那个“泼辣货”是怎样穿戴的：

> 这个人打扮与姑娘们不同，彩绣辉煌，恍若神仙妃子：头上戴着金丝八宝攒珠髻，绾着朝阳五凤桂珠钗；项上戴着赤金盘螭璎珞圈……身上穿着缕金百蝶穿花大红云缎窄褃袄，外罩五彩刻丝石青银鼠褂；下着翡翠撒花洋绉裙。一双丹凤三角眼，两弯柳叶吊梢眉，身量苗条，体格风骚，粉面含春威不露，丹唇未启笑先闻。（第三回）

这样一个美人儿，如果足下再穿一双“殊红点金尖头圆口澳洲鳄皮二英寸高跟鞋”，不就十全十美了？美人无鞋，岂不是美中不足吗？

有人或者要说，凤姐儿长裙拂地，她穿的是 evening gown，把脚遮住，穿啥高跟就不必提了。

但是她们姑娘们、奶奶们并不是老是站着的，她们多半时间是坐着的。再看凤姐儿怎样坐着在等刘姥姥的：

> 靠东边板壁立着一个锁子锦的靠背（椅）和一个引枕，铺着金心闪缎大坐褥，旁边有银唾盒。那凤姐儿家常带着紫貂昭君套，围着那攒珠勒子，穿着桃红撒花袄、石青刻丝灰鼠披风，大红洋绉银鼠皮裙；粉光脂艳，端端正正坐在那里，手内拿着小铜火箸儿拨手炉内的灰。（第六回）

坐在椅子上也可以说看不见这位少奶奶家常所穿的“粉红绣花白绒翻口睡鞋”。但是如坐在炕上，那可就非看见脚不可了。且看凤姐的小妯娌、将来的“宝二奶奶”坐在炕上的仪容：

> 宝玉掀帘一步进去，先就看见宝钗坐在炕上做针线，头上挽着黑漆油光的纂儿，蜜合色的棉袄，玫瑰紫二色金银线的坎肩儿，葱黄绫子棉裙，一色儿半新不旧的，看去不见奢华，唯觉雅淡……（第八回）

试问宝钗姑娘的小脚哪里去了呢？

宝钗没有脚，林姑娘黛玉虽比她的情敌在书中的地位更重要，也是不穿鞋的。作者不供给她鞋穿，补书的高鹗也忍心看着她赤脚。一次黛玉在写经，她那位“混世魔王”的表哥闯了进来，在她的香闺里东瞧瞧，西走走。

> 雪雁沏了茶来，宝玉吃着。又等了一会子，黛玉经才写完，站起来道：“简慢了。”宝玉笑道：“妹妹还这么客气。”但见黛玉身上穿着月白绣花小毛皮袄，加上银鼠坎肩；头上挽着随常云髻，簪上一枝赤金扁簪，别无花朵；腰下系着杨妃色绣花棉裙。（第八十九回）

“棉裙”下面还有什么？这是作者的疏忽呢，还是作者有意回避呢？

姑娘们、奶奶们平时都是饭来张口、衣来伸手的废物，长裙摇曳，看不见脚，也就罢了，可是荣、宁二府中的中坚人物并不是姑娘、奶奶，而是数以百计的丫环，那群可以说出名字的大丫头就有六十余人，没有她们终日奔波、劳动，那个长逾一英里的大观园就要关门了。所以林语堂先生说：“《红楼梦》是全世界唯一的一部以 maids 为中心的小说。”以前有人解释我国的政府工作是“科员政治”，荣、宁二府的运行，也靠的丫环政治。

这群丫环虽然也是遍身罗绮，但她们毕竟是要工作的，做工的劳动妇女总不能终日“长裙拂地”，我们也得看看她们的绣花鞋吧。在书中首先露出了绣花鞋的，是那位可爱而薄命的鸳鸯。且看：

> 宝玉坐在床沿上，褪了鞋等靴子穿的工夫，回头见鸳鸯穿着水红绫子袄儿、青缎子坎肩儿，下面露着玉色绸袜、大红绣鞋，向那边低着头看针线，脖子上围着紫绸绢子。宝玉便把脸凑在他脖项上，闻那香气，不住用手摩挲，其白腻不在袭人以下。（第二十四回）

这位不争气的纨绔子，摩挲了几下之后，便要凑上去kiss人家了。但是作者也未说明鸳鸯的“大红绣鞋”究竟是三寸呢，还是八寸呢？要是八寸，那不就变成“凤阳花鼓”里那位仁兄的粗老婆了，宝二爷纵再饥不择食，也不该去向她讨胭脂吃的。

看《红楼梦》看到这儿，我不禁要把曹雪芹拖出来，问问他：“雪芹！雪芹！鸳鸯的脚究竟是几寸？”

可是轮到可爱的袭人，作者又装蒜了。话说贾芸为借口向叔叔请安，而实际上却是偷看叔叔的姨太太。当他叔侄二人正说着话，

> 只见有个丫环端了茶来与他。那贾芸嘴里和宝玉说话，眼睛却瞅那丫环：细挑身子，容长面儿，穿着银红袄儿、青缎坎肩、白绫细折儿裙子。（第二十六回）

贾芸这个色鬼把袭人偷看个饱，但是我们小气鬼的作者偏不让他瞧瞧袭人的小脚是个什么样子，虽然那“白绫细折”的并不是一幅拂地的长裙。

还有贾赦那个老色狼，他三妻四妾，吃喝嫖赌之不足，还要打他老妈妈的下女的主意，要讨鸳鸯为妾。他那老婆邢太太知道此事了，理应打这老混账两个耳光才对，谁知这位邢夫人竟然是去替丈夫讲亲。她借故打鸳鸯卧室前经过，把这妞儿好好看一看。真是："我见犹怜，况老混账乎？"邢氏——

又浑身打量。只见他（鸳鸯）穿着半新的藕色绫袄、青缎掐牙坎肩儿，下面水绿裙子；蜂腰削背，鸭蛋脸，乌油头发，高高的鼻子，两边腮上微微几点雀斑。鸳鸯见这般看他，自己倒不好意思起来……（第四十六回）

邢夫人这位好老婆，为老头子相亲相得这么仔细，但是却始终未看到这位美人儿的小脚，也是令人遗憾。回去老头子问起来，如何交账？！

疏忽的原不只邢夫人，她那聪明能干、观察能力最强的媳妇有时也会不见舆薪的。当袭人的妈妈病重之时，女儿请假回家探视。凤姐儿要面子、讲排场，不希望荣国府的大丫头在外面显得寒碜，吩咐周瑞家的叫袭人出园时穿几件颜色好的衣服。袭人如命穿戴了。

凤姐看袭人头上戴着几枝金钗珠钏，倒也华丽；又看身上穿着桃红百花刻丝银鼠袄、葱绿盘金彩绣棉裙，外面穿着青缎灰鼠褂。（第五十一回）

凤姐觉得这三件衣裳还不错，只是褂子素了些，也不够御寒，便私下再送袭人一件大毛的皮大衣，穿起来在街上出现，逛百货公司、超级市场也会光鲜些。但是凤姐儿这样细心的人，竟然不问这大丫头穿的是什么鞋子。袭人如穿了一双力士鞋，那成什么样子呢？

穿裙子的丫环们暂时不提了。那些不穿裙子的呢？且说，芳官遭了国丧，戏唱不成了，落魄到怡红院去当小丫头。可叹这个丫头命苦，被一个干娘欺侮着要死不得活。她太标致了，又会唱戏，弄得晴雯要撵她，麝月又讥笑她，宝玉心有不忍。

> 只见芳官穿着海棠红的小棉袄，底下绿绸撒花夹裤，敞着裤腿，一头乌油油的头发披在脑后，哭得泪人儿一般。（第五十八回）

看着芳官一副可怜相，读者能不和宝二爷一样的心酸？她那敞着裤腿的夹裤底下，是赤着脚吗？真是可怜的孩子。

不过芳官毕竟姿色非凡，在怡红院内的群芳凑份子为宝玉做夜寿时，还是少不了她。在这个一男八女的小巧生日派对中，她还是不穿裙子。

> 当时芳官满口嚷热，只穿着一件玉色红青驼绒三色缎子拼的水田小夹袄，束着一条柳绿汗巾，底下是水红撒花夹裤，也散着裤腿。头上齐额编着一圈小辫，总归至顶心，结一根粗辫，拖在脑后。右耳根内只塞着米粒大小的一个小玉塞子，左耳上单戴着一个白果大小的硬红镶金大坠子，越显得面如满月犹白，眼似秋水还清。（第六十三回）

我们的作者费了这么大的气力来描绘芳官，连米粒大小的一个小玉塞子也不放过，为什么一双三寸大小的红绣花鞋却只字不提呢？曹霑！曹霑！我可把你问住了！

现代的时装设计师们可能不同意我这一疑问，设计服装的人是不管鞋子的。其实曹雪芹原是百能百巧、样样顾到的设计师，你看他替风骚的尤三姐如何打扮：

只是这三姐索性卸了妆饰，脱了大衣服，松松地挽个髻儿；身上穿着大红小袄，半掩半开的，故意露出葱绿抹胸，一痕雪脯。底下绿裤红鞋，鲜艳夺目。忽起忽坐，忽喜忽嗔，没半刻斯文，两个坠子就和打秋千一般，灯光之下越显得柳眉笼翠、檀口含丹。本是一双秋水眼，再吃几杯酒，越发横波入鬓，顾盼流光。真把珍琏二人弄得欲近不敢，欲远不舍，迷离恍惚，落魄垂涎！（第六十五回）

放浪的尤三姐儿既然脱了大衣服，连个睡衣都是半掩半开的，作者既然已提起她的“绿裤”,“红鞋”也就避免不掉了。避去不提,连“绿裤”也就缺少性感了。

曹雪芹不但知道女人的鞋有其重要性，他也体会到鞋在男性美上的重要性。他是个服装设计师，他知道如何使颜色相配，使颜色反衬。且看宝玉——

一壁走，一壁便摘冠解带，将外边大衣服都脱下来麝月拿着，只穿着一件松花绫子夹袄，襟内露出血点般大红裤子来。秋纹见这条红裤是晴雯针线，因叹道：“真是物在人亡了！”麝月将秋纹拉了一把，笑道：“这裤子配着松花色袄儿、石青靴子，越显出靛青的头、雪白的脸来！”（第七十八回）

这双“石青靴子”，对一个“小白脸”如何重要？可是一双“大红绣花鞋”对一个云鬓、桃腮、粉颈、透明的耳朵、秋水般的眼睛，不是更重要吗？你为什么只字不提呢？真是气死人。

更气人的却不是作者当提而不提，而是不当提而提。作者把宝玉的鞋，当成八股文题，大写而特写：

> 黛玉看他（宝玉）脱了蓑衣，里面只穿半旧红绫短袄，系着绿汗巾子，膝上露出绿绸伞花裤子，底下是掐金满绣的棉纱袜子，靸着蝴蝶落花鞋。黛玉问道："上头怕雨，底下这鞋袜子是不怕的？也倒干净。"宝玉笑道："我这一套是全的。一双棠木屐，才穿了来，脱在廊檐下了。"（第四十五回）

作者又提到探春替宝玉做了一双极其精致的鞋子，宝玉穿着。“遇见了老爷，老爷就不受用，问：‘是谁做的？’”而探春却不替她亲兄弟贾环做鞋，结果贾环“鞋塌垃、袜塌垃”地见不得人，使赵姨娘生气（第二十七回）。后来袭人在替宝玉做鞋，史湘云看到了，也要替他做（第三十二回）。同时宝玉去看林妹妹，往往靸着鞋子就走（第二十一回）。其他诸如着靴脱靴的记载，那就更引不胜引、抄不胜抄了。

至于姑娘们的靴，全书中只有两个例子，那都是下雨雪时所用的。第一位自然是美人儿林黛玉，她穿的是“红香羊皮小靴”，身上却——

> 罩了一件大红羽绉面白狐狸皮的鹤氅，系一条青金闪绿双环四合如意绦，上罩了雪帽。（第四十九回）

林姑娘就是这样地与男友一道，踏雪而去参加众姊妹的诗社。

另一位便是史湘云了。湘云这位喜欢女扮男装的美人儿，打扮起来就像个“小骚鞑子”：

> 穿着贾母给他的一件貂鼠脑袋面子、大毛黑灰鼠里子、里外发烧大褂子，头上戴着一顶挖云鹅黄片金里子大红猩猩毡昭君套；又围着大貂鼠风领……里面又穿着一件半新的靠色三厢领袖秋香色盘金五色绣龙窄褃小袖掩衿银鼠短袄，里面短短的一件水红装缎狐肷褶子，腰里紧紧束着一条蝴蝶结子长穗五色宫绦，脚下也穿着鹿皮小靴。（同上）

这两位美人儿实是《红楼梦》全书中，穿戴得从头到脚、一应齐全的唯一例外了。但是她们二人穿的只是踏雪用的“小靴”。这“小”靴究竟有多“小”，读者们也还猜不出来的，不过它既能独力踏雪，想来也不可能太小就是了。

从以上所引这些例子看来，《红楼梦》里美人的“脚”是什么个形式，便永远是个谜，而这个谜不是作者在创作过程中的“疏忽”，而是作者有意回避和故弄玄虚！

可是在全书中，雪芹又似乎在若隐若现、有意无意之间，说出他美人儿的造型都是“小脚”的。在那百来个大小丫环之中指明说是“大脚”的，只有那“误拾绣春囊”而闯祸的傻大姐一人。

> 原来这傻大姐年方十四，是新挑选上来给贾母这边做粗活的。因他生得体肥面阔，两只大脚，做粗活很爽利简捷，且心性愚顽，一无知识，出言可以发笑。贾母欢喜，便起名为“傻大姐”。（第七十三回）

荣、宁二府之中，两只大脚、专做“粗活”的丫头，似乎只有这么一个。至于那些锦心绣口、标标致致的“副小姐”如袭人、晴雯、紫鹃、平儿者流，看来也都是小脚了。“小脚”是美女的本钱，也是她们最值得骄傲的东西，可不能胡乱地把它糟蹋了。

且看那不重卫生的宝二爷一次在随地小便之后，秋纹服侍他洗手，嫌天凉水冷，那奉命打水的小丫头在被骂之后想拦路打劫，用点为老太太冲茶的滚水。可是那服侍老太太吃茶的老婆婆不肯。她说："姐姐，这是老太太沏茶的。劝你自己去舀吧。哪里就走大了脚呢？"但是这老婆婆一看到秋纹，就只有改口赔笑了。把秋纹姑娘的脚走大了，那可不是好玩的！

我们这批忠实的《红楼梦》的读者们真是如坠五里雾中了。我们的作者是在玩些什么花枪呢？足下如喜欢大脚，何不干脆来个“妇解宣言”，提倡“天足”？足下如和苏东坡、辜鸿铭乃至所有的男子汉、大丈夫一样，喜欢三寸金莲，为啥不痛痛快快地写出来，而那样婆婆妈妈、吞吞吐吐呢？

笔者在大学时代读《金玉缘》便已发生了这样的一个疑问，我为解决这一问题的“大胆假设”便是:曹雪芹这位“旗人”，动笔来写“汉人”的历史社会小说，碰到了内心不能解决的矛盾。

任何写社会小说的作家都是不能摆脱他的文化传统和社会环境来完全凭空虚构的。大作家巴金最近在他的《随想录》里便写得明明白白，他没有哪一篇作品不是根据实际经验加以夸大和戏剧化的。以此，白先勇、於梨华等台北作家就不能写“红卫兵”；同样，丁玲、浩然等大陆作家便不能写“旅美学人”。各有界线,彼此都不能越雷池一步。林语堂把《逃向自由城》写得个彻头彻尾的失败，便是他不安于位、误触禁区！

曹霑的祖先是汉人而归化满族入“旗籍”，后来又从龙入关，编在“汉军旗”里，成为一种古怪的汉族“旗人”。而旗人终清十朝是吃粮当官的统治阶层。满汉各行其是，既不通婚，亦不杂居。但是汉家文化是远迈旗人的，所以满人入主中原之后便迅速汉化。但是在这汉化过程中，他们也有所取舍。中华文化之糟粕有时也是污染不了他们的，“小脚”便是个突出的例子。

旗人既然没有接受汉人的“小脚”，“小脚”在旗人作家的审美观念中，也就无“美”之可言了。但是曹霑是生在以汉族为主的文化环境中，《红楼梦》的主要读者也是汉人，他又怎能诟病“小脚”、甘犯众怒呢？可怜的作者无法消除他笔下和心头的矛盾，所以他只好模棱两可、避重就轻地回避这个敏感性极大的文化问题了。

1972年春初，笔者在一个偶然机会之下，由哥伦比亚大学转业至纽约市立大学。我转业后的第一件要务便是替我的新雇主设计一个新的亚洲学系，而这个学系中三大学部之一，便是当时最时髦而人才最缺的所谓“民族学部”（ethnical studies）。这个学部的研究重点便是侨美亚洲移民史，以及和这主题有关的各项社会科学上的各种问题——如亚美文化冲突问题、美国少数民族社会问题、妇女儿童问题、主流文化与多重文化问题……

为着扩展这一学部、为其设计各种课目和研究计划，我自己也教授一堂有关“文化冲突”（bicultural conflict）的课，并认真地读了些前所未读过的行为科学上的新书。既读之后，始觉其中别有天地！一般外交家、政治学家、法学家只知道“法律冲突”（conflict of law）的严重性，殊不知“文化冲突”的严重性实远过之。

近三十多年来，国人送儿女留美已相沿成风，然近年来忽又看到“悔送儿女去美国”一类的文章，读之也往往令人心酸气馁。

天乎！这究竟是怎么回事呢？

读了些行为科学的名著，到亚美课程的班上来回答学生的问题，回答他们家长的问题，了解他们的问题，从而帮助解决他们的问题，从而冷眼旁观唐人街社会上的各种问题，乃至祖国各种现代化过程中所发生的问题，我才体会到“文化冲突”这一概念的真义。

年轻时代读《红楼梦》，觉得作者写书不够细腻，故事中有缺笔，其实都不是；寻根究底，原来只是作者精神生活中的一种文化冲突的问题。我是错怪曹霑了。

生为胡适时代的大学生，我学会了“大胆假设”和“小心求证”。但是我也犯了胡适的毛病，不知道如何把求证的结果，根据新兴的社会科学的学理来加以“概念化”（conceptualization）。为求证而求证来研究《红楼梦》,那就只能步胡适的后尘去搞点红楼“版本学”和“自传论”了。

做这种“超胡适”（Post-Hu Shih）的言论，笔者可得千万声明，我绝不敢侧身“红学”之林，也无心钻研红学。但是我是个普通的中国知识分子，我们这一辈的中国知识分子往往是把《红楼梦》背得滚瓜烂熟的；把一部书读烂了的读者，对那一本书总归是有意见的，他的意见是从书本之本身出发的，并非另有额外的“深入研究”。

我国古代汉学家治经书，有时往往被注疏家弄得莫知所适，最后只好回到经书的白文上去找他自己的解释。这种干法，古文家叫做“以经解经”。笔者不敏,《红楼梦》虽然看得烂熟，正文以外的红学注疏实在所知太少，偶发谬论，也就算是聊师古人“以经解经”之遗意吧。

1980 年 4 月 14 日午夜

【后记】本文所征引各节，系根据购自纽约华埠的 1974 年版，曹雪芹、高鹗著《红楼梦》。其他版本则微有出入。

原载《传记文学》第三十六卷第六期

注释

[1]“缠足”这一社会制度，在我国历史上虽然为害一千多年，但是在历朝汗牛充栋的历史记录上，几乎文献无征。纵是“五四”以来那些有考据癖的新学人，对缠足的历史，也从未写过一篇可读的文章。

笔者在管理图书期间，曾把缠足文献略事著录，发现近百年来研究缠足史而值得一提的，只有一位日本学者那珂通世。那珂在日本明治三十一年（1898），在日本《史学杂志》（第九编，第六号）上，写过一篇《支那妇人缠足の起源》一文，引证甚为广博。

近世国人所著有关缠足的论文，则有贾伸撰《中华妇女缠足考》，载于1924年10月份《史地学报》（第三卷，第三期）。贾文中虽亦有少数新史料，然大体说来，立论和引证均未能超出那珂氏的研究范围。

近数十年来国内学人亦偶有涉及缠足史的论述，然仍多取自上述二文，甚少著录价值。

笔者不敢掠美，本文所引故事，亦大致以二篇为底本。

那珂君之文引证极博。正史无征，他便旁采前人笔记，如张邦基《墨庄漫录》、韩偓《香奁集》、陶宗仪《辍耕录》、杨慎《丹铅总录》、沈德符《万历野获编》、高士奇《天禄识余》等十余种。根据不同史料推断，他认为，“支那妇女缠足”盖起于晚唐五代之间。虽然，他亦不能完全否认缠足起自六朝之旧传说。

贾伸亦认定“隋唐以前中华妇女没有缠足”，不过贾氏所用史料，与那珂所用者大半相同，并且将那珂所引、主张以缠足制夷的名士瞿九思误为瞿思九——贾氏自述未见那珂之文，九思之名则引自另一日本作家，该作家引瞿君之妙论以证明“中国人之妥协性”云。

贾氏另引自《东坡长短句》中一阕“咏足”的《菩萨蛮》，以证明北宋时代缠足便已风行。虽据近人曹树铭君的考据，此阕《菩萨蛮》在东坡词中为“误入词”，原作者不是苏轼而是谢绛（见曹树铭编《苏东坡词》，香港万有图书公司，1968 年版）。不过谢绛（995—1039）比东坡（1036—1101）大四十一岁，如此则北宋初年缠足已盛行之说，初不因此词非东坡所作而有异也，故本文仍从旧说。这或许是对我们东坡居士有点冤枉了。

据那珂所引《东华录》，清顺治入关后，曾下诏放脚，康熙三年再申前令。唯满族初主中原，对汉族臣民，不愿以“放脚”小事来“扰民”，以故“放脚”之诏，始终未认真执行。然终清之世，旗人迄未染上汉人缠足之恶习。曹雪芹对小脚隐约其词，高鹗对小脚几乎是深恶痛绝（见注［2］），也是很自然的事了。

再者，《红楼梦》作者，在故事的时代上，故意模糊，使人摸不透这故事发生在哪个朝代。然以贾家有西洋钟表一事来说，这故事无论怎样造作，也不可能早过北宋，而北宋以后历朝皆有小脚。作者断不能以美人脚型大小不定而使读者有猜不透时代之感也。

［2］《红楼梦》吾人今日可接触的版本盖多至数十种。就以“抄本”这一系统来说吧，据大陆红学家最近的统计，盖有十二种之多，它们是：庚辰本、己卯本、甲戌本、戚（蓼生）本、蒙古王府本、宁本（南京图书馆现藏抄本）、扬州靖氏藏本、甲辰本、乾隆百二十回抄本、己酉本、郑振铎藏本、苏联列宁格勒藏本（见文雷著《〈红楼梦〉版本浅说》，载 1974 年《文物》第九期）。

自从程伟元和高鹗于 1791 和 1792 年开始椠刻《红楼梦》——胡适把这两个最早的刻本分别取名为程甲本和程乙本——之后，两百年来的翻刻，正如雨后春笋。值得一提的是，清末翻刻、由王希廉作序的《金玉缘》是为王本；以戚蓼生抄本为底本而翻印的《红楼梦》是为戚本。

近年大陆和台湾两地翻印旧有刻本之外，更影印各种抄本，尤使人耳目一新。由于研究资料的便利，研究红学的职业红学家和非职业红学家亦随之增多。笔者于60年代中，曾为哥伦比亚大学中文图书馆略做统计——存殁、老少红学家，有著录可考者，盖不下三百家，不足收者尚不在其中也。

当时校中因经费充裕，我曾立志要把《红楼梦》抄、刻两个系统下的不同版本，以及和红学有关的著作“收全”！无法购置的孤本、珍本、善本、罕有本等，则设法以缩微胶片影印之。爱书的人，自己贫无立锥，一卷难收，然身怀巨款，一掷万金，慷他人之慨，收尽天下奇书；其中乐趣，亦不可为外人道也。

笔者本拟“收全”之后，再编一注释书目，撰一长序，以就教于同文。后来虽被洋人轰出书市场，而壮志未酬——其实笔者当年为大学所收的孤本、珍本，今日都价值连城，是该大学今日的“校宝”——我们为哥大所收的“红学”书目，仍不失为当今世界名藏之一。年前，当周策纵先生告诉我渠有志召集一世界红学会议，并嘱我撰文随喜之时，我曾抽空专程去哥大一访旧藏。我发现虽然有些断烂旧籍因干碎过甚为馆方抽去，和少数沦入雅贼之手者外，馆藏抄、刻两系统不同版本尚有二十三种之多。其他辅助著作亦不下百余件，足供一红学“待赠博士”完成其论文初稿，而毋须旁求。

在本稿属笔之初，我本想用1963年北京人民文学出版社影印的乾隆百二十回抄本作底本的。这抄本显然是原程高刻本的底稿，一书兼抄、刻两宗之长。因为我所要的只是故事的本身，脂砚斋系统下的多家评注原与本篇立论无直接关系也。

但是此影印抄本是个“善本”，不忍加以勾画，加以一般读者对此种版本也很难查对，所以我就决定改用私藏1974年北京人民文学出版社出版的程高本《红楼梦》了。这部书虽是“四人帮”时代的出版品，但是书中正文倒是规规矩矩地与各种不同版本互校过，每回都附有脚注和校记。虽然这些校记也很粗糙，但全书倒不失为一部可用的底本。

本篇的引文便以此书为底本，曾与其他版本互校。原意凡校出异文与本篇立论有不侔者，当勾出而申论之；无关者，则从略。至于重要异文，值得一提者，则注释之，以表明拙作引文，于其他版本上亦有其重大互异之处也。不意遍校其他版本，竟未发现一条异文足以推翻、至少是修正拙作之立论也。

至于无关本篇痛痒的各版异文，则多至引不胜引——如程甲本和程乙本，这两个姊妹篇的异文即有两万一千五百零六字；其他各版就不必提了——不过这些异文虽与拙文无关，但是它们在《红楼梦》版本学上都有极重要的意义。它们可以帮助版本学者来判定各版的迟早和真伪，故亦颇值一提。今谨将本文所引诸条异同之点，作一综论如后：

第三回。作者描写凤姐衣饰，拙引与一般程乙本，都说凤姐像“神仙妃子”；而甲戌、庚辰等脂系抄本、戚本和嘉庆甲戌刻本（哥大藏）等，则是“神妃仙子”；乾隆百二十回抄本则根本没有这一句。“神妃仙子”显然是比较接近曹氏原稿的。

又同一回说凤姐穿的是“大红云缎窄‘褙’袄”，各本皆同，独甲戌本作窄“裉”袄。“褙”欤？“裉”欤？全书其他部分，各种版本亦时见“褙”、“裉”互出。笔者个人则以“裉”为然，而“褙”非也。这一点，正确的答案，恐怕要留待专攻清代服饰史的专家来决定了。

第六回。凤姐坐待刘姥姥那段引文，亦各版互异。如凤姐所坐的“褥子”，甲戌本和若干其他抄本，乃至嘉庆甲戌刻本均作“金心线闪缎大坐褥”，拙引暨戚本、王本等，则缺一“线”字。少个“线”字，似乎就不对了。研究中国刺绣史的艺术史家或可有更正确的解释。

还有凤姐所穿的皮衣，各本皆作“石青刻丝灰鼠披风”，戚本则是“皮褂”。这点异文之间，显然也有大学问。

第八回。关于对宝钗的形容，各本分成两大阵容。程高本一系的与拙引大同小异。脂评系的各抄本和乾隆百二十回抄本则都多了几句，在“看去不见奢华”之后，另有“唇不点而红，眉不画而翠；脸若银盆，眼若水杏；罕言寡语，人谓藏愚；安分随时，自云守拙”。（乾隆百二十回抄本内则稍异：“人谓安分随时，自云藏愚守拙。”）这些句子显然是接近曹雪芹原稿，为高鹗在刊行乙本时所划掉。

笔者幼年即常听我家中的老北京们说，旗人喜欢“银盆大白脸”，而汉人则喜欢“鹅蛋脸”。这大概与妇女服装设计有关系。戴“凤冠”穿“霞帔”，大概“鹅蛋脸”显得较漂亮；旗人妇女本来便修长白皙，加以旗装上的“旗袍”、“盆底鞋”、“燕尾高髻”——如京戏上的“铁镜公主”，三长相接，自然以一个圆脸显得较漂亮了。

曹雪芹和高鹗虽然都是旗人，雪芹毕竟出身贵族，在他短短的四十余年的生命中，交游显然仍限于旗人，旗味仍重。高鹗在“补”《红楼》期间，已是个深入汉人社区的光蛋，在他身上的双重文化冲突，有时似在雪芹之上。在这段里，他勾掉“脸若银盆”这一节。后来在谈尤三姐那一段，他又把三姐的“一对金莲”给划掉了。

第八十九回。在乾隆百二十回抄本上，黛玉只“簪了一支金簪”，但是在后来的刻本上，都被画蛇添足地换成“簪上一支赤金扁簪”，有好多读者诟病这支“扁簪”。这是高鹗先撰后改欤？不过对一位“淡淡梳妆薄薄衣”的美人儿来说，扁簪又有何不好呢？

第二十四回。谈宝玉要吃鸳鸯的胭脂那一段，我深觉百二十回抄本中的原文是高鹗据以排程甲本的原稿，二者是完全相同的。在原文中鸳鸯穿的是：“桃红绫子袄儿、青缎子背心，束着白绉绸汗巾儿，脸向内低着头看针线，脖子上戴着扎花领子……其白腻不在袭人之下。”

在这一段里，鸳鸯没有穿“大红绣鞋”，其他的抄本均与程甲本同。但是在乾隆百二十回抄本的原文上，高鹗却改了些字，如“桃红”被改成“水红”,“背心”改成“坎肩”,汗巾下面又加上“露着玉色绸袜、大红绣鞋”。在一般老本子上,鸳鸯都未穿鞋,这双鞋显然是高鹗叫她穿上去的。还有,其他的本子上,鸳鸯戴的都是“扎花领子”,在乾隆抄本上,高鹗要鸳鸯改扎一条“紫绸绢子”。

我个人便觉得高鹗改得好,“扎花领子”太俗气了,鸳鸯应该“俏”一点。

更有趣的是最后一句“白腻不在袭人之下”。早一点的本子,都是“之下”,程乙本以下的程高系刻本,都变成“白腻不在袭人以下”。前一句在文法上说,是既“通”且“顺”的,这显然是雪芹原文;后一句则“通”而不“顺”,显然是手民之误,因为曹、高二人皆不会写出这样“通而不顺”的句子。

第二十六回。贾芸“溜瞅”袭人那一段,所有的本子上(包括程甲本)都说袭人穿的是“背心”,可是在乾隆百二十回抄本上,高氏则把原文里的“背心”改成“坎肩”。以后“程乙本”便一律用“坎肩”了。

我对高氏这一改倒发生了兴趣。细查一下,在曹氏笔下,几乎所有的美人儿穿的皆是“背心”;到高氏笔下,她们又多改穿“坎肩”。在我们南方人的印象里,“背心”与“坎肩”原是一回事,但是按说在旗装中二者是有分别的。是耶?非耶?就只有请教专家了。

《红楼梦》是个无底洞,专门问题,一定要靠专家来答复,通才先生是不能信口胡吹的。

第五十一回。谈袭人穿的“裙子”。程乙本和一些脂批本,都说她穿的是“葱绿盘金彩绣棉裙”,唯戚本则作“锦裙”。这两个系统的本子原是真伪互见的。在这儿笔者则觉得“锦裙”是而“棉裙”非也,袭人穿得彩绣辉煌,外加皮大衣,毛烘烘的,底下穿一条“棉裙”总感觉不对称。

第五十八回。谈芳官的头发。脂系抄本、戚本、程甲本、王本等都说是“乌油似的”,乾隆百二十回抄本原文也是“乌油是的”,可是在这一抄本上,高鹗把“是”字涂掉,再加个“油”字,就变成程乙本上的“乌油油”的了。

从这些小例子，我们可以看出，程甲本和程乙本之间的两万多字的异文可能多半是高鹗改动的笔墨。他在程甲本上还没有动太多的手脚，程乙本上改动的就多了。甲乙之差，亦即芹溪、兰墅之别也。

第六十三回。作者说芳官所穿的“一件玉色红青驼绒三色缎子拼的水田小夹袄”。程乙本作“拼的”，王本作“镶的”。早期抄本包括脂评本、戚本和乾隆百二十回抄本均作“斗的”。我想“斗的”是雪芹原文，“镶的”和“拼的”都是后人改的。所谓“三色缎子‘斗的’”，今日南京一带尚有此土语，意即是“拼的”。北方是否亦有此土语，笔者不敢妄断，但是他曹家在扬州、南京一带住了六十余年，雪芹便是在南京出世的，抄家后北返，带回去的老仆、乳媪等可能也多得是南京人。老祖宗和儿子吵架，动不动就要回金陵去，也是作者习于以南京为家的心理的反映。《红楼梦》里还可找出很多的南京土话来，曹霑的儿时第一语言可能就是南京话——至少他是能说南京方言的。他写起白话文来，“不避俗语俗字”，便把南京土话写进去了。后来的校书者如高鹗等人不懂这句南京方言，把“斗”字改成“拼”字或“镶”字，就失其原貌了。

又同回。有关芳官的辫子，各抄本和戚本都说它有“鹅卵粗细的”。高鹗在百二十回抄本上把“鹅卵”二字划掉，简化成“一根粗辫”。至于方官“右耳‘眼’内塞着个米粒大小的玉塞子……”在程乙本上也被错成“右耳‘根’内”，那就显然是手民之误了。她右耳眼内既已有个玉塞子，则右耳就不能再戴坠子了，所以芳官的左耳便“‘单戴’着一个白果大小的硬红镶金（戚本作‘映红’；嘉庆甲戌刻本作‘祺红’）的大坠子……”，俗语所谓“偏坠”。后来校书的人不留心，戚本和程乙本都在“单戴”二字上出了毛病。

一位美人如发型设计得好，戴个“偏坠”会益发显出她的标致来——会使她更俏、更媚。曹雪芹是位第一流的美容师。林青霞、胡茵梦诸女士实在要多多看看《红楼梦》，以免把自己打扮得太俗气。

第六十五回。有关尤三姐戏弄贾珍、贾琏的故事。脂系各抄本、戚本和乾隆百二十回抄本都说尤三姐穿的是“绿裤红鞋。一对金莲或翘或并，没半刻斯文”。高鹗在百二十回抄本中，“绿裤红鞋”之下，加“鲜艳夺目”四字。但是在后来他校刻的本子——甲本和乙本上，他把这“一对金莲”干脆给删掉了。

这“一对金莲……”是否是雪芹原文？或是后来在过录程序上被好事者加上去的，后来才又被高鹗删掉的，就有待红学家们去继续考证了。不过这八个字纵为雪芹原著，则全书一百多位女子，就只有一个尤三姐被讲明是小脚，其他美女则仍然是“妾足未分明”也。

至于这位也有严重的“双重文化冲突”的“鞑虏”高鹗，他不能欣赏我们这个“需从掌上看”的汉家文化，那也是很肯定的了。大观园内一百多名美女，只有这么一双金莲，他还要把它搞掉。高鹗！高鹗！你真是个刘姥姥的大倭瓜。

第七十八回。脂本描写贾宝玉脱了外衣“露出血点般大红裤子来。秋纹见这条红裤是晴雯手内的针线，因叹道：‘这条裤子以后收了罢。真是物在人亡了。’麝月忙也笑道：‘这是晴雯的针线。’也叹道：‘真是物在人亡了。’秋纹将麝月拉了一把……”

这一段在戚本和乾隆百二十回抄本的原文里都是大同小异的。高鹗显然是嫌她二人太噜苏、太不够灵精（sensitive），所以把麝月后说的那一句删了；同时把“秋纹将麝月拉了一把”改成“麝月把秋纹拉了一把”。

这一种改法，今日中西写作界的文学编辑（literary editors）们还是视为当然的。高鹗改得的确比原文简洁而更富韵味——这两个鬼灵精的丫头，一个无心脱口而出，另一个忙拉了她一把，并立刻换了个话题，以免触动那位仁兄心里的疮疤。这种笔法，真是细腻之极！

笔者称道高鹗的改作，并不是说兰墅之才胜于芹溪。高之比曹，真如宝玉常说的，连提鞋都不够呢！《红楼梦》后四十回中最可看出高氏补作痕迹的，莫过于第八十九回“人亡物在公子填词”中那几节了。这一回显然是先有回目，高鹗才“补”了两阕词的。

且看晴雯死后，宝玉一个人关上门来祭奠晴姐的那首双调《忆江南》：

> 随身伴，独自意绸缪。谁料风波平地起，顿教躯命实时休，孰与话轻柔？
>
> 东逝水，无复向西流。想象更无怀梦草，添衣还见翠云裘，脉脉使人愁。

老实说，《红楼梦》中的“词”置诸《花间集》中，也是上品。而高鹗这两首伪托，其格调之低，真令人不忍卒读。一个格调过低的诗人，无论他如何锤炼推敲也是高不起来的，高鹗就是这种诗人。

作家亦然，一个格调甚低的作家也是高不起来的。你要他来对一个格调极高的作家（如曹雪）的作品补作、续作、改作，读者是可以一目了然的。以此，笔者断不相信《红楼梦》后四十回是“高鹗伪作”。因为后四十回中好坏之间太不调和了——好的太好，坏的太坏！后四十回原稿可能正如程伟元所说的“漶漫不可收拾”，高鹗循程之请，把这些“漶漫之处”“补”了起来，而高鹗的“补绽”，细心的读者们是可以一块块地揭起来的。“续貂”的“狗尾巴”，究竟与原物不同。

不过高鹗虽不是第一流的作家、第一流的诗人，他却是个第一流文学校改人（literary editor）。literary editing 是写作和出版界的一种特殊行业，干这门行业的人，对文学写作要有相当的修养和相当的眼光，但他自己不一定要是个好作家、好诗人。真正的好作家、好诗人却反而吃不了这行饭。

在今日美国，所有出版商都雇有这种写作技术人才。纽约的“黄皮电话簿”中，一翻便可找到几十人——高鹗便是这样一种第一流的文学技术人才也。

还有，任何大小作家——包括曹霑——往往都有些他个人不自觉的某些缺点，他需要另一个高手来对他的作品参加意见，所以曹、高二人也可说相得益彰了。

第四十九回。黛玉穿的雨鞋，在程乙本上是“红香羊皮小靴”；脂本是“小鞋”，被校稿人误为“小褂”；戚本作“小”。“靴”和“鞾”本是一个字，雪芹可能用的是“鞾”字，过录时被误改成“小鞋”。

同回，湘云穿的是“鹿皮小靴”。脂本作“麀皮小靴”。“麀”（音忧）是雌鹿。雌鹿皮可能更细、更软。清初旗人贵族穿雨靴可能是有这种考究的。俗语说：“发财三代，才会穿衣、吃饭。”高鹗中进士前是个穷“鞑子”，考究不到这一层上来，所以就“鹿皮”一下算了。笔者虽然是望文生义，但也可说是个“大胆假设”。

第七十三回。谈傻大姐。所有抄本都说她“年方十四五”，程甲本亦然。高鹗在程乙本上干脆改成“年方十四”。我看这个“五”字,不是“抄脱”，而是校者故意删掉的。试看京戏舞台上的台词：“小生年方十八，尚未娶妻。”“年方”二字之下，最好用个肯定的数目字才好，删掉“五”字，亦见校稿人的匠心。

还有，抄本上都噜噜苏苏地说傻大姐“行事出言，常在规矩之外”，高氏一股脑儿勾掉,只说“出言可以发笑”。“出言可以发笑”也就够“傻”了，高鹗改得好。

第五十四回。当秋纹姑娘所率领的一些小丫头在路上向一位替贾母泡茶的老婆婆拦路抢水之时，那位老婆婆叫她们“哥哥儿……”各系抄本皆同。高鹗却在乾隆百二十回抄本上把“哥哥儿”划掉，改写成“姐姐”，宋淇先生认为这些小丫环因为年纪太小，穿着像男孩子，所以老婆婆叫她们“哥哥儿”，亦可自成一说。

总之，《红楼梦》这部奇书，在程高刻本出现之前，传抄、传阅似乎只限于旗人社区。旗人的贵族在那时本是个自我孤立的享有特权的小圈圈，《红楼梦》似乎就是这个小圈圈之内的专用读物。一直等到程高刻本流传至南方翻刻之时，这部旗人的小说才真正的“国家化”了。

关于这方面，在乾隆百二十回抄本里就可找出许多线索来。这个抄本原来即是“旗下人所抄”，在原本上还写了一些满文。后来为着转售，售者乃设法把这些满文洗掉，但余迹犹存，这个本子的后期收藏人杨继振（字又云，也是一位旗人）在第七十二回末的批语上便说得很明白。

这个抄本一部分是程、高二人所修订的手稿，盖无疑义，只是在七十八回末的朱笔侧记“兰墅阅过”四字似非高鹗手笔，而为收藏者杨又云所书。睹三十七回首页那条“又云记”的侧批可知二者是出于一人手笔也。

《红楼梦》是个无底洞，希望将来有大批专家通力合作，把各种版本集合在一起，来逐字逐句做过总校再做出最精辟的诠释来，那就是我们读者之福了。

海外读红楼

《红楼梦》这部奇书，读者们不论年龄大小、时代先后、地域差异多大、政治社会制度如何不同，读后都会有不同的领悟。

一个读者个体，他从小到老、从华南到华北、从小学到大学、从国内到海外、从大陆到台湾、从资本主义到社会主义……由于生活经验的变换、知识接触面的扩大，他每次读《红楼》也会“别有一番滋味”。

一

笔者幼读《红楼》，亦尝为“焚稿”垂泪，为“问菊”着迷。它是青年人情窦初开时的爱情宝库，也是学习古今文学的初阶——论旧诗词，则盛唐而后、《花间》之前，芹溪之作品亦足以乱真；论白话文，则胡适、鲁迅亦难望其项背。老实说，在笔者这辈“五四”以后出生的“作家”，它对我们都是新旧文学习作的启蒙教科书。

大学时代，在防空洞再细读《红楼》，笔者便觉得它在文学之外实在也是一部社会史巨著——是反映我们那个两千年未尝有基本变动的儒家宗法社会的综合记录。

食色性也。“宝黛之恋”，两千年来，何代无之？而“金玉之缘”，因“父母之命”而“终成眷属”——在笔者这一辈以上的老人，除了“私奔”之外，亦绝无他途可循。结两千年婚姻制度之总账，曹霑真是第一支笔。

作为一个对社会科学才刚启蒙的大学生，笔者在大学时代便体察出，社会科学上所揭出的“文化冲突”的概念，便是曹雪芹这位第一流天才服装设计师，终使大观园中诸姑娘、奶奶都变成“半截美人”的症结所在。满人天足，也可说痛恨缠足。康熙帝曾下诏禁止缠足，然终以入关不久，为使汉族臣民休养生息、“不愿扰民”而中止。

入关百年后，满人已泰半汉化，入境从俗，一切从汉家制度，唯独缠足一项，以其太痛苦、太野蛮，而终未接受。曹氏本汉家子，而早入旗籍，从旗俗。入关恢复汉家旧仪，一切心悦诚服，独对缠足一项，《红楼》作者发生了心理上的“文化冲突”而无法处理。芹溪若使宝、黛、春、云诸美尽缠其足，岂非人间惨事？而雪芹述笔之初，“脂砚”以次读者或男或女，几全系满人，对此惨事，何能接受？

反之，若使晴雯、芳官、鸳鸯、琥珀……在粉白黛绿之间尽成“凤阳”大脚妇人，岂不煞尽风景？因此，最佳办法则唯有秉笔不书，马虎了事。

芹溪为之，反而求之，不得吾心，而社会科学家，诸“夫子言之”、“概念化”（conceptualize）之，使吾心有戚戚焉！浅通之、深索之，始知钻研《红楼》，亦固有“社会科学处理”之一道也。

大学中期，胆大心粗，不自藏拙，竟于史系学刊上撰写万言长文曰《浅论我国脚艺术的流变》以申述之。大观园中，诸姑娘、奶奶之“脚”，固均在详细玩摩之列也。惜战时印刷不易，拙文迄未流传，终至遗失，迄今念之。

大学结业后，留学美国，亦尝与爱好文艺之同学合组白马文艺社自娱。斯时适亦侨居纽约之胡适之先生，曾戏呼之为“海外第三个中国文艺中心”。同仁每谈《红楼》,予亦屡提“社会科学处理之方法”(social science approach)应为探索《红楼》方式之一。新红学之考证派，只是研究者之起步，为一“辅助科学”(auxiliary science),而非研究学术之终极目标也。其时海内“阶级分析”之说正盛极一时。“阶级分析”亦“社会科学处理”之一重要方面也，偏好之，何伤大雅；罢黜百家，则托拉斯矣。

70年代“文革”以后，海峡两岸文禁顿解。前“白马社”旧人周子策纵，竟能重集海外同好，醵资于美国威斯康星大学，于1980年间召开“第一届国际《红楼梦》学术讨论会”,而征文及于下走。予因将数十年久积心头之“社会科学处理方法”以治“红学”之法螺举例再吹之,因撰拙文《曹雪芹的“文化冲突”》,以就正于同文,时以限于篇章,书未尽意。

二

其实“文化冲突”一概念,于时兴“社会科学”上并不只限于两族(满汉)之间也。文化冲突亦有古今之时限。新史学上有所谓以“现时观念”(present-mindedness)处理古事物之大忌，亦即时代不同而引起观念冲突之一种也——斯于“美学”则尤为显而易见者。雪芹之撰《红楼》放诸主角服饰之设计，此一“冲突”即彰明较著，而每为一般读者乃至为红楼男女“绣像”之艺术家所忽略，举例以明之：

《红楼》第三回，黛玉初见宝玉时，且看这位“衙内”所穿的衣服：

(黛玉一看)却是位青年公子：头上戴着束发嵌宝紫金冠，齐眉勒着二龙戏珠金抹额，一件二色金百蝶穿花大红箭袖，束着五彩丝攒花结长穗宫绦，外罩石青起花八团倭缎排穗褂，蹬着青缎粉底小朝靴；面若中秋之月，色如春晓之花……

宝玉这位贵公子这时所穿的是一套传统中国自唐及明的“古装”。我国“古装”经过两千年以上的不断改进，在设计上对“美”的研究，加上丝绸制造业在发展中的配合，真可说是登峰造极。它对一个以农业经济为基础的官僚大帝国中上层社会中士女的打扮，真是美不胜收——和边疆的少数民族相比，我们实在是太高级了、太美了。

古人所谓“上国衣冠”，所谓“满朝朱紫”、“襟袖飘香”……“裙拖六幅湘江水，鬓耸巫山一段云”，都不是空吹的形容词。它和“四夷”的服饰相比，那“上国衣冠”确是太高雅了。后来满族入主中原，原曾有“易服”之议，可惜“美学”终于敌不过统治者的“自尊心”，而使“马蹄袖”、“猪尾巴”把我们丑化了两百多年。

所以我国“古装”的设计也确有其超越时代的“客观的美”。时至民国，还有个酷爱古装的留学生马君武歌颂它是“百看不厌古时装”。服装设计师曹雪芹，他显然与马君武有同好，致使荣、宁二府的主子穿的几乎（着重“几乎”二字）都是“古装”，贾宝玉这位贵公子初见表妹，便是个（夹杂少许胡服的）古装公子。他的高雅华贵之像也被所有替他“造像”的画家——从清末的版画、石印到20世纪七八十年代的水彩画——几乎“造”出千篇一律的古装之像。

其实贾公子原是曹霑笔下的旗人，他平时家居，头上是吊着条辫子的。

且看上引同回，宝玉见过妹妹之后，遵祖母之命去看过妈妈回来时的穿着，便从“古装”变成“时装”了。

（黛玉见他）一回再来时，已换了冠带：头上周围一转的短发，

> 都结成小辫，红丝结束，共攒至顶中胎发，总编一根大辫，黑亮如漆（垂在脑后）（此四字为笔者所加），从顶至梢，一串四颗大珠，用金八宝坠脚；身上穿着银红撒花半旧大袄；仍旧戴着项圈、宝玉、寄名锁、护身符等物；下面半露松绿撒花绫裤、锦边弹墨袜、厚底大红鞋。越显得面如傅粉，唇若施脂；转盼多情，语言若笑；天然一段风韵，全在眉梢；平生万种情思，悉堆眼角……

这一下，岂不糟糕？原来天下第一美男子、古今美女梦中的“白马王子”，原来脑壳之后还拖了一条怪模怪样的“猪尾巴”（pigtail），这成何事体？所以一切绣像画家、水彩画家——包括北京出版的英文版“红楼插图”和名家题咏的“红楼月历”，都“辛亥革命”起来，把美男子贾宝玉的“猪尾巴”剪掉了。

你说宝玉因年经，初见林妹妹时还拖条“辫子”，长大了就没有了。那么，读者贤达，您就错了，贾公子在“怡红院”一天到晚都拖着辫子呢！

不信且看第二十一回，那个小无赖看到漂亮的表妹史湘云刚梳完了头、洗完了脸，他不但要使用湘云用过的脏水，还要湘云替他梳头。那个爽快的丫头湘云不干。

> 宝玉道：“横竖我不出门，不过打几根辫子就完了。”说着又千“妹妹”万“妹妹”的央告。湘云只得扶过他的头来梳篦。原来宝玉在家并不戴冠，只将四围短发编成小辫，往顶心发上归了总，编一根大辫，红绦结住。自发顶至辫梢，一路四颗珍珠，下面又有金坠脚儿。湘云一面编着、一面说道：“这珠子只三颗了，这一颗不是了，我记得是一样的，怎么少了一颗？”宝玉道：“丢了一颗。”湘云道：“必定是外头去，掉下来叫人拣去了，倒便宜了拣的了。”

> 黛玉旁边冷笑道：“也不知是真丢，也不知是给人镶了什么戴去了呢！”宝玉不答……

如此看来，宝二爷不但在家中“不出门”时总拖着辫子——湘云替他梳辫子也不是第一次了，他出得园去，和一些小戏子、小相公胡来时，也拖着辫子，并把辫子上珍贵的饰物偷偷地送人了。

贾宝玉拖辫子是肯定的了。问题是曹雪芹把他（她）们一切“古装化”矣，为什么却舍不得把美男子宝二爷的“猪尾巴”割掉呢？须知雪芹虽爱“古装”，他也爱他那18世纪清朝极盛时期高级社会里的“时装”，虽然这条“松花大辫子”的男人“时装”，在我们有“现时观念”作祟的读者们看来是“七丑八怪”，但是纵在20世纪初元，它还是“美”得很呢。请听“我的朋友”李宗仁先生剪辫子之前的回忆：

> （宣统元年，1909，广西陆军小学）的制服全是呢料子，还有一套哔叽的。冬季则有呢大衣。每人每学期发两双皮鞋……当时我们的服饰是十分别致的，学生多数拖着一条长辫子，却穿着现代式的陆军制服和皮鞋。今日回想起来，虽有不调和之感，但在那时是觉得十分神气美观的。我们的留日返国的教官，以及少数得风气之先的梧州籍同学，间或有将辫子剪去的，也有少数将后脑剃光或剪短，把前面的头发编成辫子，再把辫子盘成一个饼贴在头顶上，然后戴上军帽的。但他们在寝室内或操场上脱掉军帽时，却备觉难看（见《李宗仁回忆录》第三章第三节）。

李宗仁在20世纪初年，穿洋服、戴洋帽、上洋操，还觉得“猪尾巴”“十分神气美观”；我们的美学大师曹霑，在18世纪中叶，不肯在美男子宝玉头上“割爱”，是十分可以理解的。这条嵌珠大辫子，在18

世纪的曹雪芹看来，是其美无比呢。但是在 20 世纪 80 年代，还要把我们的大众情人贾宝玉的头上加上一条“猪尾巴”，那就不成话了。所以我们的红楼画家诸同志便全体动员，把贾公子的辫子割掉了。

三

综上所述,不过举一反三。盖新兴社会科学中诸“法则”与“概念”，极多均可引入作研讨新红学之新方向。弗洛伊德之唯性论、马列恩斯之阶级分析说、社会学、伦理学、经济学、心理学研究中之种种成果，均可引为借镜。

忆早年读中国文学史如新兴诸大家中之胡适、胡小石、胡云翼等人以及专论传统小说之周氏兄弟——树人、作人——等，无不以“说部”为“明清文学”之主流。

然唐诗、宋词、元曲之后，何以异军突起，章回小说顿成两朝文学之中坚，时至清末，书目竟多至一千六百余种，直如野火之燎原，一发不可收拾？诸文学史家则均瞠目不知所对。晚近诸大家粗通汉籍、论文海外，竟以两朝显学比之欧西作品，直是糟粕之与珠玉，简直不屑一顾，则尤为不可思议。

需知戏曲、小说均为构成人类文明社会生活成分之一部，深受社会经济“供需律”（law of supply and demand）之支配。戏曲、小说古已有之，然其“大众化”（socialization）则有待于现代都市化工商业社会（urbanization）之崛起。有都市化之工商业社会，始有小市民阶级之壮大；有壮大之小市民阶级，始有小市民精神文明之“需要”，有此小市民之“需要”，始有应运而生之“供应”。

戏曲、小说之兴起，必以小市民之“需要”为基础——否则只限于贵族之“梨园”、宫廷之“秘籍”（今日吾人于海外仍可欣赏巨册绘图足本殿版《金瓶梅》即属后者之一种）；无小市民之社会基础，则戏曲、小说便无大众化之可能。吾人熟读欧洲史，固知此理，中外皆然也。

西欧中小城市之兴起，约始于十五六世纪哥伦布发现美洲之前后，小市民有此“精神食粮”之需要，西班牙空前名著之《堂吉诃德》始应运而生。《堂吉诃德》之前，西班牙非无小说也；《堂吉诃德》之后，西班牙更是作品备出，而《堂吉诃德》之所以一枝独秀者，百年创作，沙里淘金，千枝一秀之成果也。

16 世纪之初，西、葡两国中分天下，沿海城镇首先都市化，而平民文学亦随风而起，非偶然也。然西、葡两国好景不长，后来居上则英吉利也，法兰西也。无十八九世纪西欧之重商主义、工业革命，即无蓬勃之西欧说部文学，可断言也。文学为时代之产品，所反映者为当世之社会生活与人民心态。故治西洋文学史者，如对西洋史学与西方社会之发展状况初不经心，而一味以文论文，则未有不缘木求鱼者也。治中国文学史者，如对“中国社会发展史”毫无概念，只一味批卷子看文章而臧否作者，则批者纵满腹洋文、全盘西化，亦终不免八股习气也。

四

我国社会经济之都市化实始于南宋。残赵虽偏安一隅，然其在工商业经济上之成就则远迈汉唐。其经济中心则为运河南段、长江下游、太湖沿岸之三角地区。

蒙人入主，中原诸省备受荼毒，独于扬州及苏杭一带优渥有加，未遭严重损失，国史与私人记述记录均详。西人马可 · 波罗亦亲见之。

元去明来，江南遂为国家经济首善之区，中小城镇俱已渐次都市化，手工业之蓬勃,古所未有。有此丰裕小市民之社会基础,则大众化之戏曲、小说乃应运而生。暇时每读明人笔记，事例万端，此信念乃益坚信不移。

满人南侵，虽经“扬州十日”、“嘉定三屠”，而江南在全国经济上之领导地位并未动摇；再经康熙六十年（1662—1722）与民休息的升平之治，则十七八世纪间，我国江南手工业中小城镇与夫小市民阶级之兴起，可能为全球之冠（更深入比较非关本题，故曰“可能”），有此小市民阶级之基础，“说部文学”始渐成气候，“供需律”规范之也。斯时不但书贾之业大盛，与书贾血肉相关之职业批书人与职业作家乃一时俱起，“市场经济”使然也。

金圣叹（1608—1661）便是职业文学批评家之一代奇才，置金君于世界任何文学批评圈内，其才亦不多让，金某如不中年被害，则渠在文学批评上之成就，当更不可限量。然何以17世纪中期，中国文学批评史上，姑苏能出一金圣叹，斯亦社会经济发展之结果也。

圣叹死后之百余年，历经雍正、乾隆两朝（1723—1795），正值公历之18世纪,亦清室之极盛时代,帝王与上层士大夫之沉湎于金石书画、四库典籍，而民间之沉迷于言情小说、悲喜戏曲，不特时人有纪录明文，吾人亦可于想象中得之。斯时江南出版业之盛极一时，毋庸赘言；小市民之爱好读品，亦举手可得，读小说自是一时风气。

曹雪芹祖孙三代寄居江南六十余年（1663—1728），原是“南人”，富而有暇，平时声色犬马之外，群居终日，言不及义，而男女教育又均超人一等，其阖府上下，沉溺于时尚之小说，亦不难想象——大观园中偷读“传奇”，即有明证。

再者，以创作《儒林外史》而驰名后世之吴敬梓（1701—1754）亦以皖人而寄居南京,《外史》什九即成书于南京。敬梓亦纨绔子而有才华，少年豪纵，不事生产，不求富贵，而以愤世嫉俗、著书骂人为乐，结果虽非“泪尽”，然亦以中年贫病而死，颇类雪芹。

敬梓、雪芹同时、同乡（雪芹南京人，说南京话，《红楼梦》中辞例至多；敬梓安徽全椒人，寄居南京。全椒实南京之“郊区”也，口音相似。胡适每好说“我的安徽同乡吴敬梓”，其实胡适的“徽州”土话，吴敬梓听来，一句不懂也。而吴敬梓倒是曹雪芹的真正“同乡”），二人又有同好，性格狂狷、反抗，亦复相同。双方均中年“食粥”而死，也大同小异，可惜一南一北，正如庄周与孟轲，两位才人，终无一面之缘。然二人均以不求之名而名垂后世，斯盖当时知识分子风气使然。清末文人有评梅巧玲、梅兰芳祖孙之言曰：“所操至贱，而享名独优！”

著稗官野史、写言情小说，在18世纪的中国虽非至贱，终非高尚职业。文人学士才人如曹雪芹、吴敬梓者，竟愿破产为之，盖从所好，而群众亦好之——亦如清末民初京戏界之票友，尔自好之，台下好之者亦众也。

爬格子、写文章的穷朋友，你爬出来没人看，你爬它做甚？爬出来，虽“赊酒食粥”，只要有人看，能脍炙人口，自得其乐，也就顾不得许多了——这就是阿Q之所以为阿Q，曹雪芹、吴敬梓之所以为曹雪芹、吴敬梓吧。

五

前文已叙明言情与社会小说古已有之，然何独盛于都市小资产阶级兴起之后欤？说来亦无啥深文大义。

盖以耕耘为本的农业经济大帝国之内，农民劳动力为从事生产之最大资本。农村三月闲人少！抽出时间让富有劳动力之青年子弟入学读书是为最大之浪费。对日出而作、日入而息之农民来说，在生产劳动上，无此必要也。子弟三人，有一人入学，则损失三分之一之劳动力。在机器生产之前，农民一人之劳作，尚不足够供应三五人之食用，胼手胝足，自顾之不暇，哪得余资遣子弟上学读书？

加以我国古代，启蒙求学非为生产之必需，而为谋求进学、中举、升官而发财也。然升官发财，岂可幸致？为此希望极微之彩票而影响举家衣食之牺牲，有实际生活体验之农民不愿为也。笔者近年返乡，细访农村，仍见有此反教育之现象，遑论千百年前！

以举国务农之大帝国，偶有城镇，包括其国都，均为文盲麇集之农村市集而已，与现代经济之都市化，在性质上则迥然有别矣。农民原亦有其精神文化之需要，此需要则由职业化之讲书人、讲古人、说书人及夏志清教授所谓之说话人（见夏著《中国古典小说导论》）以供给之。

说书人时亦有其脚本，书商间亦以此脚本售诸少数市集读书人以牟利。此但为少数有此需要者作有限度之供应，非今日市场经济上之所谓通用商品（commodities）也。

此种说书人之脚本，虽亦为“读”书人所喜爱，然其撰写体例与特色，则着重于“听”众也。“听众”情绪之反应，为著作者最原始、最紧要之考虑，至于个体“读者”之如何反应，则初不在编书者慎重考虑之列也。

以故当我国农业经济逐步进入都市化了的工商业经济时，小说作者之体例乃逐渐由着重“听众”团体之反应，而转向“读者”个体之反应矣。

盖都市社会与农业社会迥异。教育在纯农业社会中为“浪费”；而教育在工商业社会中则为“必需”。小市民对“深文大义”之作品，在工作上无追求之必要；而小市民“读书识字”则为谋生求职之必需。既读书识字矣，则工余之暇，读“说部”以自娱，民有所“需”，市有所“供”，则章回小说泛滥矣。

我国沿海城镇之大规模都市化，始于《南京条约》后之五口通商。既有千万麇集五口之小市民，章回小说泛滥至一千六百余种，则亦是市场商品兴旺之常情，不足怪矣。

以故我国传统小说实自顾虑听众情绪之“听的小说”始，而以顾虑个体读者情绪反应的“看的小说”终。

为顾虑“听众”团体之情绪，则“听的小说”之布局有时且有“说”有“唱”（提提精神，以免听众打瞌睡），有高潮，有起伏，以便当众收钱（洋人叫 pass the hat，用帽子收钱），或暂时收场，下次请早。

但为个体“读者”着眼的“看的小说”，则上述一切皆可豁免，而重新设计布局矣。而此设计布局亦以千百万“读者”之兴趣为依归。若只顾“作者”雅兴如敬梓、雪芹者，作者遂不免赊酒食粥矣。

可是在二者过渡期间的 18 世纪的中国作者，他们往往都从“听的小说”的旧传统动笔，但斯时个体“读者”已逐渐比“听众”团体重要了，他们的笔锋乃逐渐过渡，走入现代小说之形式矣。

这一过渡期之名著以《儒林外史》开其端，而以《红楼梦》定其型。经过“十年辛苦”撰写的《红楼梦》，前些回还有些传统“听的小说”的习气，其后（包括高鹗的补缀）就完全是以“看的小说”现代化的新姿态出现了。

所以我们敢说，《红楼梦》实是我国小说走向现代化文学的第一部巨著。她没有受外界——尤其是西方作品的任何影响；其格调之高亦不在同时西方乃至现代西方任何小说之下。岂非特作者曹霑，天才突出，花样翻新，亦是传统农业经济之社会逐渐向现代化工商业都市转移之自然成果。曹氏亦如百余年后继起之胡适、鲁迅，是时代潮流冲激下之英雄也。

六

抑有进者，我国传统“看的小说”，既以江南及沿海和内地日益兴起的工商业城镇中之小市民阶级为基础，而城镇商贾四集，言语复杂（如古今驰名的“扬州盐商”多半系安徽人),如此,则不管“听的小说”或“看的小说”,势必以流行的“普通话”(清代叫“官话”)为标准。《儒林外史》之语言，南京官话而夹以皖中皖北之方言;《水浒》则山东土话;《红楼》脂本南京土话至多，程本则经校书人高鹗以北方官话校改之也。

所以中国白话小说，由于市场经济关系，非精通“官话”(普通话)者，不能执笔也。

胡适之先生为一纯文化史家，对社会经济之发展而加于文化变动之影响既无兴趣，亦无研究，渠每以“白话文”之易于推行、易于学习，实由于早已有通俗白话小说如《红楼》、《水浒》等为之先驱。他说来似乎事出偶然，对推行白话，是“天助我也”，所以白话文一经渠提倡，则群众以此等通俗小说为教科书，风行草偃，遂遍传天下矣。殊不知白话小说之兴起，实市场经济之发展有以促进之，非我安徽老乡吴敬梓、山东老汉施耐庵之才足以压倒状元滚滚、名士如潮之苏杭才子也——经济发展带动社会发展之文化进步使然也。

今日名重海外之苏州才子夏志清教授，讲学著书，英语之外，亦非用“江北话”不可。此非夏氏忘本，不爱其“吴侬软语”——软语吴侬，夏教授爱之深、慕之切也，舍之而用“江北话”著书者，亦市场经济之发展使然也，设夏氏亦以其乡贤之《九尾龟》文体述稿，则志清亦难免“赊酒食粥”矣。

近年来吾友“满洲国人”、“归化”入“台湾籍”之刘添财君，每与“台独作家”作血肉模糊之笔战，然双方战书所用之文体，仿似《水浒》、《红楼》为范本而相互肉搏之。设“台独”诸子舍我江北土语不用，而用其“台湾(福佬)国语”以敌添财，则诸公固早已弃甲曳兵矣，“独立”云乎哉?

一言以蔽之，我国明清以来，“白话小说”之发展为社会经济发展之必然结果，非偶然也。由于城市经济之发展，始促使“听的小说”转化为“看的小说”。十年辛苦不寻常，一百二十回中体例变动之轨迹固斑斑可见也。

七

传统“白话小说”不特语言之使用有其必然性，其文章体裁发展之规律亦隐然可见。清朝末季之章回小说多至一千六百余部（笔者不敏，幼年即读过数十部），然就西方文学标准看来，除《红楼》、《水浒》等数种之外，几无可读之篇。吾友夏志清教授熟读洋书，以夷变夏，便以中国白话小说艺术成就之“低劣”为可耻（见夏著1967年出版的英文《中国古典小说导论》），并遍引周作人、俞平伯、胡适之明言暗喻，以称颂“西洋小说态度的严肃与技巧的优异”。

志清并更进而申之，认为“除非我们把它（按：指中国白话小说）与西洋小说相比，我们将无法给予中国小说完全公正的评断……一切非西洋传统的小说，在中国的相形之下都微不足道……我们不应指望中国的白话小说以卑微的口述出身能迎合现代高格调的口味……”（见夏著前篇中文版）

此一论调，实为“五四”前后，我国传统文明转入西化的过渡时代，一般青年留学生，不论左右，均沉迷西学、失去自信、妄自菲薄的文化心态之延续——只是志清读书满箱，西学较为成熟，立论亦较当年浮薄少年更为精湛，其言亦甚辩而已；然其基本上不相信，由于社会经济之变动，我国之“听的小说”亦可向“看的小说”方向发展，如《红楼》者，自可独创其中国风格，而只一味坚信非崇洋西化不为功之态度则一也。

志清昆仲在海外文学批评界之崛起，正值大陆上由“批胡（适）”、“反胡（风）”、“反右”、“四清”而“文化大革命”雷厉风行之时，结果极“左”

成风，人头滚滚；海外受激成变，适反其道而行之——由崇胡（适）、走资、崇洋而“极右”。乘此海风而治“极右”“时文”，适足与大陆上极“左”之教条相颉颃，因形成近百年来中国文学批评史上“两极分化”之局。

在此两极分化之阶段，夏氏昆仲（济安、志清）以西洋观点治中国小说，讲学海外，桃李满门，加以中英文字之掌握均属上乘，“好风凭借力，送我上青云！”兄终弟及，俨然海上山头；两本书出，竟成圭臬，以海外“极右”崇洋之言论，与大陆极“左”普罗之教条相对抗，亦是“以一人而敌一国”，不才亦时为吾友志清之豪气而自豪焉。

此一“两极分化”之可悲者，则为双方均否定传统、争贩舶来而互相诋辱，两不相让。可悲之至者，则为彼此均对对方之论点与底牌初无所知，亦不屑一顾，只是死不交通，以为抵制，因此偶有辩难，均知己而不知彼，而隔靴搔痒矣。

八

不才落笔至此，必须郑重指出，值此文化过渡期间，他山之石，可以攻错。崇洋、学洋、西化……并非坏事。此一崇洋倾向，岂独文学批评而已，政治改革犹然。试问当年政治革命时期，不论偏左、偏右，何一而非崇洋、学洋、西化也哉？胡适之说得好：“我们事事不如人！”吾岂好变于夷者也？吾不得已也！但是不论政治改革也好，搞文学批评、文学创作也好，崇洋、学洋都只是过渡期间的事，如一味认为非“洋”不可，则佛家所谓“着相”、革命家所谓“教条”，则不足取矣。

须知世界各民族各自有其特殊的文化传统、独特的社会发展之取向——“经济发展”（有别于“阶级斗争”）实为推动社会文化变革之主要因素。“经济发展”（由农业及小手工业向大企业式的经济发展）之过渡期如不幸停滞，则一切社会变革均属枉然。此一关如能顺利闯过，则一切体制之现代化均可迎刃而解——文学不能例外也。

忆某次笔者与一加籍同文共乘一国人自办之国际航机往大陆旅行，见其糟乱，内心亦颇有崇洋自卑之心，而同行友人之见识则高余一筹。渠以为机中之糟乱，航空公司固应负责，然乘客之低水平，亦是致乱之源，而乘客之低水平，则由于其平时家居生活水平落后有以致——斯真一语破的！

同样的，我国的“卑微的口述出身”之白话小说（如今日在大陆仍一枝独秀的《小五义》）之不能“迎合现代高格调口味”，其取决于“作者”之水平者寡，而取决于“读者”之水平者多也。然读者水平之低，则“经济发展”之未过关实有以致之也。

试问雪芹、敬梓之作，置于现代任何语言、任何说部之间，汝能因其以“卑微的口述出身”，便不能“迎合现代高格调口味”乎？雪芹为之，“食粥”而死；敬梓为之，老病穷愁，吾皖人以为“子弟之戒”！文学上接班无人，经济发展未能突破有以致之也。

反观英国维多利亚时代之查理·狄更斯（Charles Dickens,1812—1870）以一失学失业、“块肉余生”、瓮牖绳枢之子，却能以文笔高雅、天才横溢，其年初逾双十便暴得大名，一生荣华富贵，至死方休！

东西相较，何曹氏、吴氏命途之多舛，而狄氏则幸运若斯也？社会经济之发展，推动一般读者“高格调口味”有以致之也。

须知维多利亚时代之英帝势倾全球，伦敦一城便遍地黄金，其都市化之发展史无前例。经济发展推动社会前进，其势猛、其进速，世无其匹——吾人但知今日海外“五条小虎”经济发展之速；殊不知较之维多利亚时代之英伦老虎，仍相去远甚。

19世纪末期之英国，由于经济发展，而推动文教之前进，致使伦敦一城便绅士淑女（ladies & gentlemen）满街，高帽冲天、长裙拂地。失意之士亦可潜往诸殖民地，其尊荣亦拟于当地贵族（见汤因比自述）——衣食足，礼义兴，而“现在高格调的口味”遂与之俱来。狄更斯之属四起，而“《小五义》型”之作品相形见绌，日久乃为时代淘汰之矣。19世纪之末，欧美“低劣”之“说部”，亦岂下一千六百部哉？只是过眼烟云、经不起时代淘汰而已。当年我国欧美留学生但取其“高格调口味”者而读之，于低劣草根作品不屑一顾，结果见贤思齐，乃崇洋、西化，而认为“一切非西洋传统小说，在中国的相形之下，都微不足道”了——此种向善之心，亦文人之恒情也。

吾人今日如试翻当前欧美子弟所阅读、年出千种之色情、暴力小说（笔者家中地库即藏有百余种），而喟然叹曰：欧美当代以其卑微的、暴力色情出身的“纸背小说”，不合我中华《红楼》、《水浒》读者之“高格调口味”，岂不大谬哉？

总之，《红楼梦》为我国近代最伟大之文学巨著，不可全以西洋“标杆”（yardstick）做测量之准绳也。误以洋人之皮尺量我黛玉之“三围”，而谬说林姑娘“一围”及第，“两围”落榜，我终为潇湘妃子不平也。

1986年3月11日清晨于北美洲

原载《传记文学》第四十八卷第五期